BIBLIOTHÈQUE
DE PHILOSOPHIE CONTEMPORAINE

TRAVAUX DE L'ANNÉE SOCIOLOGIQUE
PUBLIÉS SOUS LA DIRECTION DE M. MARCEL MAUSS
Fondateur : ÉMILE DURKHEIM

ESSAI

SUR

LA STRUCTURE LOGIQUE

DU

CODE CIVIL FRANÇAIS

PAR

JEAN RAY

Docteur ès lettres
Conseiller juridique du Ministère des Affaires Étrangères du Japon
Ancien élève de l'École Normale Supérieure
Agrégé de philosophie
Docteur en droit (Sciences juridiques, Sciences politiques et économiques)

PARIS
LIBRAIRIE FÉLIX ALCAN
108, BOULEVARD SAINT-GERMAIN, VIe

ESSAI SUR LA STRUCTURE LOGIQUE

DU

CODE CIVIL FRANÇAIS

A LA MÉMOIRE
DE MES MAITRES
EMILE DURKHEIM ET Octave HAMELIN

TABLE DES MATIÈRES

Introduction

Nous nous proposons d'étudier le Code civil comme une donnée :
il constitue en même temps un fait intellectuel et un fait social.
Ce double caractère répond aux deux tendances qui ont guidé
les précurseurs : la tendance rationaliste représentée surtout
par Domat, la tendance historique et sociologique représentée
par Montesquieu. — Entre ces deux influences il n'y a pas
l'opposition que l'on croit, et que souligna par exemple la
controverse de Thibaut et de Savigny : la codification, ou plus
largement la rationalisation du droit est elle-même une donnée
de l'histoire, un fait social. Nous étudierons donc notre document d'un point de vue à la fois logique et sociologique. —
C'est une analyse logique du Code qui nous fera pénétrer dans
le mécanisme de cette forme intéressante de la pensée pratique.
Mais cette analyse sera conduite, autant que possible, dans
l'esprit de la méthode comparative. — Il n'y a pas lieu de se
laisser arrêter par la diversité des éléments dont le Code est fait:
leur fusion était préparée par des siècles de vie juridique, et le
Code est relativement homogène. — Il n'y a pas lieu non plus
de se laisser arrêter par ce fait que le sens et la portée du texte
ont varié suivant l'interprétation qu'on en a donnée, ces variations sont moindres qu'on ne pense parfois, et de toute manière
la structure logique du Code est restée intacte.

Chapitre préliminaire

Aridité de la langue du Code. Les rédacteurs abandonnant l'idée révolutionnaire d'une loi accessible à tous, ont fait œuvre technique,
mais non doctrinale. Une certaine indétermination, en partie
voulue, a permis à l'évolution jurisprudentielle de se produire
malgré la fixité du texte. Le prestige des formules légales : ses
multiples fondements. Comment l'application des formules
entraîne application d'un système d'idées.

PREMIÈRE PARTIE

La règle

Chapitre premier

Ce fait ne correspond pas à la distinction classique des dispositions impératives et des dispositions supplétives ou déclaratives. Il ne correspond pas non plus à la distinction du principal et de l'accessoire. La prépondérance de la forme énonciative caractérise un degré avancé de l'évolution juridique : à ce stade la loi n'est plus seulement commandement, elle est effort organisateur, et elle se présente comme l'exposé d'une construction intellectuelle.

Chapitre II

Les quatre propositions typiques apparaissent comme des modales d'une nature originale, mais correspondant au nécessaire, à l'impossible, au possible et au contingent. Elles se laissent ordonner en une table qui résume les mêmes possibilités d'inférence que la table classique des oppositions. Cette analogie s'explique si l'on se fait de la quantité logique une idée suffisamment compréhensive. Originalité des modales juridiques : elles sont orientées vers l'action.

Chapitre III

On trouve dans le Code civil certaines propositions, qui sont fréquentes dans des droits moins évolués, et qui expriment par exemple la réprobation sociale. Mais en général ces marques affectives sont remplacées par des qualifications qui tirent leur force de leur complexité intellectuelle.

Chapitre IV

L'irréductibilité des copules est particulièrement apparente dans le droit, où le verbe « être » se révèle impuissant à exprimer les rapports principaux, qui sont de l'ordre du devenir et de l'action. Ces propositions originales se prêtent d'ailleurs à des opérations comparables à celles qu'étudie la logique classique, par exemple à une sorte de conversion.

Chapitre V

De l'influence du droit romain considéré comme raison écrite : les Prudents et l'intellectualisation de la loi. Généralité du fait.

Section I

Pluralité de sujets ou d'attributs. Termes accompagnés de déterminatifs. Dans quelle mesure les diverses complexités d'expression répondent à des diversités réelles de la pensée.

Section II

La proposition négative répond à une question, à une hésitation préalable de l'esprit : exemples tirés du Code civil.

Ces propositions, dans lesquelles se combinent et se limitent affirmation et négation, sont extrêmement fréquentes dans le Code civil. Elles impliquent une dissociation de cas ou d'effets qui ne se conçoit que si on replace la proposition dans le courant de pensée d'où elle est sortie, c'est-à-dire dans le travail de construction des institutions.

Section III

La vie juridique, création de l'activité humaine, est en même temps une réalité objective, susceptible d'être représentée, décrite. A l'époque de la rédaction, on distinguait le domaine du droit naturel et celui du droit positif ; mais dans l'un comme dans l'autre le législateur se conforme à une réalité qui le dépasse : il suit ici l'autorité d'une raison jugée universelle et permanente, là l'autorité de l'histoire, moins honorée mais plus précise. Les institutions s'incorporent dans des instruments, dans un personnel qui leur donnent une existence concrète, matérielle. Les actes juridiques, sources des droits, sont objectivés dans les formulaires. D'autre part et surtout les règles juridiques qui se fixent dans des textes sont sous la dépendance d'un ensemble d'idées et de croyances, le plus souvent inexprimées et à demi conscientes. Preuve de ce fait par l'examen sommaire des règles du Code civil qui concernent la famille.

Nombre, temps, espace. Qualités, relations. Cause, fin, personne.

Le temps est une des bases essentielles de la structure logique du Code.

Les événements ne sont pas toujours des accidents. Il y a des événements liés au développement normal des institutions dans le temps. Il y en a d'autres qui sont extérieurs, fortuits : mais, même alors, leur considération est liée à la construction de la notion. Le normal, *quod plerumque fit*. Parfois le législateur réserve l'infinie variété des événements : les « circonstances de la cause ». Détermination des « cas » en vue de l'énonciation des règles.

Section II

Le rapport de subordination, dont les termes sont les conditions et les effets, apparaît comme l'articulation essentielle de la plupart des institutions. Entre conditions et effets existe une relation logique qui remplit, toutes réserves faites des différences, une fonction comparable à celle qui caractérise le rapport d'extension à compréhension. Mais cette relation ne se conçoit que par rapport au temps, à la causalité, à l'action organisée.

Section III

L'écoulement même du temps importe : la détermination des délais est un mode important de la pensée juridique ; la prescription est la forme la plus frappante de la puissance créatrice de l'écoulement même du temps. Les périodes que le droit discerne sont, par cela seul, colorées, qualifiées, ou servent de base à des qualifications. Le passé et l'avenir : la rétroactivité. Le statut, ensemble des aptitudes juridiques de telles personnes ou de telles choses.

Chapitre V

Section I

Il arrive que le législateur présente, outre le principe, ses conséquences ; a déduction est en réalité, en de tels cas, une façon de présenter une construction vraiment synthétique et partiellement arbitraire, quoique consolidée par les rapports logiques qui en lient les éléments. Plus souvent le législateur étend un principe à des matières connexes, ou à un domaine différent, mais analogue. Le procédé d'assimilation est même un des procédés habituels de la construction juridique. Du progrès logique.

Section II

L'affirmation de l'identité dans le temps, l'affirmation de l'égalité sont à la base même de notre droit ; elles expliquent, en même temps que sa substance intime, une multitude d'institutions. Mais tout spécialement leur influence se révèle lorsqu'il s'agit d'expliquer la rupture de l'identité ou de la permanence, la naissance d'un droit : dans le contrat, la cause est aussi essentielle que le consentement ; hors du domaine du contrat, la théorie de l'enrichissement sans cause est capitale ; la compensation du préjudice causé. Ce n'est pas seulement dans notre droit civil, c'est dans les systèmes juridiques les plus divers que les idées d'identité et d'équivalence sont au premier plan. Elles jouent dans la construction du droit un rôle comparable à celui qu'elles tiennent dans l'élaboration du savoir.

Chapitre VI

Dans le Code civil, le mot de « personne » s'applique à des individus humains ; mais le Code, si individualiste qu'il soit, et si suspectes que lui aient paru selon la double tradition monarchique et révolutionnaire certaines personnes morales, reconnaît pourtant des « sujets de droits et d'obligations » autres que les individus. Considérée comme n'exprimant que cette aptitude à être « sujet de droits et d'obligations », l'idée juridique de personnalité apparaît à la fois dans sa généralité abstraite et dans son ancienneté. Tout en reconnaissant qu'elle joue un rôle comparable à celui de l'idée psychologique de personnalité, on voit qu'elle en est indépendante : et il paraît tout naturel qu'il y ait des sujets de droits qui ne soient pas des individus, comme il peut y avoir des individus qui ne soient pas sujets de droits.

TROISIÈME PARTIE

L'architecture

Chapitre premier

Il y a, en dehors des raisonnements, des ensembles de propositions sur lesquels devrait s'arrêter l'attention du logicien, parce qu'ils réagissent sur la portée des propositions qui les composent. C'est là un fait général, mais le Code civil en fournit une illustration exceptionnelle, puisqu'il a voulu être un ensemble essentiellement ordonné et systématique.

Chapitre II

Le Code civil est caractérisé par l'idée d'un traitement systématique d'une matière : il constitue, beaucoup plus que les compilations romaines et les coutumes, un ensemble. Le Code est devenu le type normal de la présentation du droit chez les peuples modernes. L'objet du Code civil est d'ailleurs imparfaitement défini : il tend à embrasser tous les principes de « droit commun » en matière de « droit privé ». La loi est considérée non seulement comme un ensemble, mais comme un ensemble complet, qui doit suffire à tout : l'article 4. Dans cet ensemble, les matières sont méthodiquement réparties et classées. On relève pourtant, jusque dans les grandes lignes du plan, l'influence de circonstances irrationnelles, par exemple le respect traditionnel du nombre 3, qui explique la choquante disproportion entre les divers livres du Code. Le classement d'une règle dans un chapitre et sous une rubrique doit guider l'interprète ; mais il ne lui impose pourtant pas une attitude rigide. Les opérations « mixtes ». La codification telle que l'a conçue notre législateur laisse au droit beaucoup de souplesse.

CHAPITRE III

Les rédacteurs du Code, soucieux de laisser à la doctrine son rôle, ont voulu éviter les définitions qui sont comme l'œuvre suprême de la science ; en revanche ils se sont constamment servi des définitions dont l'objet est simplement de préciser ce dont on parle et de fournir la base de la construction. On trouve dans le Code beaucoup de définitions solidaires de classifications : par le genre prochain et la différence spécifique. Mais il y en a plusieurs autres sortes. La division. La présentation apparente des notions et de leurs rapports laisse subsister le double problème de l'unité réelle des institutions et de leur ordonnance profonde.

CHAPITRE IV

Ce qui caractérise une institution, c'est qu'elle est à la fois un produit de l'histoire et un tout systématique. Elle n'est complète que si elle a un nom, qui représente son unité et évoque son histoire. Elle est un ensemble de relations ; chacun de ses éléments, et chacun des termes qui les désignent suggère tous les autres, et tous leurs rapports, de sorte que la structure de l'institution vient commander, déterminer l'organisation de la pensée. Mais à côté des éléments exprimés par la loi, il y a toute la réalité vivante qui a engendré la loi, qui l'explique et qui lui survit. C'est un redoutable problème que de déterminer le rôle de ces éléments non écrits dans l'interprétation. Mais, si grand

soit-il, ce seront, sous le régime du droit codifié, les dispositions de la loi qui formeront l'armature des institutions. Les
constructions qui semblent les plus hardies sont cependant
déterminées par la loi. Exemple : l'idée générale de donation,
qui s'est juxtaposée à la notion légale de la donation entre
vifs.

Chapitre V

La loi ne peut pas tenir compte de la multiplicité presque infinie des
rapports qui existent entre les institutions. Et pourtant c'est
pour l'interprète une grave question de savoir comment les
institutions s'ordonnent les unes par rapport aux autres,
comment les règles se rattachent aux problèmes généraux :
c'est ce point important que les internationalistes ont étudié
sous le nom de question de la « qualification ». Parmi la diversité
des subordinations possibles, l'interprète est obligé de prendre
parti, de décider : cela tient au caractère même de cette discipline de l'action qu'est le droit. Les deux nécessités contraires,
le besoin de présentation de la pensée en des ensembles cohé-
rents, et le besoin de morcellement en décisions précises et
définies, s'expriment également dans le Code civil : après l'avoir
décrit comme un ensemble méthodiquement ordonné, il faut
constater qu'il est aussi une juxtaposition d'articles, qui ont
leur individualité et une relative indépendance.

Le fait que nous avons pu décrire dans le Code civil une minutieuse
structure logique est un témoignage du rôle que joue l'intelligence dans la vie sociale : non pas l'intelligence représentative,
mais l'intelligence orientée vers l'action, au fond identique
à l'autre, mais manifestement et foncièrement constructive.
Les directives coordonnées dans le Code sont les créations de
la conscience collective ; car la conscience individuelle du
juriste n'existe que grâce à l'assimilation d'une tradition qui
est l'œuvre des générations, et qui crée non seulement la
matière, mais la forme des institutions : de là viennent le
prestige et la puissance du droit. Ce n'est d'ailleurs pas par
hasard que l'activité sociale prend ici, par exception, une
forme abstraite et desséchée : le droit apparaît avec la règle ;
c'est le propre de la fonction juridique de s'exprimer en formules ; elle tend donc naturellement à une froide rigueur ;
et ce caractère s'accentue au fur et à mesure que les formules
se compliquent jusqu'à constituer ces vastes architectures
idéales qui nous régissent sous le nom de codes.

NOTE BIBLIOGRAPHIQUE

Nous suivons le texte de l'édition originale et officielle du Code civil :
CODE CIVIL DES FRANÇAIS, édition originale et seule officielle, à Paris,
de l'Imprimerie de la République, an XII-1804, 577 p. in-4º. (Bibl. nat. :
F 18393) ; il y eut en même temps des éditions officielles in-8º et in-16 ;
v. DRAMARD, *Bibliographie raisonnée du droit civil*, Paris, gr. in-8º,
1878, p. 8. Les éditions courantes, par exemple les Codes Tripier,
reproduisent en général le texte primitif, ainsi que ses modifications
successives. Les numéros d'articles, donnés sans autre indication,
renvoient au texte de 1804.

Les travaux préparatoires sont cités d'après le recueil le plus complet, qui est celui de FENET (P. A.) : *Recueil complet des travaux
préparatoires du Code civil*, Paris, 1827, 15 vol. in-8º ; le premier volume
contient, avec un « Précis historique », le texte des premiers projets de
Code (les trois projets Cambacérès, le projet Jacqueminot), ainsi que
le discours de Portalis présentant le projet de la Commission ; le
second volume contient ce projet et les observations du tribunal de
cassation ; les vol. 3, 4, 5 contiennent les observations des tribunaux
d'appel ; les vol. 6 à 15 donnent les discussions des titres successifs,
dont les éléments les plus importants sont l'examen devant le Conseil
d'Etat et les observations de la Section de Législation du Tribunat.
Nous renvoyons à ce recueil par le mot « Fenet ».

Les recueils de jurisprudence sont cités selon l'usage : la lettre D
désigne le recueil de DALLOZ, *Jurisprudence générale, Recueil périodique et critique de législation et de jurisprudence* ; la lettre S désigne
le recueil de SIREY, *Recueil des lois et arrêts*. Le premier chiffre qui
suit indique l'année, le second la partie du recueil (1 : Arrêts de la
Cour de cassation ; 2 : Arrêts des Cours d'appel), le troisième la page.
Pour les arrêts de la Cour de cassation, Ch. R. désigne un arrêt des
Chambres réunies, Civ. un arrêt de la Chambre civile, Civ.-cass. un
arrêt qui casse, Req. un arrêt de la Chambre des requêtes. La lettre
N. renvoie à une note d'arrêt ; elle est suivie du nom de l'arrêtiste
quand la note est signée ; s'il n'y a pas de nom d'arrêtiste, c'est que
la note est anonyme.

Les lettres C. et C. renvoient au traité d'AMBROISE COLIN et H. CAPI-
TANT, *Cours élémentaire de droit civil français*, en trois vol. gr. in-8º,
Paris, Dalloz, t. I, 1914, XXIV-1063 p. ; t. II, 1915, XXII-1096 p. ;
t. III, 1916, XVI-1010 p. Le traité a eu de nombreuses éditions.

Nous nous bornons à l'indication *Livre du centenaire*, pour renvoyer
au précieux recueil d'articles : *Le Code civil, 1804-1904, Livre du centenaire*, publié par la Société d'études législatives, Paris, Rousseau,
1904, 2 vol. gr. in-8º (Bibl. Nat. : in-8º F 15965) ; le tome I comprend
les *Généralités* et *Etudes spéciales*, XII-582 p., le tome II concerne *Le
Code civil à l'étranger, La question de la révision*, et donne en outre
quelques Documents, p. 583-1128.

Le mot *Index* renvoie à un ouvrage que nous publions en même temps que la présente étude : *Index du Code civil, contenant tous les mots qui figurent dans le texte du Code, accompagnés des références à tous les articles où ils se trouvent, et illustrés de citations qui peuvent en éclairer le sens ou l'emploi.*

Pour les autres ouvrages, auxquels nous nous référons moins souvent, nous donnons l'indication bibliographique complète la première fois que nous les citons (lorsque nous ne donnons que le nom de l'éditeur, c'est que l'ouvrage est édité à Paris). Nous nous bornons ensuite au nom de l'auteur et aux mots caractéristiques du titre ; c'est seulement lorsque les références à un même ouvrage se trouvent dans le même chapitre que nous nous limitons à l'indication du nom de l'auteur, suivi de l'abréviation *op. cit.* — Pour quelques ouvrages peu usuels et ne figurant pas encore aux catalogues de la Bibliothèque nationale, nous avons donné la cote de cette Bibliothèque, en l'annonçant par l'abréviation : Nat.

INTRODUCTION

I.

Peu de textes ont été aussi abondamment, aussi minutieusement commentés que le Code civil ; il nous a semblé pourtant qu'il était possible de le considérer d'un point de vue nouveau.

Les juristes le commentent avec la préoccupation constante de ses applications, de la pratique que la loi doit régler : c'est là leur tâche spéciale.

Sans doute, depuis une vingtaine d'années, sous l'impulsion de Saleilles, ensuite et surtout de M. Gény, on a vu se développer en France un puissant courant de réflexions philosophiques ayant le droit pour objet[1]. Cette école a eu l'incontestable mérite d'attirer l'attention sur les problèmes généraux et de

---

1. De Raymond SALEILLES, nous citerons surtout, dans les *Mélanges de droit comparé*, t. I, l'*Introduction à l'étude du droit civil allemand*, à propos de la traduction française du *Bürgerliches Gesetzbuch* entreprise par le Comité de législation étrangère, Pichon, in-8°, 1904 ; dans le *Livre du centenaire*, un article sur *Le Code civil et la méthode historique*, au t. I, 1904, p. 95 sqq. ; et la *Préface* mise en 1889 au livre cité plus loin de M. Gény sur la méthode d'interprétation. C'est surtout dans les travaux de M. François GÉNY, doyen de la Faculté de droit de Dijon, que s'expriment les doctrines de la nouvelle école : *Méthode d'interprétation et sources en droit privé positif*, essai critique, précédé d'une préface de Raymond Saleilles, Chevalier-Marescq, XIII-606 p., in-8°, 1889 ; dans le *Livre du centenaire, La technique législative dans la codification civile moderne*, au t. II, p. 987 sqq. ; *Des droits sur les lettres missives étudiées principalement en vue du système postal français*, essai d'application d'une méthode critique d'interprétation, Sirey, 2 vol. in-8°, 1911 ; *Science et technique en droit privé positif*, nouvelle contribution à la critique de la méthode juridique, Sirey. I. Introduction. Première partie. Position actuelle du problème du droit positif et éléments de sa solution, XIII-212 p. in-8°, 2e tirage, 1921 ; II. Seconde partie. Elaboration scientifique du droit positif (L'irréductible « droit naturel »), XI-422 p. in-8°, octobre 1915 ; III. Troisième partie. Elaboration technique du droit positif, XVI-522 p. in-8°, 1921 ; IV. Rapports entre l'élaboration scientifique et l'élaboration technique du droit posititive (Le conflit du droit naturel et de la loi positive), octobre 1924. — On trouvera un pénétrant examen critique des doctrines de M. Gény dans DAVY, *Le droit, l'idéalisme et l'expérience*, dans la Collection des travaux de l'Année sociologique, VIII-168 p. in-8°, Alcan, 1922 ; nous signalerons en particulier le développement dans lequel l'auteur note, p. 110, l'ambiguïté du mot « science » chez M. Gény. — V. aussi E. H. PERREAU, *Technique de la jurisprudence en droit privé*, préface de M. Gény, Libr. gén. du droit, 1924, 2 vol. XIX-376 et 379 p. 8°.

semer beaucoup d'idées. Mais ses membres — nous pouvons le dire sans méconnaître leur mérite — restent au fond des praticiens, préoccupés sans doute de décrire les procédés dont se sert l'interprète, mais plus encore de dire ce que doivent être ces procédés. D'ailleurs le fait même qu'ils ont abordé directement le problème de l'interprétation est caractéristique : c'est bien là le problème pratique par excellence.

Tout en nous servant du commentaire proprement juridique du Code civil, et en nous inspirant des suggestions philosophiques que contiennent les travaux récents que nous venons de citer, il nous a semblé que nous aurions des chances d'aboutir à quelques résultats nouveaux, si d'une part nous limitions notre tâche à l'étude du Code civil lui-même — mettant à part le problème infiniment plus complexe des méthodes d'interprétation — et si d'un autre côté nous abandonnions toute préoccupation relative aux besoins de la pratique et aux moyens de les satisfaire dans l'état actuel des textes. Bref, nous nous proposons de voir dans le Code civil un document, une donnée, de l'étudier, si l'on nous permet l'expression, comme un « fait ».

2.

Mais ce fait présente un double caractère, qui le rend justiciable d'un double effort d'analyse. Le Code civil est un fait social en même temps qu'un fait intellectuel : il relève et de la sociologie et de la logique. Ces deux caractères sont si étroitement liés que les deux procédés d'investigation doivent l'être aussi. C'est ce que nous voudrions brièvement expliquer.

3.

Il faut rappeler d'abord que le Code a été élaboré sous l'action de deux séries d'influences opposées, qui tendaient l'une à accuser son caractère de fait intellectuel, et l'autre à confirmer son caractère de fait social.

On a trop souvent insisté sur les tendances rationalistes
du XVIIIe siècle et de l'époque intermédiaire pour qu'il soit
utile de revenir sur ce point[1]. Nous rappellerons seulement
que le représentant peut-être le plus intempérant[2] de ces tendances, Jeremy Bentham, prit contact avec l'Assemblée Constituante, à laquelle il présenta un projet de code, dont l'Assemblée refusa d'ailleurs de décréter la traduction[3].

L'idée même de la confection d'un Code, recueil uniforme,
simplifié, systématique, était un fruit de l'esprit rationaliste.
Mais il y a plus. Parmi les deux ou trois œuvres qui ont exercé
sur la rédaction du Code civil une influence directe et constante, il faut citer *Les Lois civiles dans leur ordre naturel*
de DOMAT[4].

Cousin disait : « *Les Lois civiles dans leur ordre naturel* sont
comme la préface du Code Napoléon. » Le titre lui-même est
symptomatique, et voici en quels termes purement carté-
siens Domat expliquait son objet : « Le dessein qu'on s'est
proposé dans ce livre est donc de mettre *les lois civiles dans
leur ordre naturel*, de distinguer les matières du droit, et les
assembler selon le rang qu'elles ont dans le corps qu'elles composent naturellement ; diviser chaque matière selon ses parties ; et arranger en chaque partie le détail de ses définitions,
de ses principes et de ses règles, *n'avançant rien qui ne soit ou
clair par soi-même, ou précédé de tout ce qui peut être nécessaire*

---

1. Nous renvoyons spécialement à VIOLLET (Paul), *Droit privé et sources, Histoire
du droit civil français accompagnée de notions de droit canonique et d'indications
bibliographiques*, 3e éd. du Précis de l'histoire du droit français, Paris, Sirey, 1905,
VIII-1012 p., in-8°, p. 212 sqq.

2. LABOULAYE (E.), *Essai sur la vie et les doctrines de Frédéric-Charles de Savigny*
Paris, 1842, 77 p. in-8°, voit dans Bentham le meilleur représentant de la tendance
rationaliste et unitaire, et il rappelle, p. 39, comment il « allait offrant de pays en pays
à Madison, président des Etats-Unis, à l'empereur Alexandre, aux Cortès d'Espagne,
cet éternel Code civil ou pénal qui devait convenir indifféremment à des pays différents de mœurs, de climat, de passé ».

3. BENTHAM (J.), *Draught of a Code for the organisation of the judicial establishment
in France*, Londres, 1790, in-8°. L. SAGNET, dans l'article *Bentham* de la *Grande Encyclopédie*, vol. VI, p. 218, rappelle que ce projet fut envoyé à Mirabeau et présenté à
l'Assemblée Constituante ; le duc de La Rochefoucauld-Liancourt en demanda la
traduction ; Sieyès s'y opposa.

4. Pour avoir l'idée de l'influence considérable exercée par Domat, spécialement
dans la matière des Contrats, il faut consulter l'édition de ses Œuvres, dans laquelle
se trouvent rapportés les textes du Code civil qui s'en inspirent : J. DOMAT, *Œuvres
complètes*, nouvelle édition par Joseph Rémy, 4 vol. in-8°, Paris, 1828. Les « *Lois
civiles* » se trouvent aux tomes I et II. On verra que Domat n'a pas seulement fourni
l'idée, mais souvent la formule même de beaucoup d'articles.

pour le faire entendre[1]. » Les historiens se montrent sévères pour Domat, en qui ils voient le représentant de la « raison » contre l' « histoire ».

Mais le goût, le respect de l'histoire eurent une large influence sur la rédaction du Code. Lorsqu'on lit les travaux préparatoires, on est frappé de voir la place que tenait MONTESQUIEU dans l'esprit des rédacteurs[2].

Il faut rappeler ici le célèbre passage du discours de Portalis présentant au Corps législatif le projet de réunion des lois en Code : « Dans les sciences, comme dans les lettres et les arts, tandis que les talents ordinaires luttent contre les difficultés et s'épuisent en vains efforts, il paraît subitement un homme de génie qui s'élance et va poser le modèle au delà des bornes connues. C'est ce que fit, dans le dernier siècle, le célèbre auteur de l'*Esprit des lois* ; il laissa loin derrière lui tous ceux qui avaient écrit sur la jurisprudence ; il remonta à la source de toute législation ; il approfondit les motifs de chaque loi particulière ; il nous apprit à *ne jamais séparer les détails de l'ensemble*, à étudier les lois dans l'*histoire, qui est comme la physique expérimentale de la science législative* ; il nous mit pour ainsi dire en relation avec les législateurs de tous les temps et de tous les mondes[3]. »

C'est ce disciple de Montesquieu qui disait[4], dans une formule souvent citée : « On ne fait pas un code ; il se fait avec le temps. » Et Portalis sans doute était un des hommes les plus convaincus de la nécessité d'avoir constamment présentes à l'esprit les circonstances historiques, de « prendre la société comme elle est », dit-il lui-même[5]. Mais il n'était pas le seul. Maleville, le secrétaire de la Commission de rédaction, cite un jour[6] la phrase typique de Montesquieu : « Si sous

1. DOMAT, *op. cit.*, t. I, p. VI.
2. Ce n'est pas que Montesquieu ait été un chaud partisan de la codification : il éprouvait quelque méfiance du fait de l'uniformité qu'elle devait réaliser (*Esprit des lois*, l. XXIX, chap. XVIII). Et c'est peut-être son influence, a-t-on remarqué, qui explique la tiédeur de certains révolutionnaires au sujet de la codification (cf. GINOULHIAC, *De la codification*, dans *Recueil de l'Acad. de législ. de Toulouse*, 1861). Mais ce qui est certain, c'est que les rédacteurs du Code étaient tout imprégnés de ses doctrines.
3. FENET, t. I, p. XCVII.
4. PORTALIS, *Discours, rapports et travaux inédits sur le Code civil*, Paris, 1844, in-8°, p. 68.
5. FENET, t. XIV, p. 40.
6. FENET, t. XII, p. 308.

prétexte d'un plus grand bien on change les anciennes lois, les inconvénients arrivent en foule par des issues qu'on n'avait pas prévues. » C'est encore le tribun Joubert qui insiste, après Montesquieu, sur les rapports que les lois civiles doivent avoir avec les mœurs[1]. C'est le tribun Lahary qui, un autre jour, cite cette phrase de l'*Esprit des lois*[2] : « Les lois doivent être tellement propres au peuple pour lequel elles sont faites que c'est un très grand hasard si celles d'une nation peuvent convenir à une autre. » Et, chose curieuse, Lahary oppose à d'Aguesseau parlant comme magistrat, Montesquieu « qui, écrivant pour tous les âges et pour tous les peuples traçait aux législateurs eux-mêmes les grands principes du droit civil et de la constitution des Etats ».

On cite Montesquieu aussi bien d'ailleurs pour rappeler l'esprit général de sa doctrine[3] que pour invoquer son opinion sur tel point particulier[4]. Et lorsque son nom est jeté dans une discussion, il arrive que l'opinion soit reprise, complétée, commentée par un auditoire qui connaît bien son auteur[5].

On peut dire que Montesquieu fut au XVIIIe siècle le précurseur des conceptions sociologiques modernes. Il eut, un des premiers, l'idée que les lois sont des faits naturels. Il eut le goût du droit comparé, un sentiment vif de la différence des temps et des pays. Son influence s'exerça en faveur du respect des institutions, des faits, du « donné ». Mais elle ne fut pas seule à agir en ce sens. N'oublions pas que le Code fut rédigé au lendemain d'une époque troublée où les peuples furent mis en contact les uns avec les autres et où les hommes prirent par une expérience directe le sentiment de la diversité des mœurs. On trouve dans les Travaux préparatoires les traces de cette influence. Le Piémontais Galli ne se fait pas

1. FENET, t. I, p. CIX.
2. FENET, t. X, p. 171-172.
3. Sur la simplicité nécessaire du style des lois, tribun ANDRIEUX, FENET., t. VI, p. 64. Sur le rôle du juge, tribun MAILLIA-GARAT, t. VI, p. 151. Sur le régime de la personnalité des lois, BERLIER, t. XIII, p. 662 ; tribun ALBISSON, t. XV, p. 121. *Cf.* encore, t. VII, p. 303.
4. Sur le mariage, t. VIII, p. 177 ; t. IX, p. 64 ; p. 187, 191, 192. Sur le divorce, t. IX, p. 256, 270, 318, 321, 412, 544, 548, 549. Sur l'adoption, t. X, p. 422. Sur la puissance paternelle, t. X, p. 487. Sur les substitutions, t. XII, p. 281. Sur les régimes matrimoniaux, t. XIII, p. 549. Sur le prêt à intérêt, t. XV, p. 472.
5. Par exemple dans la discussion longue et animée qui eut lieu sur les substitutions, t. XII, p. 281.

faute de rappeler son origine et de citer les usages de son pays ;
à sa suite, lors de l'examen du titre des servitudes, plusieurs
orateurs discutent de ce fait économique : la transformation
des méthodes d'irrigation à la suite de l'annexion du Piémont[1]. Le Premier Consul se souvient de l'expédition d'Egypte :
lorsqu'on discute de l'adoption, il déclare : « Dans les mœurs
de l'Orient, un esclave admis parmi les Mamelucks a pour son
patron les mêmes sentiments qu'un fils[2]. » Il dit encore : « En
Orient le dernier des sujets est maître dans sa famille comme le
souverain sur son trône[3]. »

Sans doute ce sont là des indications isolées. Mais il ne faut
pas oublier que le sens des différences sociales se trouvait constamment rappelé aux rédacteurs par la diversité des institutions de l'ancienne France ; et il convient aussi de rappeler
que le *Code prussien*, traduit en vue de la préparation du
Code, fut assez souvent cité et servit parfois de modèle[4]
On se tromperait donc entièrement si l'on imaginait que le
Code fut rédigé par des rationalistes purs et peut être conçu
comme une œuvre d'idéologie abstraite. C'est exactement le
contraire qui est vrai ; et jamais peut-être rédacteurs de lois
n'eurent le sentiment plus vif du respect nécessaire des
« mœurs » comme on disait alors, et du caractère arbitraire
des « doctrines ».

Cournot[5] s'est parfaitement rendu compte du double
caractère du Code : il a noté l'influence de cette « idée d'une
construction rationnelle du droit civil », mais il a constaté en
même temps que la partie la plus solide du Code civil, celle
qui avait été imitée dans tant de pays, c'était l'ensemble
des textes « préparés par les travaux de soixante générations ».

1. FENET, t. XI, p. 261.
2. FENET, t. X, p. 289 n.
3. FENET, t. X, p. 309 n.
4. V. par ex. FENET, t. X, p. 266 (La limite d'âge minima de 50 ans pour l'adoptant est empruntée au Code prussien) ; t. XII, p. 257 ; t. XIII, p. 93. Le *Code prussien* fut promulgué en 1794. *Traduction française officielle* faite par les membres du
Bureau de législation étrangère, 5 vol. in-8°, Paris, Impr. de la République, an
IX.
5. COURNOT (A. A.), *Considérations sur la marche des idées et des événements dans
les temps modernes*, Paris, 1872, 2 vol. VII-415 p. et 442 p. in-8° ; au t. II, liv. VI
chap. II, De la réforme du droit civil, p. 319-320.

4.

On se représente presque toujours comme irréductible-
ment opposées les deux tendances que nous venons de décrire.
A la veille même de la rédaction, la recherche de l'unité et le
particularisme régionaliste se trouvaient en opposition[1].
Plus tard l'idée révolutionnaire d'un Code tout neuf, simple
et complet, œuvre de la pure raison, se heurta au sentiment
des nécessités historiques et de la valeur des institutions consacrées par le temps[2]. On devait voir là un aspect d'un conflit général et permanent.

Ce conflit a trouvé son expression classique dans la querelle fameuse entre Thibaut et Savigny[3]. On a fait remarquer
que le fondateur de l'école historique ne se prononça pas aussi
énergiquement qu'on l'a dit contre le principe de la codification : il estimait surtout que le moment n'était pas venu,
en 1814, de la réaliser en Allemagne. Mais enfin il est bien vrai
que s'il éprouvait une méfiance à l'égard de la codification,
c'est parce qu'il y voyait, en historien, l'œuvre plus ou moins
artificielle et arbitraire de la raison ; et l'on retrouve exactement le même sentiment chez certains historiens contemporains[4].

Il nous semble qu'il y a, dans la façon dont on formule
l'antithèse, une méprise grave qui dissimule un fait capital.
On se représente d'une façon singulière le rôle de la raison dans
le droit. Parfois on croit que les auteurs de la loi ont vu en
elle — et certaines de leurs formules expliquent cette interprétation[5] — la justification suprême des institutions fondamentales : la famille, la propriété ; et c'est pour attaquer ces dernières qu'on s'en prend à la raison. Mais plus souvent encore
on se représente celle-ci comme une sorte de puissance pure-

1. Cf. SAGNAC (Ph.), *La législation civile de la Révolution française* (1789-1814),
essai d'histoire sociale, Hachette, 1898, xx-445 p. in-8°, p. 8 et 395.
2. V. ci-après chapitre préliminaire.
3. Sur cette querelle, v. surtout LABOULAYE, *Essai sur la vie et les doctrines de
Fr. Ch. de Savigny*, Paris, 1842, 77 p. in-8°.
4. VIOLLET, *op. cit.*, p. 214.
5. Par ex. BERLIER, dans FENET, t. XI, p. 260 : « Abstraction faite des anciens
principes, il faut aujourd'hui faire ce qui est le plus utile et le plus juste. »

ment abstraite et vide, sans attaches concrètes. On comprend fort bien que les historiens se soient élevés contre l'une ou l'autre de ces conceptions.

Mais, sans trop anticiper sur les conclusions de notre enquête, nous pouvons dire dès à présent qu'à notre sens le rôle de la raison dans le Code est tout autre : elle n'y apparaît ni solidaire de telle institution particulière, ni étrangère au contenu vivant et concret de la loi.

Si nous revenons à Domat, celui des précurseurs du Code qui représente le mieux l'effort rationaliste, nous devons constater que toute la substance de son œuvre lui est fournie par le droit romain. Son effort est essentiellement un effort d'ordonnance, qui peut réagir en quelque mesure sur le fond des idées, mais qui n'en emprunte pas moins à une tradition historique tous les éléments qu'il manie. Aussi bien que de Domat, cela est vrai de Pothier, auteur des *Pandectæ Justinianæ in novum ordinem digestæ*. Comme on l'a dit, presque tous les auteurs de ce temps ambitionnent de faire leur « petit Code civil[1] ». C'était vrai des romanistes comme Domat. C'était vrai aussi des auteurs de droit coutumier : Bourjon, qui fournit au Code civil sa méthode d'exposition[2], est l'auteur d'un ouvrage intitulé *Le droit commun de la France et la coutume de Paris réduite en principes*. Poullain du Parc écrit à la même époque : *La coutume et la jurisprudence coutumière de Bretagne dans leur ordre naturel*. Ni les uns ni les autres n'ont l'intention de changer les institutions : ils les mettent en ordre : voilà tout.

Mais ce travail de mise en ordre lui-même n'apparaît pas comme l'œuvre personnelle d'un individu. Le fait que, dans le même moment, une multitude d'auteurs s'y appliquent, suggère déjà l'idée d'un besoin ou d'un goût du temps. Mais ce qui est frappant surtout, c'est que, si la systématisation est plus expressément recherchée, les procédés mis en œuvre n'ont rien de nouveau, et la codification apparaît comme l'achèvement d'une évolution depuis longtemps commencée.

Cournot a nettement exprimé cette opinion que le rôle de

1. VIOLLET, *op. cit.*, p. 251 sqq.
2. V. 3ᵉ partie, chap. II.

la raison dans l'organisation des sociétés tient à la nature même des choses. « Chaque peuple, dit-il[1], a ses coutumes et son droit national, en même temps qu'il obéit à des règles juridiques d'une application universelle. » Le rôle de la raison va croissant au cours de l'histoire[2] : le droit « devient plus flexible et plus humain, c'est-à-dire qu'*il s'accommode mieux aux principes de la raison universelle et à ce qu'il y a de plus général dans les conditions de la nature humaine*, abstraction faite des nécessités de certaines conjonctures et des habitudes locales. » C'est pour cela que le droit s'uniformise en se rationalisant[3].

La raison n'apparaît plus comme l'ennemie de l'histoire, mais au contraire comme une donnée de l'histoire[4]. On ne la voit pas s'imposer du dehors comme une intruse, mais se dégager de la vie même des institutions, à laquelle elle est liée, dont elle fait partie, et agir en quelque sorte du dedans pour amener le droit à se déterminer et à s'organiser. C'est en cela que se rapprochent jusqu'à se confondre l'étude logique et l'étude sociologique du Code.

En analysant sa structure logique, en étudiant la présentation des prescriptions juridiques sous telles formes propositionnelles, l'usage de telles catégories, la construction des institutions et leur systématisation en de vastes ensembles, c'est une forme même de la vie des sociétés que nous décrivons : *les faits logiques sont en même temps des faits sociaux.*

5.

Le texte du Code se prête particulièrement bien à l'analyse logique. La pensée y a pris corps dans des formules mûrement délibérées, fixées officiellement, ayant cet aspect dépouillé et rigide que le logicien a toujours apprécié. La rigueur est nécessaire ; le moindre détail importe.

1. COURNOT, *Principes de la théorie des richesses*, Paris, 1863, in-8°, p. 27.
2. COURNOT, *Traité de l'enchaînement des idées fondamentales dans les sciences et dans l'histoire*, Paris, 1861, 2 vol. in-8° ; t. II, p. 186.
3. COURNOT, *Traité de l'enchaînement des idées*, t. II, p. 329-331. *Cf.* BOUGLÉ (C.), *Quid e Cournoti disciplina ad scientias « sociologicas » promovendas sumere liceat*, Chartres, 1899, 96 p. in-8°.
4. 2ᵉ partie, chap. II.

Quelque hâtive qu'ait été la rédaction, il suffit de parcourir les Travaux préparatoires[1] pour constater le soin avec lequel les formules furent souvent examinées. Mais si la réflexion et la perspicacité des rédacteurs ont ici leur part, il faut bien remarquer que leur personnalité ne s'affirmera pas : ils tâcheront de se conformer à des habitudes d'expression lentement formées au cours de la vie juridique, à une sorte d'idéal objectif de la formule légale. Il n'y a pas de domaine où l'originalité soit plus suspecte : on louera le savoir du juriste, sa puissance, son sens des réalités et des nuances ; jamais on ne lui fera de l'originalité un mérite, et si l'on parle de son ingéniosité, ce ne sera pas sans quelque discrète désapprobation[2].

Ainsi les Travaux préparatoires nous offrent tout autre chose que des renseignements sur la personnalité des collaborateurs : ils nous font assister à un travail d'élaboration qui est, dans une large mesure, indépendant de ces personnalités. C'est pourquoi nous y avons amplement puisé.

Résumant la doctrine de Savigny, P. F. Girard disait : « Le droit de chaque époque n'est pas le produit arbitraire de la volonté du législateur, mais un effet nécessaire des circonstances[3]. » On peut à cet égard affirmer que *la fonction du législateur et surtout de l'auteur d'un Code est, normalement du moins, comme celle du juge, de « dire le droit » et non de le créer.*

1. Nous ne possédons pas de comptes rendus de toutes les séances ; nous ne connaissons dans le détail ni la manière dont le projet a été élaboré par la Commission de rédaction, ni les débats de la section de législation du Conseil d'Etat. Mais nous avons les comptes rendus de l'examen des diverses parties du projet par la section de législation du Tribunat, et cela nous permet de voir combien il fut minutieux, malgré le temps très court dont on disposait ; il porta sur la terminologie, la grammaire, l'euphonie elle-même. (V. par ex. FENET, t. X, p. 609 sqq. ; t. XI, p. 25, 99 sqq. 286 (dans l'art. 653, la section fait mettre « dans les villes et les campagnes » au lieu de « dans les villes, bourgs, villages et hameaux » pour éviter cette difficulté : combien faut-il de maisons pour faire un hameau ?), p. 290 ; t. XII, p. 447 sqq. ; t. XIII, p. 156 (correction proposée pour « éviter une consonance désagréable »), p. 159 (la section propose la suppression d'une virgule), etc...

2. PORTALIS (dans FENET, t. VI, p. 38) disait : « Une nouveauté hardie n'est souvent qu'une erreur brillante. »

3. GIRARD (P. F.), art. *Savigny*, dans la *Grande Encyclopédie*. Nous n'ajouterons qu'un mot à ce résumé de la pensée de Savigny : c'est que la codification elle-même est un effet nécessaire des circonstances. Cf. ESMEIN (A.), *Précis élémentaire de l'histoire du droit français de 1789 à 1814, Révolution, Consulat et Empire*, Sirey, 1908, VIII-384 p. in-8° ; p. 333 : « Le code civil est l'œuvre de la nation, non celle des individus. »

6.

Si la forme même du texte du Code invite à la réflexion logique, l'aliment qu'il lui apporte est d'une saveur nouvelle.

A l'époque contemporaine en effet les logiciens ont le plus souvent borné leur attention aux aspects spéculatifs de la pensée, aux différentes branches du savoir. Ils n'ont pas suivi, à cet égard, la tradition classique, qui fit une large place aux usages pratiques de la raison. Les stoïciens avaient déjà poussé assez loin les recherches dans cette voie, et nous aurons à noter combien certaines de nos remarques se rapprochent des leurs. Leibniz a, pendant plusieurs années de sa jeunesse, étudié la jurisprudence ; et c'est en homme pleinement averti qu'il a pu esquisser une conception logique du droit[1]. On sait quelle place le droit a tenu dans l'élaboration de la doctrine de la raison pratique chez Kant. Mais, peut-être parce que ces divers efforts se trouvaient trop étroitement liés à certaines conceptions métaphysiques, ils n'ont pas vraiment pénétré dans le corps des doctrines logiques.

Dans les divers traités contemporains, la place tenue par l'analyse de la pensée pratique est insignifiante. M. Goblot[2] a indiqué son importance ; mais il n'a donné à ce sujet que de brèves indications. Pourtant on peut dire que, dans les années récentes, il s'est fait une sorte de travail préalable : le problème a été posé. L'antithèse des jugements de réalité et des jugements de valeur a été clairement formulée, en particulier dans une mémorable communication de Durkheim à la Société de philosophie[3]. D'un point de vue fort différent, le problème de la pensée pratique a été étudié par B. Croce[4].

Nous pouvons espérer que notre travail apportera quelques matériaux à cette logique de la pensée pratique et des juge-

---

1. ALENGRY (F.), *De jure apud Leibnitium*, Bordeaux, 1899, XIII-98 p. in-8°.

2. GOBLOT, *Traité de logique*, Colin, 1918, XXIII-412 p. in-8°. V. aussi, du même auteur : *Exercices logiques sur les jugements de valeur*, dans *Revue philosophique*, mai-juin 1926, p. 321-337.

3. V. ci-après : 1re partie, chap. VI.

4. CROCE (B.), *Philosophie de la pratique, Economie et éthique*, trad. de l'italien par Buriot (H) et le Dr Jankelevitch, Paris, Alcan, VII-371 p. in-8c. V. spéc. : p. 3 sqq. : « L'activité pratique comme forme de l'esprit » ; p. 53 sqq. : « Le jugement pratique ; p. 181 sqq. : « L'unité du théorique et du pratique.

ments de valeur. Le Code est écrit en vue de l'action ; les propositions qui le composent sont, au fond, des prescriptions. Il sera intéressant de voir quelle forme intellectuelle elles revêtent, quelles analogies elles peuvent présenter — ou quelles dissemblances — avec les formules dans lesquelles s'exprime la pensée représentative.

Mais notre effort ne se limitera pas au jugement. Nous aurons à voir quelles notions fondamentales, quelles catégories la pensée juridique met en jeu ; et là encore il faudra essayer de déterminer dans quelle mesure cette forme éminente de la pensée pratique se sépare ou se rapproche de la pensée spéculative.

Enfin nous n'oublierons pas le caractère logique le plus apparent et le plus nouveau du Code ; il constitue un système, il est un ensemble, comprenant lui-même d'autres ensembles qui se subordonnent et se coordonnent. Les logiciens n'ont guère étudié au delà de la proposition qu'une forme plus complexe de la pensée : le raisonnement ; le Code nous donnera l'occasion de signaler l'existence et d'analyser la structure d'ensembles d'une tout autre sorte, mais doués vraiment de cohésion logique. Certes le Code ne présente point à cet égard, un cas isolé ; mais c'est du moins un cas typique.

7.

Les faits logiques que nous allons étudier étant en même temps des faits sociaux, nous sommes invité à leur appliquer *la méthode comparative.* Mais comment pourrons-nous le faire ? On voit sans peine l'intérêt capital d'une multitude de comparaisons diverses : comparaison du Code avec d'autres textes législatifs du même temps, du même pays, du même ordre ; comparaison du Code, considéré comme Code civil, avec les autres Codes du même temps et du même pays ; comparaison du Code, considéré comme loi française du début du XIXe siècle, avec des lois civiles d'autres temps ou d'autres pays ; comparaison du Code, considéré comme loi, avec d'autres formes de la pensée juridique, actes, jugements, théories... On peut imaginer presque à l'infini des types de comparaisons instructives. Mais essayer de formuler un tel programme, c'est montrer qu'il est irréalisable. L'étude d'un texte viendrait à se confondre avec une sociologie complète et une logique complète du droit; elle supposerait une foule de travaux et de résultats acquis ; elle supposerait en particulier un nombre suffisant d'études du genre même de celle que nous entreprenons.

Force est donc de nous résigner à faire une monographie. Mais cette monographie, nous voudrions l'élaborer, si l'on nous permet l'expression, dans un esprit comparatif, qui différencie notre analyse des méthodes de stricte exégèse. C'est-à-dire qu'au lieu de nous absorber dans notre texte, nous voudrions rester constamment pénétré de ce sentiment qu'il est un texte parmi beaucoup d'autres, analogues à tous les degrés, différents à tous les degrés. Les constatations que nous pourrons faire à son sujet, nous nous préparons à ne les jamais considérer ni comme des vérités universelles ou même générales, ni à l'inverse comme des caractères spéciaux et propres du texte étudié. Nous espérons que des travaux ultérieurs permettront de donner plus exactement à chacune de ces constatations sa véritable portée ; et, quand cela sera possible, nous tâcherons de la pressentir et de la suggérer. Nous reconnaissons volontiers que nos conclusions auront quelque chose d'incomplet et de provisoire.

Heureusement nous n'avons pas à nous borner à cette précaution oratoire sur la portée de nos remarques. La méthode comparative constitue un instrument d'analyse tellement précieux qu'il est impossible de renoncer à l'employer. Et si nous ne pouvons nourrir l'ambition d'esquisser les amples et multiples enquêtes dont nous évoquions tout à l'heure l'idée, du moins pourrons-nous avoir recours à certains types de comparaisons qui guideront notre recherche.

D'abord les historiens du droit et les juristes qui s'occupent de droit comparé ont dès à présent étudié certains textes qu'il peut être utile de rapprocher du Code civil, soit parce qu'ils en sont les antécédents, soit parce qu'ils répondent, dans des sociétés analogues, à un dessein analogue. En particulier la publication du Code civil allemand a donné naissance à toute une littérature dans laquelle le nouveau Code est comparé au Code français[1]. Sans doute les deux textes ont été élaborés dans des conditions trop peu différentes pour que leur comparaison puisse nous permettre d'approfondir beaucoup l'analyse. Elle suggère pourtant quelques utiles remarques. En outre les sources même de notre Code, droit romain, droit coutumier, sont évidemment indispensables à considérer pour qui essaie de comprendre ce que le Code apporta de nouveau.

D'autre part, le Code est fait, comme nous l'avons rappelé, d'éléments divers ; c'est un ample recueil, au sein duquel se rencontrent une multitude de formes de pensée. Nous pouvons faire une sorte d'application interne de la méthode comparative, essayer de discerner les formes logiques très nombreuses qui se rencontrent dans le Code lui-même, et que leur pluralité, leurs dissemblances permettent précisément de caractériser. Il y a des chances pour que cet effort soit fructueux précisément en raison de la complexité intime, profonde de notre texte : produit de toute une évolution juridique, dans laquelle se sont mêlés au moins trois ou quatre courants très divers ; loi d'ample portée, qui touche presque à toutes les formes de la vie sociale ; nous devons nous attendre à y reconnaître, plus ou moins fondues dans l'unité du dessein, des diversités presque innombrables.

8.

Notre propos est donc de conduire l'analyse logique de notre texte dans l'esprit de la méthode comparative.

1. Au premier rang de ces travaux il faut citer ceux de SALEILLES, spécialement : *Étude sur la théorie générale des obligations dans la seconde rédaction du projet du Code civil pour l'empire d'Allemagne*, extrait du *Bull. de la Soc. de lég. comp.*, Pichon, 1895, in-8°. *La condition juridique de la femme dans le Code civil allemand*, extr. de la *Réforme sociale* (16 nov. 1901), Paris, 1901, 28 p. in-8°. *De la déclaration de volonté*, Pichon, 1901, XIV-421 p. in-8° *Les personnes juridiques dans le Code civil allemand*, Chevalier-Marescq, 1902, 147 p. in-8°. *La théorie possessoire du Code civil allemand*, extr. de *la Rev. crit. de législ. et de jurisp.*, Pichon, 1904, 47 p. in-8°. *Mélanges de droit comparé. I. Introduction à l'étude du droit civil allemand*, Pichon, 1904, 124 p. in-8°. II. *De la possession des meubles*, études de droit allemand et de droit français, 1907, in-8°. — Nous citerons ensuite les notes dont s'accompagne la *Traduction du Code civil allemand*, donnée par le *Comité de législation étrangère*, Paris, Imprimerie nationale, 4 vol. in-8°, 1904-1914. — Le juriste allemand Carl CROME a donné au *Livre du centenaire*, t. II, p. 1089 sqq. un article sur *Les similitudes du Code civil allemand et du Code civil français*. Sur la technique de rédaction des deux Codes, ainsi que du Code civil suisse, v. ci-après : complément A.

Mais ce que nous venons de dire sur la diversité des éléments dont le Code est fait mérite qu'on s'y arrête : cette hétérogénéité ne rend-elle pas artificielle une enquête portant sur l'ensemble du Code ?

Ce qui donne à l'objection sa force, c'est que les rédacteurs du Code ont suivi de très près, parfois copié littéralement leurs sources, qui étaient multiples : le droit romain, lu le plus souvent à travers Domat ; le droit coutumier, surtout la coutume de Paris, dont ils se sont inspirés soit directement, soit par l'intermédiaire de Pothier ; les ordonnances royales ; les lois de l'époque intermédiaire. Aujourd'hui on a un peu perdu de vue cette diversité d'origine des textes ; dans la pratique on la néglige presque constamment. Mais au début du XIXe siècle l'attention s'était portée sur ce fait. Dès l'an XIII, H. J. B. Dard publiait un *Code civil avec des notes indicatives des lois romaines, coutumes, ordonnances, édits et déclarations qui ont rapport à chaque article »*, et le *Moniteur* du 5 frimaire an XIII recommandait cet ouvrage, qui eut trois éditions[1]. En 1806, J. M. Dufour publiait à son tour un *Code civil des Français avec les sources où toutes ses dispositions ont été puisées* ; et cet ouvrage, au lieu de se borner comme le précédent à des références, citait les textes[2]. Enfin on sait le rôle que joua à la Cour de cassation le procureur général Merlin : la continuité entre le droit ancien et le droit nouveau lui paraissait telle qu'après la publication des Codes il put reprendre en le complétant son *Recueil alphabétique des ques-*

---

1. Voici le titre caractéristique de l'ouvrage de H. J. B. DARD : « *Code civil avec des notes indicatives des lois romaines, coutumes, ordonnances, édits et déclarations, qui ont rapport à chaque article, ou Conférence du Code civil avec les lois anciennes, 3ᵉ éd., revue et augmentée de la concordance des articles du Code civil entre eux, du renvoi aux traités de Pothier, aux principaux ouvrages de jurisprudence moderne qui ont expliqué le Code et aux répertoires de jurisprudence de MM. Merlin et Favart, suivie d'une table alphabétique et raisonnée des matières contenues dans le Code civil*, Paris, 1827. Dans la préface de cette 3ᵉ édition, p. III, l'auteur cite un extrait de l'article du *Moniteur* qui recommandait l'ouvrage. L'existence d'un ouvrage de ce genre, officiellement patronné, l'apparition presque simultanée de l'édition de Merlin, du travail cité ci-après de Dufour constituent de gros arguments contre la thèse de M. LAMBERT (*Droit commun législatif*, p. 94), citée sans observation par M. PLANIOL (*Droit civil*, t. I, p. 48, n. 1) que la littérature juridique, au lendemain de la publication des Codes, a une tendance à « isoler le système législatif en vigueur de ses précédents historiques. »

2. Julien-Michel DUFOUR, *Code civil des Français, avec les sources où toutes ses dispositions ont été puisées*, 3 vol., Paris, 1806. [Nat. : F 34.084-34.086, au nom DUFOUR DE SAINT-PATHUS.]

tions de droit, paru en l'an XI[1]. Si on veut avoir l'idée du caractère textuel des emprunts faits par le Code, on doit consulter les éditions de Domat et de Pothier dans lesquelles les éditeurs ont eu soin de rapprocher du texte de ces auteurs les textes du Code civil qu'ils ont inspirés[2].

Si donc le Code est une mosaïque de textes, la seule méthode correcte ne consistera-t-elle pas à traiter séparément chaque groupe de dispositions ? Qu'il y ait un grand intérêt par exemple à étudier à part les textes empruntés par le Code aux coutumes, et à les expliquer historiquement, nul n'en doutera. Mais cela ne doit pas faire méconnaître l'unité réelle du texte. C'est dans des cas tout à fait exceptionnels, qu'on rencontre telle expression, qui semble comme dépaysée, qui paraît brutalement empruntée à un système juridique étranger : par exemple dans l'art. 151 l'étrange expression « enfant de famille », qui est toute romaine ; ou dans l'art. 2274, al. 2, l'expression « compte arrêté, cédule ou obligation » qui vient du droit coutumier et s'est trouvée si dépaysée dans notre droit que la jurisprudence, au lieu de l'interpréter, a dû y substituer presque franchement une autre formule[3]. Le seul fait que de tels cas sont exceptionnels et font tache laisse présumer que les éléments divers ont été généralement fondus dans un texte homogène.

C'est bien ce qui s'est produit, et il n'y a point là de mystère. La chose eût paru invraisemblable, si les sources du Code avaient été véritablement étrangères les unes aux autres. Mais il n'en était rien. La plupart des juristes de l'ancien régime étaient nourris de droit romain et de droit coutumier. Montes-

---

1. MERLIN, *Recueil alphabétique des questions de droit,* 13 vol. in-4°, an XI. [Bibl. nat. : F 20.570 sqq.] Dans l'Avertissement, p. III, Merlin explique que la connaissance des lois « actuelles » ne sera pas inutile quand sera achevée la rédaction de nouveaux codes. La 4ᵉ éd., en 8 vol. in-4°, est de 1827-1828. [Nat. : F 20.584 sqq.] De même F. C. L. GIN, qui avait publié en 1782 une comparaison des lois romaines et de la coutume de Paris, donna, en 1803, une « *Analyse raisonnée du droit français par la comparaison des dispositions des lois romaines, de celles de la coutume de Paris et du nouveau code des Français,* 6 vol. in-8°, à Paris, chez Garnery.

2. *Œuvres complètes* de J. DOMAT, nouvelle édition par Joseph Rémy, citée plus haut. FENET, *Pothier mis en ordre sous chacun des articles du Code civil.* Nat. : F 34.796.]

3. L'expression est copiée sur le texte de l'ordonnance de mars 1673, titre I, art. 9. La jurisprudence a en fait substitué à la formule archaïque inintelligible une formule moderne : « Reconnaissance par écrit portant fixation du chiffre de la dette. » V. Civ.-cass. 7 mai 1906. D. 1908.1.65 et la note.

quieu était président au Parlement de Bordeaux, pays de coutume et pays du midi. Domat était avocat à Clermont, pays limitrophe. Pothier a écrit sur le droit coutumier et sur le droit romain. Dans les siècles qui ont précédé la rédaction, il s'était créé un état d'esprit, une conscience juridique formés de tous les éléments, de toutes les influences qui pénétrèrent dans le Code. L'historien peut assigner l'origine particulière de telle institution. Les rédacteurs eux-mêmes eurent parfois, pour telle question de fond, à choisir entre le système du droit romain et celui des coutumes. Mais ces éléments se sont constamment présentés à leur esprit comme susceptibles d'entrer dans un même ensemble juridique, pour la bonne raison qu'ils faisaient déjà partie d'un tel ensemble[1]. Il y avait sans doute à prendre conscience de cette unité, à la parfaire ; mais elle était toute préparée. Lorsqu'on lit les juristes du XVIIIe et du XVIIe siècle, Pothier, Domat, Ricard, on est frappé de voir combien leur langage, leur tour d'esprit ont peu vieilli. C'est leur vocabulaire, leur façon de poser les questions et de les résoudre, leur conscience même qui ont passé dans le Code et par lui dans notre droit contemporain.

On peut donc légitimement, et sous les réserves nécessaires, considérer le Code civil comme l'expression relativement homogène d'un état d'esprit qui n'a en aucune manière été créé artificiellement à l'époque de la rédaction, qui s'était au contraire formé de façon progressive dans les derniers siècles de l'ancien régime et qui représente ainsi une réalité solide, durable, qu'il peut être légitime et fructueux d'étudier[2].

9.

Après avoir écarté l'objection que suggèrent les origines du Code, on se trouve en présence d'une difficulté qui n'est pas moindre, et qui se dégage de son histoire depuis cént vingt-cinq ans. Vers le milieu du XIXe siècle, au moment où florissait

1. V. comme illustration de cette idée : MARTIN (Olivier), *La coutume de Paris trait d'union entre le droit romain et les législations modernes*, Sirey, 8°, 1925.
2. Nous ne parlons que de la structure générale du Code : il est bien certain que, pour le fond, il constitue un mélange, dont les éléments sont parfaitement reconnaissables. *Cf.* SAGNAC, *Législation civile de la Révolution*, p. 395.

l'école exégétique[1], on était enclin à se représenter le texte du Code comme une réalité immuable. Aujourd'hui prévaut parmi les interprètes un sentiment opposé : volontiers on représente le texte du Code comme l'instrument, comme l'occasion des constructions jurisprudentielles. Tel article ne signifie plus pour l'arrêtiste de 1926 ce qu'il signifiait pour les tribunaux de 1810. Ce qui caractérise les traités de droit les plus récents et les plus autorisés[2], c'est justement le souci de mettre en valeur ces transformations. Si donc des textes essentiels, l'art. 900, l'art. 1382, bien d'autres encore ont pris une portée toute nouvelle, ne sommes-nous pas victimes d'une illusion, lorsque nous espérons limiter le champ de notre étude en choisissant le texte même de la loi ? C'est une conclusion qui s'imposerait presque pour qui prendrait à la lettre la doctrine dite « de la libre interprétation » qui semble faire si bon marché de l'autorité des textes.

Nous ne commettrons certes pas l'imprudence de négliger l'effort de réflexion approfondie que représente la jurisprudence : à bien des égards, sur bien des points, cet effort permet du texte du Code une analyse meilleure que celle qu'on eût pu faire il y a un siècle. Mais il nous semble qu'aujourd'hui mieux que jamais il est possible de faire la distinction entre l'examen du droit civil — élaboré dans une large mesure au cours du siècle — et l'examen du Code civil. Deux faits, à notre sens incontestables, justifient cette attitude.

D'abord la souplesse, l'indétermination relative des textes du Code est un caractère, qui peut être aujourd'hui clairement aperçu, et que nous aurons soin d'étudier[3]. L'histoire de l'interprétation interdit de considérer les textes du Code comme ayant tous eu dès 1804 un sens et une portée absolument et définitivement fixés. Il n'y a rien là qui puisse nous étonner. Il en

1. Sur cette école, v. surtout : BONNECASE, *L'école de l'exégèse en droit civil,* dans *Revue générale du droit, de la législation et de la jurisprudence,* 1918, p. 212 sqq., 261 sqq. 339 sqq.; 1919, p. 30 sqq., 161 sqq., 247 sqq.; CHARMONT et CHAUSSE, *Les interprètes du Code civil* dans le *Livre du centenaire,* t. I, p. 131 sqq.

2. Celui de M. PLANIOL déjà, et plus encore celui de MM. COLIN et CAPITANT. Le grand traité, en cours de publication sous la direction de M. PLANIOL, marquera certainement le triomphe de l'école nouvelle par rapport à la tendance exégétique, qui prévalait dans le traité de BAUDRY-LACANTINERIE.

3. V. spécialement : chap. préliminaire ; 2º partie, chap. 1 ; 3ª partie, chap. 11 et chap. 1v.

est ainsi en tout domaine. Les textes homériques n'ont pas
pour M. Victor Bérard le même sens que pour Madame Dacier.
La formule de la loi de Mariotte n'a pas pour le physicien
contemporain rigoureusement la même signification que pour
Mariotte. Nous ne songeons pas à prétendre que ces diverses
sortes d'indétermination sont identiques. Nous chercherons au
contraire à voir en quoi consiste l'indétermination propre des
formules du Code civil. Et nous serons d'autant plus à l'aise
dans cette recherche que les *rédacteurs du Code ont prévu et
voulu cette indétermination*[1].

Mais d'autre part et surtout nous croyons que les théoriciens de la libre interprétation favorisent dans l'esprit du lec-
teur peu averti quelque illusion, lorsqu'ils donnent à croire
que le texte de la loi disparaît presque sous les manipulations
nécessaires que l'interprète leur fait subir. Par réaction
contre l'école de l'interprétation stricte, nos contemporains
ont été amenés à mettre en pleine lumière les libertés qu'ils
prennent. Et ce fut pour eux un triomphe, lorsqu'au moment
du centenaire du Code civil le premier président de la Cour de
cassation[2] reconnut lui-même, en un discours resté célèbre,
la légitimité de cette attitude. Mais, lorsqu'un profane accède
aux travaux de ces libres interprètes, ce qui le frappe d'abord,
c'est l'immensité de l'effort qu'ils doivent fournir pour faire
admettre, nous ne dirons pas une correction de texte — le
fait est tellement exceptionnel[3] qu'il peut être pratiquement
négligé — mais une interprétation qui, de prime abord, ne
semble pas imposée par le texte. Alors que le moindre amendement adopté au Parlement, comme négligemment dans une
séance du matin, bouleverse une institution, il faut l'effort

---

1. FENET, t. VI, p. 23; t. VIII, p. 355, 367, 407 (« L'inconvénient de trop préciser,
dit Bonaparte, a été senti par tous les peuples ; ils n'ont mis dans leurs lois que des
principes généraux. ») ; t. IX, p. 33. (« La loi, dit Portalis, n'a ni yeux ni oreilles ;
elle doit pouvoir être modifiée d'après ce que l'équité exige ») ; p. 65 (Cambacérès,
dans le même sens).

2. *Le centenaire du Code civil*, 1804-1904, Paris, Impr. nation., in-8°, 1904. Discours du premier président BALLOT-BEAUPRÉ, p. 28 sqq.

3. On peut citer le cas de l'art. 1737, dans lequel la jurisprudence entend les mots
bail « par écrit » comme signifiant bail « à durée déterminée » écrit ou verbal : Req.
4 janvier 1898 dans Sir. chronol., t. XX, p. 5. — De même « tout le monde admet
que les opérations entre époux autorisées par l'art. 1595 C. civ. sont des dotions
en payement et non des ventes, bien que la loi leur donne formellement le nom
de *vente* dans l'alinéa premier de cet article » : N. Planiol sous Civ.-cass.,
18 oct. 1911 dans D. 1912. I. 113.

ingénieux et persuasif des plus habiles juristes, il faut que cet effort se prolonge pendant des années pour que la jurisprudence assouplisse un texte et le plie aux nécessités les plus évidentes de la vie moderne.

On peut admirer aujourd'hui l'ampleur des grandes créations jurisprudentielles du XIXᵉ siècle : le développement progressif de la théorie de la responsabilité quasi délictuelle qui est venue rectifier par une application sans cesse étendue de l'art. 1382 tant d'autres institutions ; la théorie de l'assurance-vie, que n'avait pu aucunement prévoir le législateur du Consulat; la protection de la dot mobilière, etc... Mais il est notable que ces innovations véritables se sont faites sans que fût affaibli le respect des textes légaux. Rien n'est plus typique à cet égard que l'étude faite par M. Cohendy, du plus grand et du plus influent des arrêtistes, Labbé[1]. M. Cohendy distingue : les constructions rattachées au texte de la loi ; celles qui sont faites en dehors du texte de la loi ; celles enfin qui sont en opposition avec le texte de la loi. Lorsqu'on examine ces dernières on est frappé de voir qu'elles consistent toujours à se servir d'un texte contre un autre[2] : c'est par la loi qu'on corrige la loi. Et sans doute il ne faut pas être naïf : il est bien certain que parfois la construction est un artifice : les nécessités de la pratique, la transformation des conditions d'existence imposent vraiment une modification de la loi ; et c'est bien une modification de la loi que l'on réalise parfois. Mais le détour que l'on prend est un signe de l'autorité persistante du texte. Comme la Cour de cassation elle-même, l'interprète le plus libre ne cesse de justifier ses propositions les plus hardies par des textes qu'il sollicite peut-être, mais enfin qu'il invoque. A cela il faut encore ajouter que l'attention des juristes se porte inévitablement sur les points obscurs et indéterminés. La plupart des questions ont bel et bien été

---

1. Georges COHENDY, *La méthode d'un arrêtiste au XIXᵉ siècle : Labbé. Son application aux questions de responsabilité*, thèse, Lyon, 1910, 206 p. in-8°. *Cf.* Fernand BAUDET, *Labbé arrêtiste*, thèse, Lille, 1908, 885 p. in-8°.

2. Voici les principales de ces questions : nullités des libéralités immorales (S. 79.1.393) ; assurances (S. 90.1.5); fausseté de la date du testament olographe (S. 87. 1.337) ; substitutions valables, théorie du double legs conditionnel (St 74.1.5) ; interprétation de l'art. 1780 (S. 83.1.5) ; combinaison de l'art. 1469 avec l'art. 1437 (S. 86.1.289) ; interprétation des art. 1044-1045 (S. 79.1.193).

résolues dès 1803 par le texte légal ; et, si l'on n'a pas à en
parler, c'est justement parce qu'elles sont tranchées sans contestation possible. C'est cet état d'esprit qu'exprimait Merlin[1]
dans la préface de ses *Questions de droit* : « Il n'entrera rien
dans ce recueil qui ne soit sujet à controverse, rien par conséquent de ce qui est décidé textuellement par les lois. » Comme
le disait un jour Portalis lors de la discussion du Code civil[2],
« on ne plaide jamais contre un texte précis de loi. » Il n'y a
sans doute pas un avocat contemporain qui soit disposé à
soutenir le contraire.

Nous pouvons donc, sans méconnaître l'importance de la
jurisprudence qui s'est formée sur le Code, aborder l'étude
directe d'un texte que ses auteurs eux-mêmes ont voulu
souple, et dont cette souplesse a sauvé au moins la structure
générale.

Nous avons cherché, au cours des explications qui précèdent, à définir notre attitude en tenant compte des divers
points de vue auxquels on a pu se placer pour étudier le code.
Nous ferons indifféremment appel à des travaux de juristes,
de logiciens, de sociologues : notre ambition a été de ne pas
chercher seulement dans ces différents ordres de travaux des
faits et des idées, mais de conserver, autant qu'il a été en nous,
dans toute leur ampleur, les perspectives que ces puissantes
disciplines ouvrent sur les faits. Le document qu'est le Code
civil nous a paru un objet d'étude privilégié, parce qu'il
caractérise un moment hautement intellectualisé de la vie
sociale, et se trouve ainsi au point de rencontre du droit, de
la logique et de la sociologie.

En un aussi vaste domaine, nous nous sommes trouvé
dans la nécessité de négliger bien des problèmes importants ;

---

1. MERLIN, *Questions de droit*, 1re éd., p. IV.
2. FENET, t. VI, p. 269.

et nous craignons d'être resté fort loin du but que nous voulions atteindre. Mais on nous excusera peut-être de nous être laissé tenter par un trop beau sujet, qui promet au moins de nous faire entrevoir sous un angle nouveau certains aspects essentiels de l'intelligence, de la vie sociale et de l'action.

CHAPITRE PRÉLIMINAIRE

L'Expression

I.

N'ouvrons pas le Code civil en juriste accoutumé à son vocabulaire et à ses formules. Appliquons-nous à voir son apparence la plus extérieure. L'austérité du texte, la sécheresse dépouillée du style, l'absence presque complète d'ornements littéraires, d'images et de métaphores ne sont pas, comme on pourrait le croire, des caractères universels et nécessaires des prescriptions juridiques. Bien des règles de cet ordre se sont traduites en symboles, exprimées en anecdotes, fixées dans des formules vives et pittoresques, aux époques surtout où le droit était mal différencié.

Si l'on considère par exemple le système du droit islamique, on sait qu'il se rattache au Coran, dans lequel les règles de droit sont mêlées aux préceptes de religion, de morale, et s'expriment sans qu'il y ait différenciation, technicité. Il a fallu qu'ultérieurement la construction juridique se complétât, à la fois à l'aide d'autres sources et par le labeur des jurisconsultes. Le droit ainsi élaboré se rapproche dans la forme de celui qui s'exprime dans notre Code civil ; et c'est ainsi que dans nos colonies de l'Afrique du Nord a dû et pu être entrepris un travail de codification[1], dont le résultat sera certainement très curieux à confronter avec la source première de ce droit, avec le Coran, qui présente tout l'éclat, toute la variété, toute la vie d'un texte littéraire.

Il n'est pas nécessaire d'ailleurs de chercher loin de nos

---

1. Marcel MORAND, *Introduction à l'étude du droit musulman algérien*, in-8°, Alger, 1921, spécialement p. 120 sqq. Le GOUVERNEMENT GÉNÉRAL DE L'ALGÉRIE a publié depuis 1906 toute une série de rapports, avis et projets sous le titre : *Projet de codification du droit musulman*, Alger, F. ntana. [Nat. : 8° F 20344 ; 8° F 17377.]

traditions juridiques des exemples qui permettent d'apprécier par contraste cette sorte de décoloration qui est peut-être le caractère extérieurement le plus frappant de notre texte. Il suffit, pour en être vivement frappé, de se reporter aux formules savoureuses, aux brocards si ramassés, si colorés dans lesquels s'exprimèrent au Moyen âge les règles principales du droit coutumier ; les *Institutes de Loysel* donnent encore une série d'exemples de ce style ; certains articles des *Coutumes* l'avaient conservé ; et quelques-unes des expressions imagées de l'ancien temps ont encore survécu dans la langue d'aujourd'hui[1], mais en dehors du Code civil. ·

Les rédacteurs du Code civil ont visé à une sorte de précision abstraite, qui leur imposait une langue terne, sans couleur. Que, cela ait été volontaire, c'est fort probable. Une tradition s'était formée, dont le législateur de 1803 avait parfaitement conscience. A plusieurs reprises, nous l'entendons parler du « style législatif », du « style des lois[2] ». Et nous pouvons signaler un fait curieux, et symptomatique, qui montre bien l'idée qu'on se faisait alors de la forme qui convenait en ce domaine. On sait que nous avons un procès-verbal officiel des travaux préparatoires, rédigé par Locré[3]. Mais nous avons sur ces travaux quelques autres témoignages, en particulier un chapitre fort intéressant des *Mémoires* de Thibaudeau, qui y avait pris part comme conseiller d'État. Voici ce que nous dit Thibaudeau au début de ce chapitre[4] : « Locré a rendu tous les discours dans un style mesuré, grave, froid, uniforme, tel que l'exigeait peut-être la matière... » Ceux du premier consul, entre autres, « ont en grande partie perdu la liberté, la hardiesse de la pensée, l'originalité et la force de l'expression[4] ». Ce qu'a fait le secrétaire pour la rédaction

---

1. On ne dit plus : « Le mort saisit le vif », mais « Les héritiers légitimes sont saisis : de plein droit... (art. 724). » La doctrine énonce encore souvent la formule ancienne : « Donner et retenir ne vaut », qui a été remplacée par l'expression « dépouillement actuel et irrévocable (art. 894). ».

2. Par exemple : FENET, t. VI, p. 65 ; t. XII, p. 453 ; t. XIV, p. 281, 490.

3. C'est celui qui a été suivi par Fenet : voir le « prospectus », reproduit au tome XI, p. 3.

4. *Mémoires sur le Consulat de* 1799 à 1804 *par un ancien Conseiller d'Etat*, Paris, chez Ponthieu, 1827, in-8°. [Nat. : 8° L 43 b n° 9.] Chap. xix, Code civil. Fenet reproduit en note les principales indications de Thibaudeau.

4. THIBAUDEAU, *l. c.*, p. 412.

des procès-verbaux, le législateur l'a fait pour la rédaction du texte lui-même.

Et en cela il n'était point novateur. Il se conformait à l'idée qui s'était formée peu à peu de la langue juridique, dans les offices des gens de lois et dans les palais de justice, un peu à l'écart de la vie. Bonaparte, au cours des discussions, eut parfois ce sentiment ; et il l'exprima avec vigueur, par exemple à propos de l'adoption, un sujet qui lui tenait au cœur[1] : « *Le vice de nos législations modernes est de n'avoir rien qui parle à l'imagination*. On ne peut gouverner l'homme que par elle ; sans imagination c'est une brute. Si les prêtres établissaient l'adoption, ils en feraient une cérémonie auguste. C'est une erreur de gouverner les hommes comme les choses... Un contrat ne contient que des obligations géométriques ; il ne contient pas de sentiments... Ce n'est pas pour cinq sous par jour, pour une chétive distinction qu'on se fait tuer ; *c'est en parlant à l'âme qu'on électrise l'homme*. Ce n'est pas un notaire qui produira cet effet pour douze francs qu'on lui paiera. On ne traite pas la question, on fait de la géométrie. On l'envisage en *faiseurs de lois*, et non en hommes d'État. »

Ce n'est pas l'opinion de Bonaparte qui a triomphé ; les rédacteurs n'ont voulu faire appel ni à l'imagination, ni au sentiment. Une attitude de froideur, d'indifférence, de sérénité leur paraissait l'attitude normale du législateur ; et on ne peut nier que ce soit là un des aspects que nous considérons comme caractéristiques du droit. Les rédacteurs du code ont eu l'occasion de nous dire leur sentiment à cet égard. Dans le projet l'article 2096 était ainsi rédigé : « Entre les créanciers privilégiés, la préférence se règle par le plus ou moins de faveur de la créance. » La section de législation du Tribunat fit la remarque suivante[2] : « Ce mot *faveur* présente une idée qui ne se concilie pas avec les *principes sévères de la justice*. » Et elle proposa le texte qui nous régit : « Entre les créanciers privilégiés, la préférence se règle par les différentes qualités des privilèges. » La chose est d'autant plus notable que l'idée et le terme pouvaient invoquer la tradition, une tradi-

---

1. Thibaudeau, *l. c.*, p. 419-424 ; cf. dans Fenet, p. 297 sqq.
2. Fenet, t. XV, p. 412.

tion qui n'est pas morte d'ailleurs, car on considère encore que tels actes, comme le mariage, sont « favorables », tels autres, comme la donation, « défavorables[1] ».

Le triomphe, dans les législations modernes, de la langue sévère, abstraite, précise, froide, est un fait. Les codes les plus récents, Code civil allemand, Code fédéral suisse, Code civil japonais, ont suivi l'exemple donné par notre Code civil : et il y a là sans doute une conséquence inévitable de la différenciation, de la technicité, de la complexité vers laquelle le droit semble fatalement évoluer.

2.

Les membres de la Commission de rédaction du Code civil étaient tous des spécialistes, des techniciens. Ils ont fait une œuvre technique. Et la chose doit être notée, car on sait qu'une des grandes pensées de l'époque révolutionnaire avait été d'écrire des codes « accessibles à tous » et par conséquent aussi dépourvus que possible de tout caractère technique. Il fallut abandonner ce dessein devant l'impossibilité de s'en tenir à quelques formules simples, au degré d'évolution sociale où l'on en était arrivé[2].

Le premier texte de l'époque révolutionnaire visant à la codification des lois civiles est le décret de l'Assemblée Constituante du 5 juillet 1790, décidant qu'il sera fait « un code général de lois *simples, claires* et appropriées à la Constitution[3] ».

Le premier projet de code fut annoncé le 7 août 1793 et présenté le 9 à la Convention par son auteur Cambacérès.

---

1. Le projet de la Commission du gouvernement, dans son titre V, relatif à l'application et à l'interprétation des lois, qui fut supprimé, portait un article ainsi, conçu : « La distinction des lois odieuses et des lois favorables, faite dans l'objet d'étendre ou de restreindre leurs dispositions est abusive. » (FENET, t. II, p. 7.) Le tribunal de cassation critiqua l'article doutant qu'il y eut des lois odieuses et, en le supposant, qu'on put empêcher l'homme sensible de n'en faire l'application qu'avec réserve. Mais il n'alla pas jusqu'à proposer d' « ériger en loi la maxime contraire, quoique consacrée par un vieil adage de droit ». (FENET, t. II, p. 420.)

2. V. A. ESMEIN, *L'originalité du Code civil*, dans le *Livre du centenaire*, t. I, p. 8 sqq. V. aussi SAGNAC, *La législation civile de la Révolution française*, p. 47 sqq.

3. FENET, t. I, p. XXXVI.

Dans le rapport qu'il lut au nom du Comité de législation, Cambacérès s'exprimait ainsi : « Nous ne devons employer qu'une élocution facile, dont la précision et la clarté fassent tout le mérite... Peu de lois suffisent à des hommes honnêtes... et lorsque la science des lois devient un dédale où le plus habile se perd, le méchant triomphe avec les armes mêmes de la justice... Le législateur travaille pour le peuple ; il doit surtout parler au peuple : il a rempli sa tâche lorsqu'il en est entendu[1]. »

Cependant le premier projet de Cambacérès fut repoussé par la Convention « comme trop compliqué, on voulait des conceptions plus simples et plus philosophiques. Le second mérita le reproche contraire, il fut écrit en quelque sorte en style lapidaire[2] ». De fait, dans l'édition des travaux préparatoires, le premier projet occupe 98 pages et le second 29 seulement. Il fallut bien reconnaître que le texte était trop concis et se résigner à faire plus long et plus complexe. Le troisième projet a 148 pages. Dans le discours de présentation au Conseil des Cinq cents, Cambacérès s'expliquait ainsi[3] : il rappelait que le Comité de législation de la Convention s'était attaché « à réduire l'ouvrage à un recueil de préceptes où chacun pût trouver les règles de sa conduite dans la vie civile. Quelque avantage que puisse présenter cette méthode, elle ne saurait remplir ni l'attente de la nation, ni les vues du corps législatif ».

Enfin, après le 19 brumaire an VIII, la Section de législation et du Code civil émit le vœu de s'adjoindre trois jurisconsultes connus, ainsi que des techniciens de la guerre, de la marine, des forêts[4]. Ce sont les délibérations de la commission ainsi complétée qui aboutirent au projet Jacqueminot ; en le présentant son auteur a soin d'indiquer que l'on a renoncé aux errements des premiers projets[5].

Ce n'était pourtant pas encore ce projet qui devait servir de base aux discussions d'où sortirait le Code civil. A la suite de la constitution de frimaire an VIII, les commissions législ-

1. *Ib.*, p. 2-3.
2. *Ib.*, p. xlvii.
3. *Ib.*, p. 140.
4. *Ib.*, p. lx.
5. *Ib.*, p. 327 sqq.

latives cessèrent d'exister. Bonaparte, premier consul, voulut qu'on reprît l'œuvre de codification. L'arrêté du 24 thermidor nommait une commission composée exclusivement de magistrats : Tronchet, président du Tribunal de cassation; Bigot Préameneu, commissaire du gouvernement près de ce Tribunal; Portalis commissaire au Conseil des prises; le secrétaire était Malleville, membre du Tribunal de cassation. Le premier consul voulait que l'œuvre fût promptement achevée; elle le fut en quatre mois[1].

Portalis, présentant le projet dans un « Discours préliminaire » dont plusieurs parties sont classiques, s'est expliqué fort clairement sur la question qui nous occupe; et l'on sent dans ces paroles la conviction, nous dirions volontiers l'irritation du technicien devant les ambitions simplistes de l'ignorant[2] : « A l'ouverture de nos conférences, nous avons été frappés de l'opinion, si généralement répandue, que, dans la rédaction d'un Code civil, quelques textes bien précis sur chaque matière peuvent suffire... Les lois des douze Tables sont sans cesse proposées pour modèle : mais peut-on comparer les institutions d'un peuple naissant avec celles d'un peuple parvenu au plus haut degré de richesse et de civilisation ? Rome... tarda-t-elle à reconnaître l'insuffisance de ses premières lois ?... Ne vit-on pas naître successivement les sénatus-consultes, les plébiscites, les édits des préteurs, les ordonnances des consuls... les rescrits, les édits, les novelles des empereurs ? La sollicitude du législateur est obligée de se proportionner à la multiplicité et à l'importance des objets sur lesquels il faut statuer... *Nous n'avons donc pas cru devoir simplifier les lois,* au point de laisser les citoyens sans règle et sans garantie sur leurs plus grands intérêts. » Plus loin[3], parlant des fonctions de la jurisprudence, il ne s'exprime pas sans ironie sur ceux qui lui reprochent « d'avoir multiplié les subtilités » ; il fait l'apologie du spécialiste, il explique comment son œuvre est nécessaire ; il raille ceux qui croient qu'un corps de lois puisse être « à la portée du moindre citoyen ».

1. FENET, t. I, p. LXI sqq.
2. *Ibid.*, p. 467 sqq.
3. *Ibid.*, p. 470 sqq.

L'état d'esprit dans lequel le code fut préparé est manifeste :
il fut l'œuvre de techniciens persuadés de la valeur des institutions consacrées par la pratique — si compliquées qu'elles
puissent paraître au profane — et inévitablement portés, par
conviction et par habitude professionnelle aussi bien que par
la rapidité extrême de la rédaction, à exprimer dans les termes
traditionnels les notions traditionnelles.

Il était cependant resté quelque chose de la pensée révolutionnaire dans l'esprit de quelques-uns des hommes appelés
à collaborer à la rédaction. Ainsi le tribun Andrieux citait
un jour ce texte de Montesquieu[1] : « Le style des lois doit
être simple... Les lois ne doivent point être subtiles ; *elles
sont faites pour des gens de médiocre entendement* ; elles ne
sont point un art de logique, mais la raison simple d'un père
de famille. » De même Galli déclarait devant le Corps législatif, au sujet de l'utilité d'une définition de l'usufruit[2] : « Comme
le Code civil ne contient pas seulement des règles pour les juges,
mais aussi *des instructions pour chaque citoyen*, il est bon d'en
trouver quelques-unes [des définitions] brèves et précises qui,
éclairant les juges et les parties en même temps, dissipent toute
incertitude et ne laissent aucune place à la chicane. » Que cet
écho de l'époque intermédiaire ait exercé sur la rédaction du
code une certaine action, ce n'est pas contestable : un des
objets principaux de la codification était d'uniformiser et en
même temps de simplifier le droit ; les rédacteurs firent certainement effort vers la clarté et la suppression des « subtilités ».

Mais encore une fois ils étaient techniciens, intimement
convaincus de l'impossibilité de bannir la technicité, et ils
ont parfois laissé paraître le fond de leur pensée dans des déclarations qui sont frappantes. Tronchet fait remarquer, par
exemple, que « le langage des lois n'est pas entendu de tous » ;
et la formule mérite d'autant plus d'être retenue qu'il note
le fait en proposant de développer un texte pour le rendre

---

1. *Esprit des lois*, liv. XXIX, chap. XVI ; dans FENET, t. VI, p. 65. Il s'agissait des
calculs trop compliqués, selon Andrieux, que comportait le texte relatif à la promulgation des lois.

2. FENET, t. XI, p. 212. Sur les définitions, v. ci-après, 3e partie, chap. III.

plus clair, ce que l'on ne fait pas[1]. Portalis surtout est positif : « *On se méprend sur le sens des lois*, dit-il, *lorsqu'on prend leurs expressions dans l'acception qu'elles ont dans le langage ordinaire*[2]. » Le premier consul lui-même, qui n'est pas suspect de faiblesse à l'égard des techniciens, qui s'est fait parfois le porte-parole du sentiment populaire[3], dut reconnaître qu' «on ne peut rendre les lois extrêmement simples sans couper le nœud plutôt que de le délier et sans livrer beaucoup de choses à l'incertitude de l'arbitraire[4] ».

De quelle nature est donc cette technicité ? Il y a un « langage des lois », fixé par la tradition, et différent du langage ordinaire : il est fait soit de termes spéciaux, proprement juridiques et que d'ailleurs la langue usuelle adopte plus ou moins, soit de termes vulgaires dont la loi a spécifié d'une certaine manière l'emploi[5].

Si nous voulons avoir un sentiment plus précis de ce qu'est cette langue du code, nous pouvons avoir recours à deux comparaisons : la comparer à celle d'une loi spéciale moderne, la comparer à celle du Code civil allemand.

Lorsque le législateur se propose de régler juridiquement un ordre nouveau de faits, les textes qui le concernent usent naturellement d'une terminologie plus proche de la langue usuelle[6]; encore, dans les systèmes juridiques évolués et riches,

1. FENET, t. XIV, p. 490.
2. FENET, t. XIII, p. 47.
3. Il s'écria un jour : « On sifflerait un drame qui serait contraire à mon système. » FENET, t. IX, p. 100 en note (c'est un texte rapporté par Thibaudeau).
4. FENET, t. XV, p. 302.
5. Il faut reconnaître que le contact subsiste parfois entre le sens vulgaire et le sens technique ; il arrive même — exceptionnellement d'ailleurs — que le premier serve à interpréter le second. Ainsi on trouve dans l'art. 882 les mots « intervenir », « s'opposer ». Alb. WAHL, dans une note sous Cass.-civ. 1er mars 1898, dans *Sir. chronol.*, XX, 1.89, explique que la loi accorde aux créanciers privés de l'action paulienne deux droits, entre lesquels ils n'ont pas vraiment option, mais qui leur appartiendront l'un ou l'autre, selon les circonstances. A l'appui de sa thèse il invoque « le sens *naturel* des termes invention et opposition » : on n'intervient que dans une procédure commencée. Le droit d'intervention ne suffit donc pas pour éviter que le partage ne soit fait en leur présence ; c'est pourquoi on leur a attribué le droit d'opposition, qui est, comme le montre 882 et « comme l'indique la signification *vulgaire* du mot », une défense de procéder ultérieurement au partage en dehors de la présence de l'opposant.
6. Ainsi dans l'art. 1er de la *L. 9 avril 1898 concernant la responsabilité des accidents dont les ouvriers sont victimes dans leur travail*, on remarquera l'abondance de termes concrets n'ayant pas un sens spécifiquement juridique : « Les accidents survenus par le fait du travail, ou à l'occasion du travail, aux ouvriers et employés occupés dans *l'industrie du bâtiment, les usines, manufactures, chantiers, les entreprises de transport par terre et par eau, de chargement et de déchargement, les magasins*

comme le nôtre, la langue technique du droit a-t-elle une large part dans la rédaction des textes, parce que l'institution nouvelle vient s'insérer dans les institutions anciennes, qui lui communiquent leur technicité acquise[1]. De plus les termes qui n'étaient pas techniques lors de la rédaction d'une loi le deviennent peu à peu, une fois entrés dans la vie juridique, soumis à l'effort d'interprétation, définis, consacrés, patinés en quelque sorte dans les études et les prétoires[2]. Le Code civil n'est pas une loi nouvelle ; c'est une refonte, qui emprunte à peu près tout son contenu au droit antérieur, déjà parvenu à la forme technique.

D'autre part on sait dans quelles conditions d'extrême rapidité notre code fut rédigé, sur la volonté du premier consul. Il n'y eut rien de comparable au travail prolongé d'élaboration doctrinale qui précéda la publication du Code civil allemand[3]. Il n'y eut à aucun degré effort de création, ni même d'analyse théorique. Il y eut, sur quelques points discussion de fond ; et, dans la mesure où le permettait un travail précipité[4], souci de rigueur et de clarté. Mais c'est tout. Au

---

publics, mines, minières, carrières, et en outre dans *toute exploitation ou partie d'exploitation dans laquelle sont fabriquées ou mises en œuvre des matières explosives* ou *dans laquelle il est fait usage d'une machine mue par une force autre que celle de l'homme ou des animaux...* »

1. Ainsi, dans la loi précitée sur les accidents du travail, les expressions désignant des rapports de famille, à l'art. 3 ; les termes de la langue administrative, à l'art. 4 ; les expressions de procédure, *passim* et spécialement art. 29; enfin les formules répondant à des idées juridiques générales : « Conformément aux règles du droit commun », « à ses risques et périls », « aux lieu et place de la victime ou de ses ayants droit (art. 7). »

2. Dans le texte de la loi sur les accidents du travail on remarquera certaines expressions concrètes qui ont été manifestement employées dans la pensée qu'elles prendraient une rigueur technique. Les mots « par le fait du travail » s'inspirent du langage traditionnel dans la matière de la responsabilité quasi délictuelle (art. 1382 : « Tout fait quelconque de l'homme... ». Art. 1383 : « Chacun est responsable du dommage qu'il a causé non seulement par son fait... » Art. 1384 : « ... par le fait... des choses que l'on a sous sa garde » ; cette dernière formule conduit tout naturellement à celle de notre texte). Le législateur a ajouté : « *ou à l'occasion du travail* » ; et la jurisprudence a eu à préciser le sens de cette expression fort importante, qui a pris une portée rigoureusement technique, et a d'ailleurs été entendue d'une façon très compréhensive : la blessure reçue dans une rixe qui se produit à l'heure et au lieu du travail est considérée comme reçue à l'occasion du travail ; l'ouvrier blessé dans la rue pendant qu'il se rend à l'atelier ou au domicile d'un client bénéficie également de la loi (C. et C., t. II, p. 395).

3. V. SALEILLES, *Mélanges de droit comparé. I. Introduction à l'étude du droit civil allemand*; GÉNY, *La technique législative et la codification civile moderne,* au *Livre du centenaire,* t. II, p. 987 sqq.

4. Le tribunal d'appel de Bourges (dans FENET, t. III, p. 207) remarque avec mélancolie qu'il n'a pas les délais nécessaires pour faire, sur le projet soumis à ses réflexions, le travail qu'il estime utile.

reste, les rédacteurs du Code civil témoignèrent à plusieurs
reprises d'une certaine méfiance à l'égard des théories ; ou
du moins ils exprimèrent leur volonté de laisser l'élaboration
doctrinale se faire en dehors de la loi[1]. Il est vrai qu'en principe les auteurs du Code civil allemand prirent la même attitude[2]; mais en fait ce code s'est inévitablement ressenti de tout
l'effort d'analyse abstraite qui le prépara ; la rigidité du
vocabulaire, l'exact usage des termes, comme aussi la surabon-
dance et la subtilité des distinctions abstraites en portent
témoignage[3].

Le Code civil français n'est donc, en définitive, rédigé ni
sous une forme populaire, ni sous une forme doctrinale. Il est
rédigé dans la langue technique que les siècles avaient lentement élaborée, et auquel il vint donner une nouvelle et éclatante consécration.

3.

Un fait très remarquable, c'est que *les formules légales ont
plus de rigidité, de fixité que les idées*. Et ce n'est pas là un
artifice imaginé par les partisans de la libre interprétation
pour assouplir un texte vieilli. Les rédacteurs ont eux-mêmes
à maintes reprises exprimé leur volonté de laisser aux
juges une suffisante latitude. Et ils l'ont fait parfois d'une
façon qui justifie directement les interprétations guidées par
l'équité. « Comme jamais la loi, dit Portalis[4], ne pourra se
plier à toutes les circonstances, il faut bien une main qui
l'assouplisse... La loi, qui n'a ni yeux ni oreilles, *doit pouvoir
être modifiée* d'après ce que l'équité exige, suivant les circonstances et suivant les inconvénients qu'elle produit dans les
cas particuliers. » Certes, dans les discussions, il y a des partisans d'un droit plus rigide, et laissant moins au juge : Berlier,

---

1. V. surtout le discours de Portalis, dans lequel il explique qu' « il a paru sage
de faire la part de la science et la part de la législation ». (FENET, t. VI, p. 43.) Cf.
FENET, t. V, p. 94 (observations du Tribunal d'appel de Paris) ; t. XIV, p. 288.

2. *Cf.* ALVAREZ, *Une nouvelle conception des études juridiques et de la codification
du droit civil*, v-234 p. in-8°, Paris, 1904, p. 201.

3. Sur la technique de rédaction des Codes allemand et suisse, v. Complément A.

4. FENET, t. IX, p. 33.

par exemple[1]. Il est naturel que les deux tendances aient été représentées pendant le travail de rédaction comme à toute époque[2]. Mais on peut dire que, par la force même des choses, c'est la tendance à la souplesse qui l'emporte, parce qu'il est impossible d'entrer dans un détail infini : la souplesse est une qualité inhérente à toute loi d'application étendue et durable. C'est ce que le tribun Mouricault explique bien, en exposant dans son rapport sur le domicile[3] les raisons que le législateur a eues de s'en tenir à une formule abstraite : « On peut bien se représenter une partie des circonstances qui sont de nature à caractériser le lieu du *principal établissement*. » Il en cite quelques-unes d'après Domat. « Mais la loi ne doit en énoncer particulièrement aucune, parce que les juges, voyant parler la loi, pourraient se croire tenus de négliger les circonstances par elle omises ; parce que, d'ailleurs, chaque circonstance ne peut être bien appréciée que par ses nuances, qu'il est impossible à la loi de détailler ni même de prévoir. » C'est dans le même esprit que le premier consul, soutenu par Thibaudeau[4], fit supprimer du projet relatif à l'absence les précisions relatives aux « dernières nouvelles ». « Il peut exister, dit Bonaparte, une opinion générale et une masse de certitudes qui résultent d'autres circonstances... Il convient de s'abandonner à l'arbitrage du juge. »

Ce qui est sûr, c'est donc qu'au moins dans certains cas il y a indétermination volontaire du texte. Et l'on comprend aisément qu'en ces conditions le vieillissement du code et la transformation de la vie matérielle et sociale aient amené *une évolution profonde de la jurisprudence coïncidant avec la fixité du texte.*

On sait que la Belgique a le même Code civil que nous. Il arrive que le même texte n'y ait pas le même sens qu'en France. Un exemple frappant est celui de l'art. 970, qui exige

---

1. Dans la discussion précitée, FENET, t. IX, p. 33 ; et aussi dans d'autres cas, par exemple lorsqu'il disait au Conseil d'Etat, en opposition directe avec le fait que nous signalons : « *Il faut de nouveaux mots pour exprimer des idées nouvelles* », FENET, t. X, p. 487.

2. Les deux attitudes sont rapprochées par Galli, qui cite Bacon : « *Optima est lex quae minimum relinquit arbitrio judicis.* » « Mais », ajoute-t-il, « rien n'empêche de donner au juge quelque degré de latitude. » (FENET, t. XIV, p. 451.)

3. FENET, t. VIII, p. 355.

4. FENET, t. VII, p. 367.

que le testament olographe soit « daté ». L'expression est ambiguë. Les tribunaux français exigent que le testament soit daté exactement ; les tribunaux belges exigent seulement qu'il porte une date[1].

La Cour de cassation a pour mission d'établir et de maintenir dans toute la France l'uniformité de la jurisprudence. Cette uniformité est peut-être la nouveauté à laquelle le législateur du consulat tenait le plus. Mais comme, par ailleurs, il a laissé à l'arbitraire du juge un rôle assez large, il arrivera que des espèces voisines soient jugées diversement par des tribunaux différents. La Cour de cassation n'exerce son contrôle que sur les décisions de droit ; la limite du droit et du fait est délicate à tracer[2] ; et de toute manière, les cas sont très fréquents dans lesquels les tribunaux peuvent motiver en fait des décisions qui impliquent pourtant une certaine interprétation de la loi. Ainsi on considère généralement que l'art. 231, qui énumère les motifs de divorce, est interprété assez diversement par les différentes Cours ; certaines d'entre elles admettent par exemple qu'il y a « injures graves » dans des cas où d'autres ne l'admettraient pas, sans que la Cour de cassation se croie le devoir d'intervenir pour uniformiser l'application de la formule légale.

C'est cette souplesse de l'expression légale qui a permis au Code civil de survivre à l'évolution qui s'est produite au XIXe siècle. Nous ne pouvons songer même à en esquisser le mouvement général ; il faudrait pour cela faire un exposé complet du droit civil actuel ; et les traités récents ont eu soin de marquer les transformations principales de ce droit. Mais nous devons du moins rappeler brièvement les deux caractères qui nous semblent le plus importants dans cette évolution.

Il y a dans le code quelques textes de principe tout à fait généraux, qui dominent d'immenses domaines : 1134[3], 1382[4].

---

1. N. Chavegrin sous Req. 4 décembre 1922 dans S. 1923.1.97.
2. V. ci-après, 1re partie, chap. VI.
3. Art. 1134 : « Les conventions légalement formées tiennent lieu de loi à ceux qui les ont faites... Elles doivent être exécutées de bonne foi. »
4. Art. 1382 : « Tout fait quelconque de l'homme, qui cause à autrui un dommage oblige celui par la faute duquel il est arrivé, à le réparer. »

L'histoire de ce dernier texte est tout à fait typique[1] ; l'armature juridique est restée la même : faute, dommage, relation de cause à effet. Mais derrière ces mots on a mis d'autres choses. Ainsi le sens du mot *dommage* a évolué : à côté du dommage matériel on a pris en considération le dommage moral. Le sens du texte s'est tellement enrichi qu'on peut bien dire qu'aujourd'hui la jurisprudence qui s'est formée sur lui constitue tout un droit nouveau, qui a fortement retenti sur une multitude de problèmes. Il n'y a peut-être pas d'exemple sur lequel on voie mieux comment la même armature peut recouvrir progressivement des idées toutes différentes.

Le grand étonnement des étrangers qui ont un code de fraîche date est que notre code n'ait pas éclaté au contact des transformations que le développement de l'industrie et des communications a amenées dans toute notre vie sociale. Et certains prétendent, en France même, que le texte a vraiment cédé sous cette poussée, qu'il y a aujourd'hui deux systèmes de droit civil juxtaposés[2] : « Le vieux droit civil napoléonien, qui reste le droit civil de ceux pour qui le code autrefois l'a forgé, des paysans, des artisans et des bourgeois » et « un droit civil rajeuni, celui que la jurisprudence façonne au contact des lois sociales, celui qui régit ce que le législateur de 1804 n'avait pas même soupçonné, le monde de la grande industrie, des machines et des chemins de fer ». Mais cette dualité est une vue doctrinale, que jamais aucun arrêt n'a songé à consacrer. Il est très vrai qu'un droit nouveau s'est formé, qui a ses textes législatifs ou quasi législatifs : la législation du

---

1. En dehors des traités de droit civil, qui insistent tous sur cette évolution, v. COHENDY, ouvrage précité sur *Labbé et l'application de sa méthode aux questions de responsabilité*, et SALEILLES, *Les accidents du travail et la responsabilité civile (essai d'une théorie objective de la responsabilité délictuelle)*, Paris, in-8°, 1897. Nous ne citons ces travaux qu'à titre d'exemples ; la littérature sur la question est surabondante;

2. HUGUENEY sous Civ. cass. 15 novembre 1922, ds S. 1923.1.113 : Il s'agissait d'un cas de communication d'incendie : la Cour de cassation déclarait seulement dans son arrêt que « l'art. 1384 n'est pas applicable aux rapports des colocataires en cas d'incendie ». Du point de vue classique on peut voir là une simple application de la règle *Specialia generalibus derogant*, 1733-1734 régissent la question. Les modernistes, constatant que la Cour avait semblé prendre une autre attitude lorsqu'il s'agissait des rapports avec une compagnie de chemins de fer (S. 1922. 1.97 et 100) — tandis que dans l'espèce il s'agissait d'un atelier de menuisier — prétendront voir là juxtaposition de deux droits différents. Nous ne trouvons pas trace de cette distinction dans la jurisprudence. *Cf.* aussi ALVAREZ, *Une nouvelle conception des études juridiques et de la codification du droit civil*, p. 129.

travail, les tarifs de chemins de fer, etc. Personne ne saurait contester l'importance de ce droit. Mais tant que le Code civil n'est pas abrogé, il faut bien que le droit nouveau se concilie avec l'ancien ou plutôt — car le droit du code reste le droit commun — vienne s'insérer dans les larges catégories conçues par le code. Et ce qui est frappant, le second fait auquel nous songions tout à l'heure, c'est la façon dont les expressions du code ont été adaptées à la vie nouvelle. Rien ne montre mieux comment les réalités peuvent se transformer absolument derrière la permanence des formules.

On sait que toute la théorie des assurances sur la vie s'est construite par application des textes relatifs à la stipulation pour autrui, qui n'étaient aucunement écrits pour elle[1]. La théorie de l'accession est venue régir les installations faites dans les immeubles par les compagnies de distribution d'eau et de gaz[2]. Les textes relatifs au « voiturier » s'appliquent principalement aujourd'hui aux Compagnies de chemin de fer[3]. On pourrait multiplier les exemples. Toute cette évolution illustre le jugement porté par M. Emm. Lévy[4] : « L'art des juristes consiste à mettre les mêmes étiquettes sur les pratiques successives, à *insuffler aux vieux mots une vie nouvelle* ; ainsi ils agissent sur l'esprit du juge accoutumé à un certain langage, ainsi ils font la croyance du juge. On dit alors qu'on explique, qu'on justifie, comme quand on appuie ses décisions sur un texte de loi. » Seulement un pareil jugement fait peut-être un peu trop bon marché de l'autorité des formules. Surtout lorsqu'elles sont écrites dans la loi, les formules sont autre chose qu'un vêtement dont on enveloppe les idées pour les faire passer. Elles ont leur prestige et, par là, sont déterminantes plus que ne le croient beaucoup d'interprètes contemporains. C'est ce point capital qu'il nous faut expliquer.

1. V. sur cette question l'article de BALLEYDIER et CAPITANT, au t. I du *Livre du centenaire*, p. 515-582.
2. V. par ex. Req., 1ᵉʳ décembre 1920 dans S. 1923.1.19.
3. V. par ex. toute la jurisprudence extrêmement importante et abondante qui s'est formée sous l'art. 1784, qui fixe la responsabilité du voiturier en cas de perte ou avaries des choses transportées.
4. Emmanuel Lévy, *Questions pratiques*, 1909, p. 297.

4.

La technicité seule confère déjà à un terme une autorité particulière : il n'est pleinement intelligible et par conséquent maniable que pour les spécialistes, les initiés ; il hérite, comme tel, pour les profanes, d'un prestige qui a sa source dans la plus lointaine histoire[1]. Mais il y a des termes techniques qui changent constamment : peu de vocabulaires sont aussi transitoires que certaines nomenclatures scientifiques. Pour que le prestige s'attache pleinement à un terme, il faut qu'il ait une certaine stabilité, une suffisante permanence. C'est ce qui se produit pour les termes juridiques bien avant la codification. Une classe spécialisée d'hommes de loi maintient l'usage des termes, des formules, des types d'actes.

C'est donc un prestige déjà solidement fondé qui se trouve consacré au moment où les rédacteurs accueillent dans un code un terme admis par la pratique juridique. L'abondance des expressions de cette sorte est suffisante pour que ce prestige spécial s'étende par contagion aux mots nouveaux que la loi accueille et qui bénéficieront ainsi à la fois du prestige ancien dont jouit le vocabulaire juridique et de celui que leur confère une consécration officielle.

Tous les termes qui entrent dans un texte de loi se trouvent par là même tirés hors de pair, marqués d'un caractère sacré. Seraient-ils empruntés à la langue commune, ils auront pourtant, comme éléments du texte, cette sorte de sainteté qui est pour les sensibilités individuelles le signe de l'autorité sociale. N'oublions pas que cette sainteté de la Loi, qui est sa caractéristique permanente et universelle, s'était en quelque sorte renouvelée et affirmée de façon plus éclatante à l'époque qui précéda la rédaction du code. Peut-être en raison de cette

---

[1]. Pour donner à ces remarques leur portée, il faut les rapprocher des travaux des sociologues contemporains, qui ont montré l'importance dans la vie sociale de cette idée du « prestige » ; nous renvoyons en particulier aux fortes études de MM. Mauss et Granet. M. Mauss, *Essai sur le don, forme archaïque de l'échange*, dans *Année sociologique*, Nouv. série, t. I (1923-24) p. 30-186; M. Granet, *Danses et légendes de la Chine ancienne*, 2 vol. in-8°, Paris, Alcan, 1926; spéc. t. I, p. 63 sqq; t. II, p. 580 sqq. Un juriste belge, M. H. Rolin, qui part pourtant d'un tout autre point, a eu soin d'insister sur ce rôle du prestige comme fondement des règles de droit : *Prolégomènes à la science du droit, Esquisse d'une sociologie juridique*, Bruxelles et Paris, xii-167 p. 8°, 1911, p. 111 sqq.

exaltation qui caractérisa l'époque révolutionnaire comme sans doute les grandes périodes d'activité collective créatrice, peut-être aussi parce que tant d'autres prestiges venaient de s'éteindre ou de se voiler, la Loi fut entourée, pendant toute la période du droit intermédiaire, d'une atmosphère exceptionnelle, de cette auréole religieuse qui dicte le sacrifice et impose le respect.

A l'époque de la rédaction, il est certain que les choses avaient changé. Le fait même que toute la réglementation légale était froidement remise sur le chantier, le fait que les formules étaient examinées, pesées, qu'on discutait sur l'opportunité de telle solution ou l'exactitude de tel terme, tout cela devait porter quelque atteinte au prestige de la Loi, tendre à la faire passer du domaine des choses sacrées dans le domaine des choses profanes. Mais il ne faut pas exagérer ce fait : car le plus souvent le code fut simplement la consécration d'institutions et de formules anciennes. Et d'autre part si l'examen utilitaire que l'on en fit pouvait, en quelque manière, en diminuer le prestige, celui-ci se trouvait par ailleurs restauré et renforcé par le respect qu'inspirait d'avance l'œuvre de codification. On sait comment cette œuvre répondait à un désir profond de la société; on sait qu'il s'était exprimé dans les cahiers des Etats[1], que toutes les Assemblées révolutionnaires l'avaient admis et consacré ; au moment même où il se réalisait, la grandeur de l'œuvre était constamment exaltée par les rédacteurs. L'attitude qu'eurent la plupart des interprètes pendant près d'un siècle est la meilleure preuve du prestige exceptionnel dont bénéficia cette grande loi, le Code civil.

Ce respect de la loi se serait-il atténué, sous la poussée des besoins nouveaux et des efforts de l'école de la libre interprétation, au point d'être devenu la simple admission des formules légales volontairement et entièrement détournées de leur sens ? Ce que nous avons dit déjà dans l'Introduction (9) donne à penser qu'on se ferait une singulière illusion si on le croyait. Mais il faut insister sur ce point.

---

1. Ce vœu pourtant n'était pas unanime : SAGNAC, dans *La Législation civile de la Révolution française*, p. 8 sqq., relève de nombreuses survivances du particularisme ; il cite p. 11, n. 3 les cahiers qui demandaient un Code civil uniforme pour tout le royaume. Voir aussi ESMEIN, *Histoire du droit français de 1789 à 1814*, p. 217.

D'abord, comme le disait le premier consul à l'époque même de la rédaction[1], « les formes sont la garantie nécessaire de l'intérêt particulier. Des formes ou l'arbitraire, il n'y a p..s de milieu. C'étaient des temps barbares que ceux où les rois, assis au pied d'un arbre, jugeaient sans formalité ». On sait à quel misérable échec aboutit la tentative de ce juge, un moment célèbre au début de notre siècle, et qui avait voulu être un juge d'équité dédaigneux des textes. Le respect des textes est pour le justiciable la meilleure garantie. Une telle justification, encore communément donnée et en somme valable en gros, prouve bien que l'on conçoit les lois comme devant être observées non seulement dans leur lettre, mais dans leur esprit.

Mais, si le respect des textes est depuis des siècles un des caractères essentiels de la vie juridique, ce n'est pas seulement pour le motif utilitaire que nous venons de rapporter. C'est pour une raison beaucoup plus profonde dont l'examen va nous montrer combien il est impossible de séparer entièrement en telle matière la lettre de l'esprit.

Lors même que l'interprète se montre le plus préoccupé d'assouplir la loi, de l'adapter à des exigences nouvelles, il prend toujours comme données de sa construction des éléments empruntés à la loi. Il faudra qu'il fasse entrer les faits, les besoins, les sentiments dont il veut tenir compte dans les catégories légales. C'est là la condition nécessaire pour leur donner une signification dans le domaine du droit. Ce que présente un Code civil — comme d'ailleurs tout système juridique de quelque ampleur, c'est, en même temps qu'un ensemble de termes, un ensemble de catégories. Se représenter les termes de la loi comme de simples expressions dont on revêt les faits, c'est méconnaître l'essentiel. Les mots entraînent un système de représentations ; en les appliquant à telles données, on fait entrer ces données dans ce système. Si l'on a pu méconnaître ce fait, c'est parce qu'il domine de trop haut la réalité, telle qu'on se la représente communément : la construction juridique engendre un monde à part.

1. FENET, t. X, p. 311.

Entraînés par une sorte d'empirisme, les hommes ont trop souvent méconnu la part immense que jouent dans la vie les systèmes d'idées. *Un droit est, avant tout, et essentiellement, un système d'idées* qui a, bien entendu, des attaches dans des données relativement indépendantes de l'homme, mais qui est création, et nous pouvons dire en un sens création arbitraire de l'homme.

Essayons de dégager quelques-unes des idées qui, d'habitude, nous servent à l'interprétation juridique des données d'expérience. Nous aurons le sentiment de tout ce que l'esprit apporte à cette lecture des faits. Considérons ces droits qui, justement, sont dits « réels », qui portent sur les choses : l'hypothèque, l'usufruit ; quel caractère extérieur marque un immeuble hypothéqué ou soumis à l'usufruit ? ou encore un immeuble indivis ? toute sa destinée, la plus matérielle même, sera affectée par son statut juridique ; mais ce statut dérivera entièrement d'une construction de l'homme.

Ce sont ces constructions qui s'expriment dans les formules du droit, et que l'application de ces formules entraînera avec elles. Après cela on pourra bien dire que le sens d'un terme aura été assoupli, élargi. Et cela est vrai. Il est vrai que tel texte s'appliquera à des cas que le législateur n'avait pas prévus. Il est vrai même que de telles applications n'iront pas sans une certaine déformation du sens du texte. Mais qu'est-ce que ces corrections à côté du fait capital : l'existence de tout un ensemble d'idées, de schémas, inséparables des termes, et qui seuls permettront à un moment donné de penser juridiquement le réel.

Qu'il y ait là un phénomène spécial à la vie juridique, nous ne le croyons pas. Il en est peut-être ainsi dans tous les domaines où intervient l'activité mentale de l'homme. Mais ces schémas se présentent, dans la vie juridique, avec une évidence et une autorité qui les imposent. C'est eux, en définitive, dont nous abordons l'étude dans un cas particulier : le Code civil est une de ces interprétations ou de ces constructions, précises pour les juristes, vagues pour les autres hommes, qui constituent une part essentielle de notre vie intellectuelle en même temps que de notre vie sociale[1].

---

1. Nous reprendrons cette idée dans la conclusion, où l'on verra comment toute l'analyse qui suit la justifie.

PREMIÈRE PARTIE

LA RÈGLE

CHAPITRE PREMIER

Du fait que les dispositions du Code civil
se présentent très souvent sous la forme énonciative
et non pas sous une forme impérative

C'est un fait extrêmement frappant qu'un très grand nombre de dispositions du Code civil, au lieu d'avoir une des formes que revêt la prescription du législateur[1], se présentent comme des énonciations. Avant d'interpréter ce fait considérable, citons quelques exemples, que nous garderons présents à l'esprit dans la suite de notre examen ; nous les choisissons parmi beaucoup d'autres, mais aussi simples et aussi variés que possible :

ART. 146. — Il n'y a pas de mariage lorsqu'il n'y a point de consentement.

ART. 476. — Le mineur est émancipé de plein droit par le mariage.

ART. 735. — La proximité de parenté s'établit par le nombre des générations.

ART. 972. — Si le testament est reçu par deux notaires, il leur est dicté par le testateur.

ART. 1300. — Lorsque les qualités de créancier et de débiteur se réunissent dans la même personne, il se fait une confusion de droit qui éteint les deux créances.

---

1. V. ci-après, 1re partie, chap. II.

Art. 1893. — Par l'effet de ce prêt [le prêt de consommation], l'emprunteur devient le propriétaire de la chose prêtée.

Art. 1988. — Le mandat conçu en termes généraux n'embrasse que les actes d'administration.

Ce n'est pas par hasard et dans l'ignorance de ce qu'ils faisaient que les rédacteurs du Code civil employèrent l'indicatif présent. Dès le moment de l'examen du premier titre du Code, la question fut discutée avec soin dans le rapport du tribun Andrieux[1], sur lequel nous aurons à revenir. Andrieux rappelait que le Conseil d'Etat avait en principe décidé d'employer le futur, équivalent consacré de l'impératif, et il regrettait que le projet eut souvent accueilli le présent.

Comment s'explique, à quoi répond cette pratique ? Elle n'est pas spéciale au Code, disons-le tout de suite. Andrieux remarquait déjà que cette forme se rencontre dans les Coutumes.

I.

On songe d'abord assez naturellement à une distinction qui est classique : les juristes distinguent les *dispositions impératives* des *dispositions supplétives* ou *déclaratives*, auxquelles on ajoute parfois les *lois dispositives*[2]. Tandis que les lois impératives s'imposent, le législateur dans les lois déclaratives « n'impose pas, il propose », selon la formule de MM. Colin et Capitant, c'est-à-dire que la loi ne s'applique qu'en l'absence d'expression contraire de volonté ; quant aux lois dispositives, elles contiendraient la solution de questions telles que le législateur a dû choisir entre deux intétêts (exemple : 2279 : il faut choisir entre le propriétaire volé et l'acheteur de bonne foi)[3].

La distinction a une portée pratique considérable. Nous

1. Fenet, t. VI, p. 56 sqq.
2. V. sur cette distinction : *Complément* C.
3. Parlant des successions irrégulières, le tribun Siméon disait : « Ici la succession devient encore plus *arbitraire*, c'est-à-dire plus dépendante de ce droit positif par lequel le législateur, placé entre diverses manières de statuer, choisit l'une plutôt que l'autre, en cherchant néanmoins à se rapprocher des bornes immuables de la justice et de l'équité. » Fenet, t. XII, p. 230.

doutons qu'en réalité les dispositions dites supplétives soient vraiment et exclusivement l'expression de la volonté supposée des parties. Mais quoi qu'il faille penser de cette conception, affirmée, nous le reconnaissons, lors de la rédaction[1], il est certain que ce n'est pas à elle que répond la distinction des formes impératives et des formes énonciatives.

Il y a bien des cas dans lesquels les dispositions impératives ont effectivement forme impérative : art. 214 : « La femme est obligée d'habiter avec le mari. » Inversement il y a des dispositions supplétives qui sont exprimées par l'indicatif présent : art. 1986 : « Le mandat est gratuit, s'il n'y a convention contraire. » Mais il suffit de se reporter aux exemples précédemment cités pour voir que des dispositions rigoureusement impératives s'expriment par l'indicatif présent : c'est un cas extrêmement fréquent : 102, 146, etc...

2.

M. Rolin signale un fait voisin de celui que nous étudions[2] ; il en indique l'importance et fait remarquer que la méconnaissance de la distinction explique bien des difficultés dont témoignent certains ouvrages de philosophie du droit, comme ceux de Roguin et de Korkounov[3].

Sa théorie est intéressante : « Un très grand nombre d'articles, dit-il, sont des propositions explicatives ou complémentaires des véritables règles » qui sont, d'après lui, les règles de conduite ou de sanction. « En réalité une règle de conduite ou de sanction, sous sa forme complète, c'est-à-dire entourée de l'énoncé de toutes ses conditions d'observation, est généralement très compliquée, trop compliquée pour être exprimée au moyen d'une seule phrase. Beaucoup d'articles de lois sont à cet égard des incidentes détachées de la proposition principale. »

---

1. Par ex., par Cambacérès, à propos des droits d'usage et d'habitation, FENET, t. XI, p. 185 ; *cf.* art. 629. Par Chabot, à propos des successions *ab intestat*, FENET, t XII, p. 167.
2. ROLIN, *Prolégomènes*, p. 61, n. 2.
3. ROGUIN dans sa *Règle de droit*, KORKOUNOV dans son *Cours de théorie générale du droit.*

Il y a certainement beaucoup à retenir de ces remarques ; elles touchent à un aspect essentiel des choses : c'est bien, croyons-nous, parce que les lois ne sont pas des séries de prescriptions simples et indépendantes qu'elles ne se présentent pas constamment sous forme impérative. Pourtant l'explication de M. Rolin ne nous satisfait pas complètement. Il y a des dispositions accessoires, qui ont une forme rigoureusement impérative ; par exemple l'art. 215, que lui-même cite comme exemple de complément d'une règle. D'autre part, et cela est plus important, il y a des règles de principe qui se présentent sous forme simplement énonciative : par exemple l'art. 102, déjà cité, qui détermine le domicile. Il faut donc pousser plus avant notre enquête.

3.

Ihering[1], dans une remarque inspirée du même esprit que celle de M. Rolin, mais où ne paraît pas cette distinction du principal et de l'accessoire, a signalé le fait que, *dans les droits évolués, la forme prescriptive est relativement rare* ; les rapports sont ordonnés au sein des institutions ; le législateur expose sans qu'il dise et sans même qu'on sache toujours exactement s'il prescrit.

La loi tend donc à prendre la forme d'un exposé. Andrieux[2] fait à ce sujet une remarque curieuse. Notant que les coutumes avaient souvent adopté l'indicatif présent, il ajoute : « Cette rédaction, qui se ressent de sa gothicité, est au moins juste et exacte en cela qu'elle est l'énonciation d'un fait présent. On sait que les coutumes étaient rédigées d'après des enquêtes par turbes... ; ce n'était qu'un recueil de faits ou d'usages reçus, qu'on couchait sur un registre. » De l'exposé d'un droit existant dans une société, Andrieux passe à l'exposé d'un système « de droit ou de morale ». Alors les textes prennent la forme d'une description, la forme énonciative. Mais Andrieux conclut en déclarant que, dans l'opinion de la Com-

---

1. IHERING, *L'esprit du droit romain dans les diverses phases de son développement*, trad. par O. de Meulenaere, 4 vol. 8°, 2° édit., Marescq, 1880, t. I, p. 38.
2. Dans le rapport déjà cité, p. 57-58. Voir aussi FENET, t. VI, p. 241.

mission du Tribunat, ces principes « appartiennent non pas à la législation, mais à la doctrine ». C'était là un des motifs que la Commission donnait pour le rejet du projet qu'on lui avait soumis. On sait comment le premier consul brisa l'opposition du Tribunat[1]; et lorsque l'examen du projet de Code recommença, la question soulevée par Andrieux ne fut pas reprise; Andrieux lui-même ne faisait plus partie du Tribunat.

Mais l'impression qu'il avait eue reste à certains égards fondée ; et c'est en ce sens qu'on a pu dire que le Code civil a en réalité le caractère d' « Institutes », c'est-à-dire d'un exposé de droit. Ce caractère a été signalé au cours des travaux préparatoires : on a présenté la loi comme une sorte d' « instruction[2] » adressée aux justiciables. Bigot-Préameneu, parlant d'une des parties du Code qui ont le plus nettement ce caractère (livre III, titre III), déclarait[3] : « Les auteurs du Code ont voulu tirer des lois romaines « un *corps de doctrine* élémentaire, ayant à la fois la précision et l'autorité de la loi. » Mais on voit bien, par cette citation même, que le caractère doctrinal ne doit pas faire oublier le caractère de droit officiellement consacré.

4.

C'est en rassemblant les indications qui précèdent et peut-être en y ajoutant quelque chose que nous aurons l'explication du fait qui nous occupe. Il faut admettre : qu'un droit tel que celui qui s'exprime dans le code ne se borne pas à des prescriptions impératives ; qu'il exprime des ensembles systématisés ; qu'il n'est pas toujours création, mais parfois constatation. Mais ce qu'il faut bien voir, c'est que cette forme énonciative n'est pas un accident ou une fantaisie : c'est la manifestation naturelle d'un état du droit arrivé à un certain moment de son évolution. C'est là ce qu'Ihering a bien compris.

On sait que le projet de code préparé par la Commission

1. V. le *Précis historique* qui est au t. I de FENET. Cf. C. et C₁₁ t. I, p. 16;
2. FENET, t. VI, p. 252.
3. FENET, t. XIII, p. 217.

du gouvernement comprenait sous le titre « Du droit et des lois », « Définitions générales » un certain nombre de dispositions qui ont disparu. Il y avait en particulier un art. 7 ainsi conçu[1] : « Elle [la loi] ordonne, elle permet, elle défend, elle annonce des récompenses et des peines. » Le Tribunal de cassation proposa l'addition suivante[2] : « Elle *règle les droits*, elle ordonne... », qu'il commentait brièvement ainsi : « Il n'est pas moins de la nature des lois de régler les droits que d'ordonner, permettre, etc... L'article doit donc l'exprimer. » C'est cette idée que Portalis reprit en soutenant le projet ; il commenta ainsi le sens du mot *ordonner*[3] : « Il n'est pas limité à l'expression d'un commandement précis sur un objet déterminé. Il embrasse toute disposition générale ou particulière qui sert à régler les actions des hommes. » Répondant à Andrieux, Portalis ajoutait : « Loin de dire que la loi ne doit point fixer de règles, il faut dire au contraire que rien n'est plus favorable que cette sorte d'instruction légale, qui éclaire et commande tout à la fois. »

La remarque de Portalis sur le sens du mot *ordonner* éclaire la question. Si en effet la notion du droit ou de la loi implique toujours de quelque manière l'idée d'autorité, de prescription, d'*ordre*, il faut bien remarquer que ce dernier mot a un double sens : l'ordre est *commandement*, mais est aussi *organisation*. Cette ambiguïté du terme exprime le fait qui est, à notre sens, capital. La fonction de la loi est peut-être moins encore de donner des ordres que de faire régner l'ordre : si la loi commande, c'est parce qu'il y a là un moyen de faire régner l'ordre, ou plutôt un ordre. Il semble qu'à la lumière de cette remarque beaucoup de faits s'expliquent : ordonner la vie, cela peut se faire non seulement en prescrivant telles activités, mais en élaborant telles représentations des faits, en construisant telle image — partiellement représentative, partiellement idéale — des relations que l'on veut régler. Voilà pourquoi la loi s'exprime très souvent sous la forme énonciative ou descriptive, et non pas prescriptive.

1. FENET, t. II, p. 4.
2. FENET, t. II, p. 415-416.
3. FENET, t. VI, p. 251-252.

Ce caractère des droits modernes a été remarqué, mais plutôt en ce qui concerne l'interprétation et la doctrine : on parle couramment des *constructions* jurisprudentielles, des *systèmes* constitués par la doctrine. En réalité la pensée du législateur se présente elle aussi sous cet aspect. Il y a même, dans le code, certaines expressions extrêmement fréquentes et typiques : très souvent le législateur présente ses décisions par la formule « est censé... »[1] ou sous la forme de « fiction ». On s'en est étonné[2]. On a dit : le législateur n'a pas à créer de fiction ; il n'a qu'à formuler ses décisions. A notre sens il ne suffit pas de répondre que telle fiction, comme la représentation[3], ou l'effet déclaratif du partage[4], est une façon commode d'exprimer brièvement certains effets voulus par le législateur. En réalité nous pensons que de telles formules marquent comme la forme extrême d'une attitude qui est habituelle et tout à fait normale. Les volontés du législateur s'énoncent sous forme d'idées ; elles sont en effet des idées. C'est par des idées, par des constructions intellectuelles qu'il règle aujourd'hui l'activité juridique des hommes. Lorsqu'il dit « est censé... », il souligne un procédé plus particulièrement apparent, plus particulièrement artificiel de sa construction. Mais, comme nous le verrons, il y a construction dans toute son œuvre.

Reprenons brièvement les quelques exemples de formules énonciatives, citées au début de ce chapitre. Dans les unes le législateur décrit l'activité des parties, des officiers ministériels telle qu'il la conçoit, telle qu'elle doit se dérouler pour être efficace : art. 972 ; c'est le sens de toutes les dispositions de procédure, qu'elles soient énoncées au présent ou au futur. Dans d'autres textes le législateur met en relation une conception juridique avec un fait dont elle dépend, fait qui dépend lui-même plus ou moins de représentations juridiques : art. 102, 146, 476, 735, 1300. On passe par transitions insensibles

---

1. V. *Index.*
2. PLANIOL, *Traité de droit civil*, t. III, p. 359 de la 6⁰ éd., n⁰ 1761.
3. Art. 739 : « La représentation est une fiction de la loi, dont l'effet est de faire entrer les représentants dans la place, dans le degré et dans les droits du représenté. »
4 Art. 883 : « Chaque cohéritier est censé avoir succédé seul et immédiatement à tous les effets compris dans son lot, ou à lui échus sur licitation, et n'avoir jamais eu la propriété des autres effets de la succession. »

de ce cas à celui dans lequel le législateur exprime une relation entre deux données juridiques : art. 1893, 1988. La suite de notre étude permettra de compléter ces rapides indications. Ce qu'il fallait à notre sens marquer fortement, dès le début, c'est ce caractère dominant du droit civil exprimé dans notre code : *ce n'est pas une série de prescriptions, c'est un ensemble d'institutions, qui ne commandent qu'en imposant à l'homme la figuration intellectuelle, les schémas auxquels doit se conformer son activité pour avoir une efficacité juridique.* L'emploi de la forme énonciative est une manifestation notable de ce fait.

Il n'est peut-être pas indifférent de remarquer que nous touchons ici à un fait très général. Ce fait constitue comme le pendant d'un ensemble de vérités qui ont peut-être été exagérées par le pragmatisme, mais qui n'en restent pas moins importantes : il y a de l'activité, de la construction, de l'artifice dans le savoir. Par contre, en analysant la structure du code fait pour régir la conduite, nous verrons tout ce qu'il y a d'intellectuel dans l'action. Nous nous sommes attaché d'abord à cette circonstance que l'impératif prend la forme de l'indicatif, et par cela même quelque chose de sa nature. M. Goblot a fait remarquer déjà, à l'inverse, que l'indicatif tend toujours de quelque manière à l'impératif[1]. Avec autant de vigueur que de précision, il a montré que le spéculatif et le normatif ne s'opposent pas, mais se pénètrent. « Partout où l'intelligence se rencontre, dit-il, son rôle est de diriger des activités qui substituent des faits et des événements conformes à son vœu aux faits et aux événements qui se seraient produits sans elle. Si l'on donne à ceux-ci le nom de nature, *le rôle de l'intelligence est de substituer l'artificiel au naturel.* » On remarquera que l'auteur de ces lignes a soin de préciser le sens du mot « naturel ». Dans le même esprit nous noterons que l'artifice reste en un sens une nature : il n'y a rien qui soit hors de la nature ; le produit le plus factice de l'esprit individuel est dans la nature ; à plus forte raison faut-il considérer comme une part de la nature ces créations, dans une large mesure objec-

---

1. E. GOBLOT, *Traité de logique*, p. 3 sqq., n⁰ˢ 2, 3, 7 et aussi p. 252, n⁰ 159.

tives, de la vie sociale : les règles de droit. Mais il n'en reste
pas moins important d'opposer ces œuvres de l'activité de
l'homme à la nature telle que la définit M. Goblot. Si les règles
de droit peuvent rester des règles en prenant la forme énonciative, c'est justement parce que l'intelligence n'est pas
uniquement faculté passive de représentation : elle est
créatrice, et ses produits, ses « artifices » peuvent être régulateurs.

CHAPITRE II

Des formes sous lesquelles s'exprime directement
la volonté de la loi :
l'obligatoire, l'interdit, le permis, le facultatif
De leurs rapports logiques

I.

Si nombreuses que soient dans le Code civil les propositions de forme simplement énonciative, on y trouve un grand nombre de propositions qui ont, comme on peut s'y attendre dans un texte de loi, la forme de prescriptions.

Les formules sont très diverses ; et il ne faut pas oublier qu'entre elles il y a souvent équivalence logique[1] ; ce sont souvent les circonstances qui ont fait opter pour telle forme grammaticale, à laquelle on ne peut même pas assigner rigoureusement telle portée. On sait que les rédacteurs du Code civil allemand se sont efforcés de donner aux formules principales dont ils se sont servi un sens absolument défini[2]. Nous n'avons la trace d'aucun effort de ce genre de la part des rédacteurs du code français[3]. Tout au plus peut-on dire que la Section de législation du Tribunat s'est attachée avec une certaine insistance à une rédaction correcte, c'est-à-dire relativement uniforme.

Si nous considérons par exemple l'idée d'un commandement positif du législateur, nous verrons qu'elle s'exprime sous des formes très variées :

1° Par le futur, qui a été expressément considéré, lors de

---

1. Sur les « équipollences », v. LUQUET, *Éléments de logique formelle*, 58 p. 8°, Alcan, 1909, p. 10.
2. CODE CIVIL ALLEMAND, traduction du comité de législation étrangère, t. I, p. XLIII, Lexique. Cf. C. et C., t. I, p. 20.
3. Le Tribunal d'appel de Montpellier, FENET, t. IV, p. 420, avait remarqué qu'il serait utile de dire à quels caractères se reconnaîtront les lois prohibitives.

la rédaction[1], comme un équivalent de l'impératif : art. 34, 334, 348, 450 ;

2° Par la formule extrêmement fréquente : « être tenu de » ; ou par d'autres verbes : il faut (art. 901), obliger (art. 3, 1382, 1135 ; *cf.* s'obliger à : 1376 ; être obligé : 1214) ; devoir (art. 44, 213, 514, 681, 832) ; être assujetti (635, 640) ;

3° Par des adjectifs dont la terminaison implique l'idée d'obligation : exécutoire (art. 1), responsable (1383), comptable (469).

On trouve une variété comparable dans l'expression du commandement sous sa forme négative :

1° Le verbe « pouvoir » accompagné de la négation est la forme la plus habituelle : art. 6, 144. L'interdiction peut d'ailleurs se combiner, dans une forme propositionnelle très usuelle et sur laquelle nous reviendrons[2], avec l'expression d'une condition : art. 217, 1888 ;

2° Certains verbes expriment en eux-mêmes l'idée de prohibition : il est défendu (art. 5) ; sont prohibés ; ou encore, avec la négation : ne sont pas admis[3].

Par opposition à ce qu'elle prescrit ou à ce qu'elle interdit, la loi est amenée très souvent à délimiter le champ de ce qui reste permis. De prime abord, cela peut sembler inutile ; on peut croire qu'en dehors des prescriptions et des interdictions règne normalement la liberté, que par suite le législateur n'a qu'à garder le silence. Il n'en est rien.

Lorsqu'on examine sans parti pris le texte du code, on est frappé de voir que le souci du législateur est constamment de dire ce qui peut être fait. C'est d'abord, croyons-nous, parce que souvent la loi ne se propose pas tant de délimiter la sphère de liberté des parties que de fixer les conditions d'efficacité de leur action.[4] C'est ensuite parce que, dans la complexité des institutions, il arrive constamment qu'une question

---

1. FENET, t. VI, p. 56. V. le chapitre précédent.
2. V. 1re partie, chap. v, sect. II, § 2 : Des propositions restrictives.
3. Pour toutes les expressions caractéristiques que nous citons dans ce développement, nous renvoyons à l'*Index*, qui permet d'apprécier l'importance de l'usage qui en est fait.
4. On peut prendre comme type de ces dispositions l'art. 488 : « La majorité est fixée à vingt et un ans accomplis ; à cet âge on est capable de tous les actes de la vie civile... » *Cf.* art. 490 ; art. 1294. V. ci-après ce qui concerne les propositions restrictives.

se pose quant à la part de liberté qui subsiste : c'est en réponse à un doute que la loi s'exprime[1]. Enfin l'idée qu'en dehors de l'obligatoire et de l'interdit s'étend la sphère indéterminée de la liberté est une idée qui joue certainement un grand rôle dans nos conceptions juridiques contemporaines ; mais c'est aussi, croyons-nous, une vue assez superficielle et même artificielle : elle ne doit pas faire oublier que le législateur prévoit et dessine généralement les lignes selon lesquelles s'exercera notre action : non seulement il la contraint à certaines obligations, la limite par des interdictions ; mais il lui accorde certaines « permissions », et, en décrivant les institutions, il exprime les possibilités qui s'ouvrent à elle; cette remarque générale absorbe les précédentes[2]. Un fait, simple et presque matériel, vient à l'appui de cette vue : le verbe *pouvoir* est, de beaucoup, en dehors des articles, pronoms et de quelques prépositions, le mot le plus fréquemment employé dans le Code civil. Il faut remarquer d'ailleurs qu'il comporte certains équivalents : a droit de (697); il est permis (686) ; il est loisible (2152); être admis (341, 343, 430). Nous signalerons spécialement certains adjectifs en lesquels s'expriment

---

1. L'importance de cette attitude est expliquée au chap. v de la 1re partie.

2. On trouve dans les travaux préparatoires certains développements qui montrent que les rédacteurs du Code ont eu le sentiment de la diversité réelle des dispositions qui expliquent ce que l'on « peut » faire. A propos du divorce, Portalis déclarait au Conseil d'État (Fenet, t. IX, p. 250) : « Le besoin de la langue a seul fait admettre cette expression *permettre, autoriser* le divorce. A parler exactement, la loi civile ne le permet ni ne l'autorise, elle se borne à en prévenir l'abus. En effet, s'il n'y avait pas de loi, la volonté de chacun serait la seule règle dans cette matière ; chacun userait à son gré de *la liberté naturelle*. [Cf. art. 2089 : « ..., cette convention s'exécute comme toute autre qui n'est point prohibée par les lois » ; cf. art. 1907. Mais l'efficacité juridique de l'usage de la « liberté naturelle » en matière de conventions dérive de 1134.] Mais l'ordre public pourrait être blessé par cette liberté indéfinie ; et c'est pour empêcher ces désordres que la loi intervient. Elle ne donne pas une liberté que tous tiennent de la nature ; elle ne parle que pour la restreindre ou la circonscrire dans des limites qui ne pourraient être franchies sans que la société fût troublée. La loi s'arrête là, et abandonne ensuite à la conscience l'usage du divorce. » On voit bien dans ce texte le passage insensible de la possibilité simple à la permission. Le discours du tribun Gillet au Corps législatif, sur cette même question du divorce, nous montre la même antithèse d'une façon plus ferme (Fenet, t. IX, p. 541) : « Législateurs, quand on parle du divorce, il est trop commun de confondre deux caractères de la loi qui sont essentiellement distincts, savoir : celui de la loi qui *autorise*, et celui de la loi qui *tolère* ; la disposition qui *établit*, et celle qui ne fait que limiter ce qui déjà subsiste. » Le mot « établir » est caractéristique ; il désigne clairement ces possibilités que la loi elle-même fait naître en créant une institution. C'est à cela que songeait le Tribunal de cassation, dans ses observations sur l'adoption rapportées par le tribun Perreau (Fenet, t. X, p. 442) : « S'il est dangereux d'introduire certaines lois trop peu analogues aux mœurs d'une nation, c'est lorsqu'elles sont *impératives*, mais celles de *simple faculté* n'ont pas ces inconvénients, puisqu'il en résulte seulement qu'on n'en fait pas usage. »

cette idée de possibilité, comme en d'autres l'idée d'obligation : capable (488) ; valable (170, 366), recevable (181, 490).
On voit ici combien l'idée de « possibilité » se rapproche
non seulement de celle de « permission », mais aussi de celles
d' « efficacité », de « pouvoir efficace » C'est même un des
reproches les plus graves que l'on puisse faire à la terminologie juridique française de ne pas distinguer des idées qui,
en certains cas, son fort différentes. Cela provoque des confusions. Mais, par ailleurs et pour le théoricien, l'identité de
mots a l'avantage de souligner une parenté profonde, une parenté logique des idées : une permission accordée, un pouvoir
conféré ne sont en définitive que des formes plus accentuées
de la possibilité.

Comme l'obligation a sa forme négative (l'interdiction),
le permis a une forme négative : la permission de ne pas faire ;
ce que nous appellerons le facultatif. Il s'exprimera dans des
formules telles que : n'est pas tenu de (775) ; n'est pas nécessaire (216) ; être dispensé de (427).

On est ainsi conduit à distinguer quatre types fondamentaux de formes sous lesquelles s'exprime la volonté législa-
trice :

le permis ;
le facultatif ;
l'obligatoire ;
l'interdit.

La suite de nos explications montrera pourquoi nous
distinguons ces quatres types, et ces quatre types seulement :
il se trouve qu'ils soutiennent des rapports logiques précis,
intéressants et qui conduisent à les considérer comme formant un ensemble complet.

Il paraît naturel de rapprocher ces idées de celles qui constituent les *modalités*[1]. Souvent on se borne à en discerner
deux : la nécessité et la contingence. C'est ce que fait Aristote
dans les Premiers Analytiques[2]. Mais Aristote lui-même,

---

1. Pour toutes ces questions, nous renvoyons à RONDELET, *Théorie logique des propositions modales*, Paris, 1861, 276 p. in-8º [Nat. : 8º R 49.448]. Nous laisserons de côté le problème de la nature dernière de la modalité, pour lequel nous renvoyons à L. BRUNSCHVICG, *La modalité du jugement*, 244 p. 8º, Alcan, 1897.

2. RONDELET, *op. cit.*, p. 16, n. 1 et p. 15 n. 1.

dans l'*Hermeneia*, a eu soin de distinguer quatre modales :
le possible, le contingent, l'impossible, le nécessaire (six, si
l'on y ajoute le vrai et le faux). Si l'on suit cette opinion, on
peut établir les correspondances suivantes :

obligation ;	nécessité ;
interdiction ;	impossibilité ;
permission ;	possibilité ;
faculté ;	contingence[1].

Nous sommes donc amené à considérer les quatre types
de propositions par lesquels la loi exprime son autorité comme
symétriques aux propositions modales ou, si l'on veut, comme
des propositions modales d'une sorte particulière. Nous
n'avons pas à admettre pour cela une définition trop indéterminée des modales ; nous pouvons parfaitement les concevoir,
selon la définition à laquelle s'arrête Rondelet[2], comme « des
propositions dans lesquelles le verbe, c'est-à-dire la copule
logique qui unit le sujet à l'attribut, reçoit une modification
conçue par un acte de notre esprit. » Aristote avait déjà noté[3]
le rôle du verbe « pouvoir », qui se retrouve, chose notable,
dans nos modales comme dans les modales classiques. Nous
pouvons remarquer aussi que « nécessaire » est pris parfois
dans le code au sens d'obligatoire (art. 216). D'autre part
on ne contestera sans doute pas la différence de signification
des termes correspondants de nos deux listes : ce qui caractérise la première, c'est justement l'idée, partout présente,
d'une « autorité ».

2.

Il n'est pas sans intérêt de considérer comme nous l'avons
fait quatre sortes de modales. On sait à quelles difficultés
donnent lieu les opérations logiques qui concernent les modales.
Or il est peut-être permis d'avancer un peu dans cette voie
difficile, en remarquant que les quatre types de propositions

1. En réservant ce dernier terme pour « ce qui peut ne pas être ».
2. *Op. cit.*, p. 65.
3. Premier anal., liv. I, chap. III, § 7. RONDELET, *op. cit.*, p. 65, n. 1.

juridiques considérées se laissent ordonner en un tableau
analogue à la table classique des oppositions, et qu'elles donnent lieu exactement aux mêmes inférences :

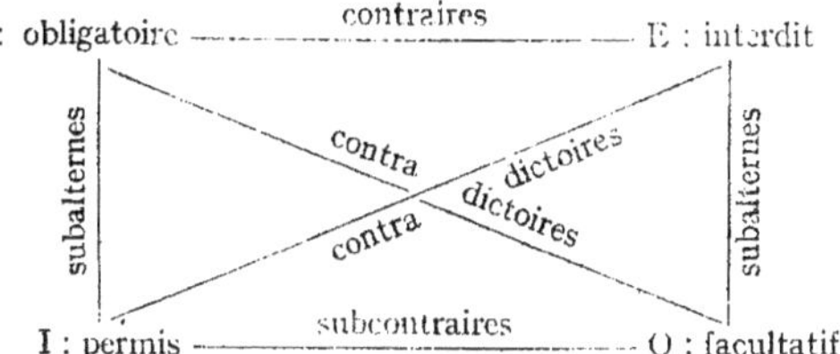

Cette table est comparable à celle que Pierre d'Espagne
présentait pour la nécessité et la contingence[1] :

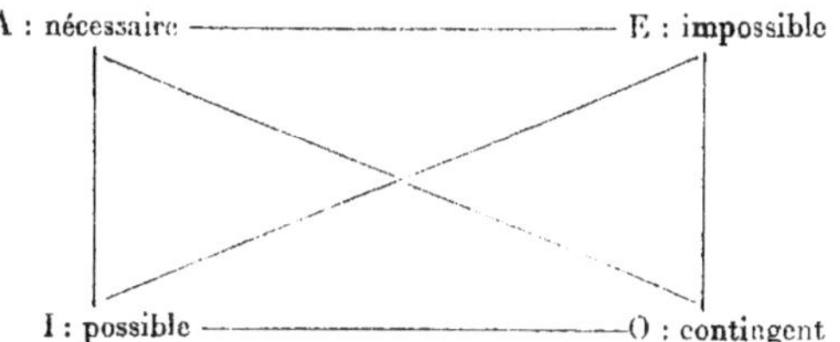

Remarquons en passant qu'on arrive peut-être à insérer
dans ces cadres généraux une opération qui concerne les
contingents et qu'Aristote, dans les *Premiers Analytiques*,
nomme conversion (ἀντιστροφή), mais qui présente, comme
Hamelin l'a montré[2], un caractère tout spécial. Il nous semble
que c'est au fond l'opposition des « subcontraires ».

Les formules ci-après montrent la correspondance que l'on
peut établir entre les inférences fondées sur les rapports
d'opposition (dont nous rappelons la forme schématique)
et les inférences fondées sur les rapports des quatre modales
juridiques :

1. Cf. Rondelet, *op. cit.*, p. 35 sqq. V. aussi Janet et Séailles, *Histoire de la philosophie*, III-1084 p. in-8°, Delagrave, 4e édit., sans date; p. 581.
2. Hamelin, *Le système d'Aristote*, éd. Robin, Alcan, 1920, III-428 p. in-8°; chap, sur l'opposition des modales, p. 194-195. L'ἀντιστροφή est la transformation de l'affir-mative qui suit le mode en négative ou réciproquement.

CONTRADICTOIRES	1. Si A est vraie, O est fausse..............				Si une chose est obligatoire, elle n'est pas facultative.
	2. Si E — I —				Si une chose est prohibée, elle n'est pas permise.
	3. Si I — E —				Si une chose est permise, elle n'est pas prohibée.
	4. Si O — A —				Si une chose est facultative, elle n'est pas obligatoire.
	5. Si A est fausse, O est vraie...............				Si une chose n'est pas obligatoire, elle est facultative.
	6. Si E — I —				Si une chose n'est pas prohibée, elle est permise.
	7. Si I — E —				Si une chose n'est pas permise, elle est prohibée.
	8. Si O — A —				Si une chose n'est pas facultative, elle est obligatoire.
SUBALTERNES	9. Si A est vraie, I l'est aussi...............				Si une chose est obligatoire, elle est permise.
	10. Si E — O —				Si une chose est prohibée, elle est facultative.
	11. Si A est fausse, on ne sait rien de I........				Si une chose n'est pas obligatoire, on ne sait si elle est permise.
	12. Si E — — O.......				Si une chose n'est pas prohibée, on ne sait si elle est facultative.
	13. Si I est vraie, on ne sait rien de A				Si une chose est permise, on ne sait pas si elle est obligatoire.
	14. Si O — — E				Si une chose est facultative, on ne sait pas si elle est prohibée.
	15. Si I est fausse, A l'est aussi...............				Si une chose n'est pas permise, elle n'est pas obligatoire.
	16. Si O — E —				Si une chose n'est pas facultative, elle n'est pas prohibée.
CONTRAIRES	17. Si A est vraie, E est fausse..............				Si une chose est obligatoire, elle n'est pas prohibée.
	18. Si E — A —				Si une chose est prohibée, elle n'est pas obligatoire.
	19. Si A est fausse, on ne sait rien de E.......				Si une chose n'est pas obligatoire, on ne sait pas si elle est prohibée.
	20. Si E — — A......				Si une chose n'est pas prohibée, on ne sait si elle est obligatoire.
SUBCONTRAIRES	21. Si I est fausse, O est vraie...............				Si une chose n'est pas permise, elle est facultative.
	22. Si O — I —				Si une chose n'est pas facultative, elle est permise.
	23. Si I est vraie, on ne sait rien de O........				Si une chose est permise, on ne sait si elle est facultative.
	24. Si O — — I........				Si une chose est facultative, on ne sait si elle est permise.

3.

Il nous faut préciser les rapports que soutiennent ces tables d'opposition avec la table classique, fondée sur les rapports de quantité et de qualité. Comme l'a remarqué Hamelin[1], il n'y aurait plus de propositions s'il n'y avait plus d'affirmation et de négation ; et nous reconnaissons sans peine, dans les propositions en cause, l'antithèse du oui et du non : spécialement dans les propositions juridiques, nous reconnaissons l'application de cette antithèse au domaine de l'action, de l'impératif.

Que devient la quantité dans nos propositions ? On pourrait, à la rigueur, l'y reconnaître sous une sorte de déguisement : on pourrait dire que, dans le monde idéal conçu par le législateur, l'obligatoire se réalise toujours, l'interdit ne se réalise jamais, il arrive parfois que le permis se réalise et que le facultatif ne se réalise pas. Mais il y a là une simple correspondance, qui ne va pas sans une déformation des propositions primitivement considérées. En réalité les propositions juridiques normales sont des propositions *indéterminées,* c'est-à-dire dans lesquelles le sujet ne comporte aucun signe de quantité[2] ; telles sont aussi les propositions mathématiques. Il est d'autant plus indiqué de leur conserver ce caractère que, selon la remarque profonde d'Hamelin[3], il se pourrait que la logique de la pure compréhension, d'où toute considération d'extension se trouverait exclue, fût la logique normale et primordiale. En un autre texte[4], Hamelin a fait cette autre remarque capitale : « L'universalité n'est que le substitut empirique de la nécessité... ; la particularité est le signe empirique de l'accidentel. »

S'il nous a été possible de dresser une table d'opposition, c'est qu'il doit se rencontrer entre les propositions considérées

1. HAMELIN, *op. cit.,* p. 163.
2. Cf. Complément D : Des prédésignations.
3. HAMELIN, *op. cit.,* p. 164.
4. HAMELIN, *Essai sur les éléments principaux de la représentation,* Alcan, 1907, IV-476, p. in-8°: p. 12. — Nous citons d'après la 1re édition; M. Darbon a donné une nouvelle édition, accompagnée de références : 528 p., 1925.

un rapport qui soit pour l'esprit comparable de quelque manière à un rapport quantitatif ; et bien entendu il ne saurait être question d'analogie superficielle ; il faut parenté intime puisque les deux sortes de rapports servent de base à des opérations logiques identiques.

Nous nous trouverons peut-être sur la voie d'une solution, si nous remarquons que l'ensemble de rapports exprimé dans la table des oppositions peut se retrouver entre certaines idées telles que les suivantes[1] :

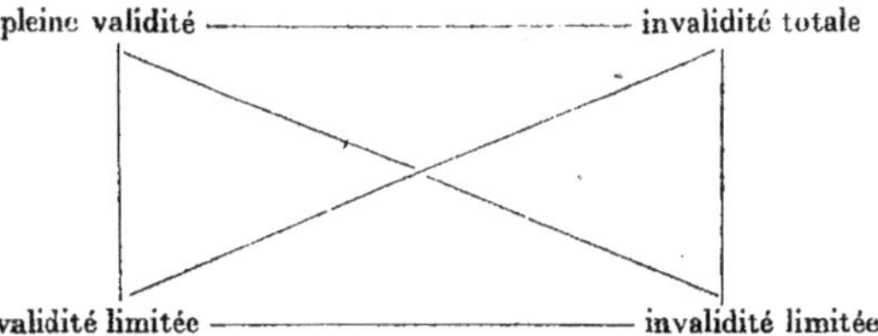

Nous nous en tenons à cette détermination vague qu'exprime le mot « limitée » pour éviter une détermination plus précise qui suggérerait des inférences propres ; mais nous tenons à rappeler que ces notions de validité ou d'invalidité partielles répondent à des notions pratiques : validité entre les parties, invalidité à l'égard des tiers.

Les rapports d'implication ou d'exclusion que l'on peut établir entre ces notions correspondent aux inférences qui se fondent sur les oppositions classiques, et aussi, d'après ce qui précède, à celles qui se fondent sur les oppositions entre modales, classiques ou juridiques. Or on voit bien, dans la dernière table, qu'au rapport entre l'universel et le particulier se trouve substitué un rapport entre le général et le spécial, à un rapport en extension comme celui que considère la table classique des oppositions un rapport en compréhension. Mais ce qui fait que ce rapport en compréhension présente une analogie avec un rapport en extension, c'est qu'il peut être

---

1. Nous aurions pu aussi bien raisonner sur les idées de pleine capacité, incapacité totale, capacité limitée (ex. : pouvoirs d'administration), incapacité limitée (ex. : pouvoir d'aliéner).

pensé sous la catégorie de quantité, comme un rapport du tout
à la partie, ou du plus au moins. Rappelons d'ailleurs que le
principal type d'inférence auquel il conduit s'exprime dans
un adage qui appartient au droit aussi bien qu'à la sagesse
commune : qui peut le plus peut le moins. Il faut d'ailleurs
noter que cet adage, qui justifie évidemment l'inférence de
la pleine capacité à telle forme spéciale de capacité, justi-
fierait aussi une inférence moins rigoureuse, celle de la capacité d'aliéner à la capacité d'administrer.

La confusion que la pensée vulgaire commet souvent entre
les couples universel-particulier et général-spécial reste une
confusion ; mais elle s'explique cependant, on le voit, par des
analogies logiques profondes[1].

Si nous nous reportons maintenant aux tableaux des modalités dont nous avons constaté l'opposition, nous y pourrons
reconnaître cette opposition *du plus au moins* qui est comme
la transposition de la quantité dans le domaine de la compréhension. Ce n'est pas seulement par métaphore que l'on dira
que le possible est moins que le nécessaire, ou l'obligatoire
plus que le permis ; d'où l'on déduira par exemple que la nécessité implique possibilité, et que l'obligation implique permission[2].

Si l'on conçoit de cette façon large la notion logique de
quantité, on comprendra pourquoi il est possible de dresser
les tables très diverses que nous avons présentées : elles reposent toutes, en définitive, comme la table classique des oppositions, sur une combinaison des rapports de qualité et de
quantité.

Il y a plus : *les propositions que la logique classique ordonnait*

---

1. Cf. Paul CORDIER, *Les problèmes de la logique*, in-8°, Paris, 1916, p. 42 :
« Si l'on considère le genre éminent, l'être, général est synonyme d'universel (désignant tous les individus de l'univers) ; en bas de l'échelle, singulier est synonyme de
particulier. C'est pourquoi la critique que fait Goblot dans son *Vocabulaire philosophique*, tout en étant légitime au sens où il entend universel et particulier comme
s'appliquant aux propositions ne l'est pas du tout comme s'appliquant aux idées
et aux termes. » GOBLOT, dans son *Traité de logique*, n°s 65 sqq., remarque d'ailleurs
que l'idée du genre comprend la possibilité des différences spécifiques déterminées,
de sorte qu'en puissance il est riche de toutes les déterminations des espèces : ainsi
entendue, la compréhension (opposée à la connotation) croît en même temps que
l'extension.

2. Kant disait que « pour devoir il faut pouvoir ». Leibniz pensait que le possible
est moins que l'actuel.

en opposition sont du domaine de la pure représentation abs-
traite ; les modales classiques ne sont intelligibles que dans le
monde du devenir ; les modales juridiques n'ont de sens que par
rapport à l'action. Nos réflexions nous conduisent donc à
saisir encore une fois la parenté profonde qui unit le savoir et
l'action, puisque nous avons été conduit à reconnaître dans
le second de ces domaines un schéma construit exclusivement
pour le premier et qui, ainsi généralisé, nous apparaît, en même
temps que comme une des armatures essentielles de la pensée,
comme une des armatures essentielles de l'action[1].

---

1. Nous aurons lieu de faire la même observation générale quand nous étudierons
le rôle de l'idée d'identité : 2° partie, chap. v.

CHAPITRE III

Une survivance caractéristique :
Des jugements qui traduisent une attitude affective
du législateur

Si complexes que soient en général les phrases dont se compose le Code, on y reconnaît pourtant un certain nombre de propositions répondant au type auquel la logique classique ramène tous les autres. La copule « être » peut, comme on l'a remarqué, être interprétée de plusieurs façons[1].

Un de ses emplois les plus fréquents dans le Code civil est celui qui caractérise les propositions ayant forme de *définitions*. Exemple : art. 1582 : « La vente est une convention par laquelle... » Le verbe établit alors une équivalence entre le sujet et l'attribut, la possibilité de substituer le second au premier : c'est le propre d'une définition. En même temps il exprime une *classification* : il indique qu'une espèce fait partie d'un genre. Définitions et classifications sont des aspects importants de la structure du code ; nous aurons à les étudier[2].

Mais il y a, d'autre part, des propositions qui énoncent véritablement une *attribution*, c'est-à-dire qui assignent une qualité au sujet. Exemple : art. 1541 : « Tout ce que la femme se constitue ou qui lui est donné en contrat de mariage est dotal, s'il n'y a stipulation contraire. » Encore dans un pareil cas, ne sommes-nous pas très loin d'une définition (si l'on rapproche 1541 de 1543). Il y a au contraire des cas dans lesquels le rapport énoncé est tout différent. Exemple : art. 1099, al. 2 : « Toute donation [entre époux], ou déguisée, ou faite à personnes interposées, sera nulle. » Un tel texte imprime,

---

1. Dans nos explications, nous nous en tenons à ce qui est essentiel pour l'intelligibilité du Code. Sur les diverses significations de la copule « être », on peut consulter Padoa, *La logique déductive dans sa dernière phase de développement*, 106 p. 8° Colin, sans date, p. 59-60.
2. V. 3ᵉ partie, chap. iii.

du dehors, à un acte un caractère juridique général : dans notre exemple il frappe cet acte de nullité.

Pour saisir pleinement la portée de pareils textes, il est peut-être nécessaire de les rapprocher de certaines formes qui ont eu dans l'histoire de différents droits une grande importance.

Nous citerons par exemple la formule qui termine régulièrement les canons de certains conciles : « *anathema sit*[1] ». Le texte légal imprime, dans ce cas, sur la personne qui est visée, une marque infamante. De cette formule on peut en rapprocher d'autres qui ont le même caractère, par exemple : « *excommunicatus existat*[2] ». Mais il n'y a pas là quelque chose qui soit spécial au droit canon. Souvenons-nous de certaines formules des XII Tables, spécialement le *sacer esto*[3]. L'emploi de cette forme juridique n'est pas limité à des cas dans lesquels la loi assigne une qualification religieuse, prononce un anathème, une excommunication, une sacralisation. Nous trouvons dans les XII Tables des attributs dont le caractère est plus purement juridique, et qui sont assignés de la même manière : *liber esto*[4].

Revenons maintenant au Code civil. Nous reconnaîtrons dans certaines formules cette sorte d'intensité affective, et comme un souvenir de cette réprobation, religieuse, sociale ou morale, qui était si apparente dans les exemples précités. Lorsque 792 et 801 disent l'héritier qui s'est rendu coupable de recel « déchu de la faculté de renoncer », « déchu du bénéfice d'inventaire », lorsque 444 déclare exclus de la tutelle et même destituables » les gens d'une inconduite notoire, ou ceux dont la gestion attesterait l'incapacité ou l'infidélité, lorsque 727 proclame « indigne de succéder » celui qui sera condamné pour avoir donné ou tenté de donner la mort au défunt, la nature même des termes employés par la loi implique une réprobation qui rappelle les qualifications religieuses précitées.

Ce sont là, à la vérité, des cas exceptionnels. Mais ils ne sont

1. Concile de Trente, *Collection Mansi*, t. XXXIII, p. 40, 131, 139, 150, etc...
2. *Ibid.*, p. 84-85.
3. Loi des Douze Tables, dans Girard, *Textes de droit romain*, 1904, 5ᵉ éd., Rousseau, 1923, XV-926 p. 8°.
4. *Idem.*

que la forme la plus caractérisée d'une attitude qui est,
sous un aspect plus terne, très commune. Toutes les fois que
la loi prononce comme sanction une nullité, par exemple la
nullité précitée des donations déguisées entre époux (art. 1099),
ou la nullité des conditions impossibles, illicites, ou immorales (dans 1172, et plus encore dans 900), l'énergie de la sanction traduit l'attitude, le parti fermement pris par le législateur. Il y a encore quelque chose de cela dans tous les textes
où le législateur déclare quelqu'un responsable (art. 1383
sqq.) ou comptable (art. 469). Nous avons remarqué que l'attitude du législateur moderne était volontairement mesurée,
terne, froide. Mais cette sérénité ne va pas sans fermeté ;
et cette fermeté répond, au fond, à une volonté qui doit
bien trouver son explication dernière dans un sentiment :
approbation ou réprobation de telle activité par le législateur, porte-parole de la société. Sans doute c'est dans
le droit pénal que ces attitudes de la société seront constamment apparentes. Mais il n'y aurait pas de droit civil, si la
société n'avait pas voulu imposer certaines règles d'ordre civil,
si elle n'avait pas entendu approuver ou blâmer telles formes
d'activité[1].

Assurément, un droit très évolué comme le nôtre se tient
en général assez loin du droit pénal ; mais il contient pourtant un certain nombre de dispositions pénales[2] ; et l'on peut
remarquer que de telles dispositions viennent presque inévitablement s'adjoindre aux lois qui introduisent un droit nouveau : loi de 1898 sur les accidents du travail (art. 14, 30, 31),
lois récentes sur les baux à loyer (l. 9 mars 1918, art. 31 ;
l. 23 octobre 1919, art. 6 et 7, etc...). Cette attitude, en
quelque manière affective et violente du législateur, qui n'apparaît plus qu'exceptionnellement dans un droit consacré,
évolué, complexe, est passée à l'état latent : elle anime au fond
toute la législation et l'explique, tout en venant rarement à
la surface.

Il se produit un fait notable : les qualifications dont se sert

1. C'est donc le plus souvent sous forme indirecte que la société porte, dans le
droit, des jugements de valeur. V. ci-après chap. VI.
2. Ex. : art. 4, 50-53, 156-157, 192-193, 375 sqq. 468, 2059 sqq. (ces derniers relatifs à la contrainte par corps, abrogés par la loi du 22 juillet 1867).

la loi perdent sans doute beaucoup de leur vigueur affective ;
mais en même temps, par suite de la complication croissante
des rapports de droit, elles se chargent de signification intellectuelle ; et par là elles rèprennent sous une autre forme leur
puissance, leur prestige. Lorsqu'on dit qu'un individu est responsable civilement, ou qu'un bien est dotal, on leur imprime
des marques dont l'importance se mesure à la puissance complexe et organisée des institutions qu'elles expriment. Nous
avons déjà eu l'occasion d'étudier le prestige des mots dans le
droit. L'attribution d'une qualité juridique est l'affirmation
la plus nette de ce prestige.

CHAPITRE IV

De la diversité des rapports
et de l'originalité irréductible de certains d'entre eux

I

Un examen un peu attentif des propositions mêmes qui ont
le verbe « être » pour copule montre, comme nous le rappelions
dans le chapitre précédent, qu'elles peuvent exprimer des rapports très différents. Vainement prétendrait-on, par exemple,
considérer comme les deux aspects complémentaires d'un
même rapport fondamental, les deux types de propositions
— celles qui expriment une classification, celles qui assignent un caractère : décréter qu'un acte est nul, ce n'est
point le classer dans une sorte de catégorie générale des actes
nuls.

Mais en outre, et bien que les propositions du Code civil
puissent se rattacher à un nombre relativement limité de
types fondamentaux, nous ne pensons pas que ces types eux-
mêmes puissent se ramener les uns aux autres et finalement
au type classique à copule « être ».

De cette opinion nous avons d'abord un motif général.
Depuis les travaux de de Morgan et de ses successeurs[1],
il semble que ce soit seulement par un traditionalisme déses-
péré qu'on puisse affirmer encore la réductibilité des copules
et, par suite, des propositions à un type unique : si on opère
la réduction, on se livre à une opération purement verbale
qui sacrifie l'essentiel des rapports.

Mais ce motif général va se préciser, si nous considérons
spécialement les propositions que le Code civil nous présente :

1° Beaucoup de ces propositions énoncent un *rapport de*

---

1. LIARD, *Logique*, p. 60 sqq.

cause à effet ; et elles l'énoncent directement, la copule exprimant le rapport qui lie les deux termes ; nous avouons ne pas voir la possibilité d'une réduction de telles propositions, très simples, très usuelles, très caractérisées au type classique, qui laisse tomber la force essentielle de la véritable copule.

Prenons l'art. 1227 : « La nullité de l'obligation principale *entraîne* celle de la clause pénale. La nullité de celle-ci n'entraîne point celle de l'obligation principale. » Il nous semble, en ce cas, particulièrement évident que l'esprit considère deux termes : nullité de l'obligation principale, nullité de la clause pénale, et il résout la question de savoir quel est l'effet de l'une de ces deux nullités sur l'autre. Vouloir substituer à cela des propositions qui présentent comme attribut de la nullité de l'obligation principale la qualité d'entraîner la nullité de la clause pénale, c'est non seulement recourir à un artifice, mais supprimer vraiment l'essentiel de la pensée.

Il faut remarquer d'ailleurs que ce rapport n'est pas toujours exprimé par le même mot ; on trouve : « emporter », « opérer » « donner lieu à »[1], termes qui expriment des nuances diverses. Mais cette diversité ne peut être retenue contre notre opinion : des mots différents peuvent exprimer le même rapport, de même que le même mot peut exprimer des rapports différents. Les logiciens ont depuis longtemps remarqué que le verbe être lui-même est pris dans des acceptions très diverses.

Il arrive que la copule soit choisie de manière à comporter un complément direct et un complément indirect. Ainsi dans l'art. 1014 : « Tout legs pur et simple *donnera* au légataire, du jour du décès du testateur, un droit à la chose léguée... » D'autres textes emploient d'autres verbes, comme « conférer ». Mais dans ces cas comme dans les précédents, il y a l'idée de production d'un effet par une cause. Il faut d'ailleurs noter que, cette genèse ayant lieu dans le monde des idées, le rapport de cause à effet peut être considéré aussi comme un rapport de principe à conséquence. Plus exactement il s'agit dans le droit d'un rapport *sui generis*, le lien étant établi entre les deux termes par la volonté du législateur.

---

1. Voir ces différents mots à l'*Index*.

Il arrive que la copule exprime une action négative : « empêcher », « dispenser », « priver de »[1].

Il arrive que le complément fasse corps avec la copule, dans des expressions comme « produire intérêt », « faire foi », « faire preuve[2] ».

Il arrive enfin qu'au lieu d'une copule exprimant de façon abstraite le rapport de production on trouve des copules qui expriment à la fois le rapport abstrait et, en partie au moins, l'effet. Ainsi les mots : « vicier », « annuler », « libérer », « décharger », « purger[3] » ;

2° Dans les exemples précités, on pouvait noter que le rapport s'exprimait, apparemment au moins, dans le temps. Mais *le rapport de temps* y était accessoire et souvent même insignifiant. Il y a au contraire de nombreuses propositions qui expriment essentiellement un rapport de temps :

a) Idée de *commencement* : « commencer », « s'ouvrir » ; ou, en combinaison avec des idées propres à une notion : « courir » ; ou avec une nuance spéciale : « remonter[4] à » ;

b) Idée de *fin* : « cesser », « finir », « s'éteindre[5] » ;

c) Idée de *persistance* : « subsister », « durer[6] ».

Ici, comme dans le cas précédent, il ne nous semble pas qu'il soit possible de réduire les propositions au type classique sans leur faire perdre leur véritable sens. Ainsi pour les très nombreuses propositions qui déterminent le point de départ d'un délai, peut-on soutenir sérieusement que cette détermination peut être pensée comme une qualité du délai ?

3° Des rapports de temps, on passe aisément à d'autres *rapports plus spéciaux* : ainsi, dans 365, le verbe « passer à » exprime la transmission de pouvoirs d'administration d'une personne à une autre. Dans 745, le verbe « succéder à » exprime la transmission successorale proprement dite, rapport tout à fait spécial, et de nature purement juridique. Notons encore l'art. 312 : L'enfant conçu pendant le mariage a pour père le mari (qui se ramène peut-être au fond à une proposition

1. V. *Index*
2. *Ibid*
3. *Ibid.*
4. *Ibid.*
5. *Ibid.*
6. *Ibid.*

causale : la qualité de mari entraîne celle de père de l'enfant conçu pendant le mariage).

Nous trouvons d'ailleurs, dans le Code civil, beaucoup de rapports qui n'y ont qu'une importance restreinte et qui seront, en d'autres domaines, prépondérants : rapports de situation dans l'espace (art. 674), rapports de nombre, de proportion ou d'ordre.

Non seulement la variété des expressions répond à une variété effective de rapports, qui ne sauraient s'exprimer correctement par la copule « être » : de Morgan l'a montré pour certaines propositions mathématiques ; et depuis lors on n'a guère contesté l'originalité de la copule « égale ». Mais il faut remarquer que, dans certaines propositions, l'emploi de la copule « être » est fallacieux et risque de masquer un aspect important du rapport considéré. Lisons l'art. 1383 : « Chacun *est* responsable du dommage qu'il a causé non seulement par son fait, mais encore par sa négligence ou par son imprudence. » Il suffit de rapprocher cet article de celui qui le précède pour voir que l'attribut « responsable » enferme cette idée d'obligation que 1382 exprime directement et qui implique elle-même, comme toute modalité, la considération essentielle du temps. Le verbe « être » exprime présence ou absence d'un caractère, exclusion ou inclusion statiques d'une classe par rapport à une autre : il est inapte à l'expression du temps, du mouvement, de l'activité. Et si l'on va au fond des choses, il n'y a peut-être pas une proposition du Code qui se puisse pleinement comprendre si on ne fait intervenir le temps et l'activité.

2

De ce que la plupart des propositions du code ne se ramènent pas au type étudié par la logique classique, faut-il conclure qu'elles échappent à toute opération formelle ? Ce serait un singulier paradoxe, car il n'y a sans doute pas de domaine dans lequel les opérations de pure logique abstraite aient tenu autant de place[1].

Les logiciens qui ont les premiers mis en valeur l'irréductibilité de certaines copules ont eu soin de faire remarquer que les propositions nouvelles dont ils marquaient l'originalité donnent lieu à des opérations formelles comparables à celles qui ont été étudiées par la logique à propos de la copule être. Nous avons, dans un chapitre antérieur, décrit une série d'inférences caractéristiques auxquelles peuvent donner lieu les modales juridiques. On peut également reconnaître des formes de « conversion » ou de « quasi-conversion », propres aux propositions qui expriment des rapports de droit.

Si en effet l'on garde dans l'esprit l'idée en quelque sorte abstraite de la conversion, on se rendra compte qu'elle comporte bien d'autres applications que celles de la logique classique. Ce qu'elle implique essentiellement, c'est une interversion de termes : dans la conversion classique, le sujet prend la place de l'attribut, et l'attribut celle du sujet. N'y a-t-il pas un équivalent de cette interversion dans des propositions où la copule varie, de telle manière que le premier terme de la première proposition vient jouer dans la seconde proposition le rôle que jouait le second terme dans la première, et inversement ?

Lisons l'art. 2123 : « L'hypothèque judiciaire *résulte* des jugements... Les décisions arbitrales n'*emportent* hypothèque qu'autant que... » Il est clair que le législateur emploie comme logiquement équivalentes les deux formules. Il eût pu dire : « Les jugements... emportent hypothèque. L'hypothèque ne résulte des décisions arbitrales qu'autant que... » C'est le même rapport fondamental qui se trouve présenté sous deux formes. L'interversion des deux termes permet d'appeler « conversion » cette opération : c'est ce qu'ont fait déjà certains logiciens[2]. Au fond le nom importe peu : ce qui est impor-

---

1. On trouvera, sur ce problème, de nombreuses indications dans les ouvrages consacrés à l'interprétation. On peut consulter en particulier l'œuvre d'un magistrat : FABREGUETTES, *La logique judiciaire et l'art de juger*, 570 p. 8°, Pichon, 1914. V. aussi le livre précité de E. H. PERREAU, *Technique de la jurisprudence en droit privé*.

2. LIARD, *Logique*, p. 60, résumant les idées de de Morgan ; LUQUET, *Essai*, p. 85 et 167, emploie l'expression « inversion de relation », et rappelle que l'opération a été signalée par LEIBNIZ, *Nouveaux essais*, IV, 17, § 4 ; *cf.* COUTURAT, *La logique de Leibniz*, p. 206, n. 2.

tant, c'est qu'en de tels cas on peut concevoir, grâce à la substitution à une copule d'une copule exprimant le rapport inverse, une interversion des termes. Opération formelle, indépendante de la matière de la pensée, ne dépendant que de la nature du rapport.

Il y a bien des cas dans lesquels une opération de ce genre peut être envisagée. Ainsi les rapports de temps, d'avant et d'après : art. 496 : « après avoir reçu l'avis du conseil de famille le tribunal interrogera le défendeur » ; le tribunal recevra l'avis du conseil de famille avant d'interroger le défendeur. Ainsi les rapports de parenté ou rapports analogues : art. 312 : « l'enfant conçu pendant le mariage a pour père le mari » ; le mari a pour fils (fille) l'enfant conçu pendant le mariage[1].

Enfin, comme on l'a déjà noté, le passage de l'actif au passif permet d'intervertir les termes : art. 373 « Le père seul exerce cette autorité pendant le mariage », cette autorité pendant le mariage est exercée par le père seul.

Que de telles opérations soient fréquentes, on nous dispensera sans doute de le démontrer.

Mais il est important d'essayer de déterminer leurs conditions de légitimité. Et si nous leur avons conservé le nom de conversion, c'est parce qu'il nous a semblé que les questions relatives aux conditions de légitimité de ces opérations se posaient d'une façon comparable à ce qui se passe pour la conversion. La question est de savoir si la substitution d'un terme à l'autre par l'inversion de la copule ne conduit pas à dépasser dans le second cas l'affirmation posée dans le premier.

La logique classique remarque qu'on ne peut pas, de l'universelle affirmative : « Les hommes sont méchants », tirer : « Les méchants sont hommes » ; il peut y avoir des méchants qui ne soient pas hommes. Ne fera-t-on pas la même objection, par exemple à la transformation précitée de 312 ? le mari a pour fils non seulement l'enfant conçu pendant le mariage, mais l'enfant légitimé. En de tels cas il est important de ne pas faire dire plus à la proposition inférée qu'à celle dont

1. Un certain nombre de termes juridiques expriment des rapports réciproques : *époux, cousin, voisin.*

on est parti. Mais remarquons qu'il y a parfois, dans notre domaine, comme dans la logique classique, des moyens indirects de spécifier l'inférence. Nous avons vu dans un chapitre précédent que le verbe « pouvoir » joue un rôle analogue à la prédésignation des propositions particulières. Lisons 1227, al. 1 : « La nullité de l'obligation principale entraîne celle de la clause pénale. » Nous convertirions à tort : « La nullité de la clause pénale résulte de celle de l'obligation principale » ; l'al. 2 du même article vise justement un cas où la nullité de la clause pénale a une autre source. Ce qui est vrai, c'est que « la nullité de la clause pénale peut résulter de celle de l'obligation principale » ; (expression d'ailleurs ambiguë, pensée moins complète que 1227 al. 1).

*
* *

Pour saisir le phénomène dans toute son ampleur, il faudrait scruter tout le travail des interprètes ; et cette recherche dépasserait le cadre de cette étude. Nous avons dû nous borner à des exemples.

Il reste d'ailleurs vrai que les propositions à copule « être » comportent un traitement plus simple, donnent lieu à des opérations plus pures ; c'est en ce sens qu'il a sans doute été utile que la logique de l'être fût constituée d'abord. Mais cela ne saurait faire méconnaître la légitimité d'une logique du devenir à côté de la logique de l'être, d'une logique de l'activité à côté de la logique de la contemplation.

CHAPITRE V

De la complexité de la plupart des textes du Code civil ; Le législateur moderne écrit comme un jurisprudent

Dans l'étude des formes que prend la règle, nous avons jusqu'ici essayé de dégager certains faits simples et fondamentaux qui, à vrai dire, ne se rencontrent qu'exceptionnellement à l'état pur, et isolés. Les textes du Code civil sont habituellement complexes, et c'est à cette complexité que nous devons maintenant nous attaquer.

Il faut reconnaître d'abord que ce que nous disons du Code civil se pourrait dire également bien de la plupart des domaines où viendrait s'exercer la réflexion logique ; et c'est peut-être là une des raisons qui expliquent le discrédit des études de logique générale aux yeux de beaucoup d'observateurs : l'intervalle est trop grand des propositions schématiques du logicien aux propositions complexes que présente la pensée réelle dans ses diverses applications.

Mais la complexité que nous rencontrons en notre cas présente un caractère qui s'explique sans doute, en dehors des conditions générales de l'exercice de la pensée, par les conditions particulières dans lesquelles s'est développée l'activité intellectuelle du rédacteur du Code civil. Il est besoin de chercher pour retrouver dans notre texte quelque chose de cette *imperatoria brevitas*, que l'on a non sans quelque raison considérée comme un caractère nécessaire de la loi, et qui se trouve en certains textes juridiques.

La complexité du droit est devenue telle, et cette complexité s'est trouvée à ce point inséparable de toute activité juridique ordonnée, à ce point consacrée par la tradition, à ce point maintenue par les hommes de loi et tous les organes dont ils sont solidaires que *le travail du législateur s'est trouvé*

par la force des choses rapproché de celui du jurisprudent.
C'est seulement dans des cas exceptionnels, sous la poussée
d'une passion violente, que le législateur moderne peut se
borner à une formule impérative et simple, telle que le code en
offre encore un ou deux exemples (896). Normalement un problème à résoudre se présente à lui escorté de réserves, de distinctions ; même si le problème est nouveau, il suffira qu'il
entre en contact avec le monde du droit pour que surgisse la
nécessité de formules complexes. On comprendra sans doute
ce caractère important si l'on songe au rôle qu'a joué pendant
des siècles le droit romain.

Seulement il est peut-être assez difficile aujourd'hui de se
représenter ce rôle. Les *Pandectes* sont passés à l'arrière-
plan. L'effort des érudits, dans l'étude même des compilations de Justinien, est de retrouver les formes anciennes des
institutions. Et personne ne saurait contester l'intérêt de
pareilles recherches pour l'étude des sociétés humaines. Mais
enfin le droit romain qui a joué dans l'histoire des droits
modernes un rôle capital, c'est le droit des Prudents, incorporé
dans le Digeste. C'est lui qui constituait cette raison écrite,
que Domat s'appliquait à présenter dans l'ordre le plus naturel ; c'est lui qui restait vivant à l'époque de la rédaction du
Code civil, et auquel se référait si souvent le législateur du
Consulat ; c'est lui encore qui régnait dans l'Allemagne du
XIXe siècle et assura la formation des rédacteurs du code
allemand[1].

Que ce droit ait mérité le nom de raison écrite, cela ne s'explique pas uniquement par le talent des jurisconsultes de Rome ;
cela s'explique aussi par cette circonstance tout à fait notable
que constitua l'organisation du *jus publice respondendi*[2]. L'interprète s'est trouvé promu au rang de législateur. La composition du Digeste ne fut que la consécration éclatante de ce fait
capital. Par là se trouvait officiellement introduite dans la loi
l'attitude de l'interprète : réflexion, souci de rattacher les solutions aux principes, analyse méthodique et volontiers sub-

---

1. On trouvera quelques indications générales sur le rôle des Prudents dans
Edmond PICARD, *Le droit pur*, Flammarion, 401 p. in-8°, 1908, § 96, p. 152.
2. Cf. GIRARD, *Traité de droit romain*, p. 72 sqq.

tile. Ces faits, en tant qu'ils caractérisent l'effort de l'interprétation, se retrouvent dans des droits très différents : en droit arabe, en droit hindou[1] par exemple. Et dans ces droits aussi, les résultats obtenus par cet effort ont tendance à se juxtaposer à la loi proprement dite et participent à son prestige. Mais nulle part sans doute l'assimilation ne fut plus complète que dans le droit romain. C'est là, semble-t-il, l'explication de l'influence durable, profonde qu'il a exercée dans tous les pays qui l'ont connu.

L'esprit juridique, l'esprit des Prudents s'est imposé, dans une large mesure, au législateur lui-même. Le législateur est resté, sans doute, celui qui commande ; mais il est devenu, en même temps, celui qui dit le droit et, pour le dire, est obligé de le savoir et de réfléchir. Nous n'entendons certes pas réduire à l'influence fortuite de Rome cette évolution du droit. Il y a là, croyons-nous, une tendance très générale et très profonde, dont nous relevions la présence en d'autres civilisations. Mais cette tendance s'est cristallisée plus facilement dans la nôtre en raison de l'action puissante du droit romain.

Ainsi au point de l'histoire où nous sommes arrivés et où se trouvaient déjà, à cet égard, les rédacteurs du Code civil, un texte de loi est le plus souvent l'expression ramassée de tout un travail de méditation, de construction, de discernement, d'un travail qui a été alimenté au cours des siècles par le contact constant avec des circonstances changeantes, des sentiments et des idéaux divers. Sans doute nous entendons bien qu'un législateur vit dans telle société, à telle époque et que, dans telle question, il choisira tel point de vue. Mais chacune des notions qu'il manie lui arrive alourdie de tout un passé dont il ne pourrait, le voulût-il, faire table rase qu'en sacrifiant tout un acquis de culture qui est inhérent à la structure de nos sociétés, et, en même temps, de notre pensée. C'est une question de savoir si en fait, pour les artisans d'une révolution intégrale, un tel sacrifice serait possible. En tout

---

1. L'interprétation a été étudiée en droit hindou d'une façon tout à fait méthodique par KISHORI LAL SARKAR, *An introductory lecture and a synopsis of lectures on the subject of the rules of interpretation in Hindu law, with special reference to the Mimansa aphorisms as applied to Hindu law*, Calcutta, VI-59-186 p. in-8°, sans date. [Bibl. nat.: in-8° F 16.201.]

cas, s'il a été envisagé quelque temps par les rédacteurs des premiers projets de Code civil à l'époque de la Convention, le code n'a été effectivement écrit que l'orsqu'on eût renoncé à cette idée et confié la tâche à des professionnels tout imprégnés de tradition. C'est un point sur lequel nous avons eu à nous expliquer déjà, mais qu'il convenait de rappeler, parce qu'il rend compte du caractère complexe de presque tous nos articles de loi.

Cette espèce d'exubérance de la pensée juridique est tout à fait notable : elle révèle une certaine ancienneté, une certaine maturité du droit. A propos d'une règle tendent à intervenir nombre d'éléments qui ont déjà entre eux des rapports dont on doit se préoccuper[1]. La plupart des textes ont donc à tenir compte, explicitement ou implicitement, de beaucoup de choses.

Cette richesse des formules légales doit être rapprochée de ce caractère énonciatif que nous avons mis en valeur : les deux éléments se complètent et donnent au texte de loi son apparence typique et nettement intellectuelle. On a dit — nous l'avons déjà rappelé — que le code était moins un code, un recueil de prescriptions, que des Institutes, c'est-à-dire un exposé systématique du droit. Ce n'est point là l'effet d'une attitude arbitraire des rédacteurs. C'est une nécessité sans doute inhérente à la phase de l'histoire du droit où nous sommes parvenus ; et ce qui le prouve, c'est que les codes rédigés dans des sociétés analogues à la nôtre présentent le même aspect, peut-être plus marqué encore parce qu'ils n'ont pas été écrits au lendemain d'une tourmente révolutionnaire.

Nous étudierons, dans les sections de ce chapitre, et sans avoir d'autre prétention que de signaler dans une multiplicité immense les points essentiels, les formes que prend dans les textes du code la complexité : *a*) complexité réfugiée dans les termes des propositions simples ; *b*) complexité en quelque sorte implicite qui se traduit, dans les propositions simples comme dans les propositions complexes, par la négation et la « restriction » ; *c*) propositions complexes proprement dites, telles que disjonctives et conditionnelles.

---

1. En ce sens il faut tenir compte dès à présent de toute cette architecture que nous étudierons dans la 3e partie.

Section I

Des termes complexes

Dans les propositions schématiques de la logique classique, chaque terme est exprimé par un mot (nom ou adjectif), accompagné ou non de prédésignation. Mais dans le cours ordinaire de la pensée, les termes n'ont presque jamais cette simplicité. Les logiciens ont dès longtemps noté l'existence des termes complexes. Mais cette complexité peut prendre bien des formes.

I

Il arrive qu'il y ait juxtaposition de sujets ou d'attributs.

Cette conjonction de termes peut être une façon d'exprimer une double affirmation[1], les sujets multiples ne se trouvant rapprochés que par leur fonction dans la proposition. Ex. : 1384, al. 4 : « Les instituteurs et les artisans [sont responsables] du dommage causé par leurs élèves et apprentis... » Il peut arriver au contraire que les substantifs juxtaposés aient pour objet la formation d'une certaine notion. Ex. : art. 1146 sqq. : « Les dommages et intérêts... ». On conçoit d'ailleurs qu'il y ait des cas intermédiaires dans lesquels les substantifs juxtaposés désignent chacun une catégorie et concourent cependant à la formation d'une idée générale. Nous avons cité un al. de l'art. 1384. Lisons l'al. précédent : « Les maîtres et les commettants [sont responsables] du dommage causé par leurs domestiques et préposés... » Les maîtres, les commettants constituent bien deux catégories auxquelles répondent deux autres catégories : domestiques, préposés. Mais l'interprète est naturellement amené, dans certains cas, à rapprocher les catégories juxtaposées par le texte lui-même pour essayer de saisir la pensée générale de ce texte, le motif de sa décision. C'est ainsi que l'on est arrivé à préciser l'idée générale de la disposition citée : le maître ou commettant est celui qui a

---

1. V. section III du présent chapitre.

« l'autorité », qui « donne des instructions » : c'est ainsi que s'est formée la jurisprudence relative au chauffeur mis par son maître habituel à la disposition d'un tiers[1]. Bien entendu les circonstances, la réflexion, le cours général des idées jouent ici leur rôle, en même temps que le sens littéral, les antécédents du texte, les travaux préparatoires ; selon les époques tel ou tel de ces éléments sera plus ou moins important ; tout ce que nous voulons signaler, c'est que le double sujet sera ici un des éléments de la solution.

Beaucoup de textes donnent une énumération qui a pour objet de présenter à l'esprit une notion générale. Ce cas est à rapprocher de celui dans lequel une notion abstraite est accompagnée d'exemples[2]. Seulement, lorsque la notion générale manque, la question est de savoir si l'on doit s'en tenir aux notions diverses que le texte juxtapose, ou essayer d'en dégager une idée générale qui permettra d'appliquer la solution à des cas qui ne sont pas spécialement prévus. On peut citer à cet égard le problème posé par les textes qui définissent l'incapacité des interdits et des prodigues en énumérant les actes qui leur sont interdits (art. 499, 513) : d'une énumération qui était sans doute limitative, la jurisprudence, l'estimant insuffisante, a extrait le principe pour étendre la solution[3].

Il peut arriver que la juxtaposition ne laisse pas les notions juxtaposées sur le même plan logique, mais développe les premières par celles qui suivent. Tel est par exemple l'attribut de l'art. 727 : « Sont indignes de succéder et, comme tels, exclus des successions... »

2

Le sens du terme peut se trouver spécifié par des déterminatifs de diverses sortes : adjectifs[4] ; compléments déterminatifs, circonstanciels, portant sur les termes et non sur l'en-

---

1. V. par ex., Req. 7 novembre 1910 dans S. 1911.1.87. Voir un autre cas, dans lequel une question analogue était posée et dans lequel la même formule s'applique : Civ. cass., 8 mars 1922, dans S. 1923. 1.115.

2. Art. 725 ; art. 1964 ; cf. 1587.

3. N. BINET au D. 1909.1.105 : ils peuvent disposer de leurs revenus, mais non compromettre leur capital.

4. Enfant naturel (a. 338).

semble de la proposition[1] ; participes accompagnés ou non de compléments[2] ; proposition relative[3]. Toutes ces déterminations sont d'un usage constant. Logiquement elles doivent s'analyser comme servant à constituer le terme tel qu'il faut le considérer dans la proposition en question. C'est grâce à elles qu'un langage dans lequel beaucoup de mots manquent pour l'expression des idées complexes peut préciser le sens des termes.

3

On se tromperait pourtant, à notre sens, si l'on se bornait à voir dans la complexité des termes un effort plus ou moins gauche et tâtonnant pour remédier aux imperfections du vocabulaire[4]. Il faut dire au contraire qu'une langue qui se bornerait à mettre en rapports des termes simples serait pauvre, médiocre, beaucoup plus inadéquate à la pensée réelle que la langue telle que l'histoire l'a forgée : constamment on devrait repenser, derrière le terme, les idées et les rapports d'idées qu'il exprime. On nous accordera sans doute qu'il n'y aurait que des inconvénients à remplacer par un mot les expressions complexes : le mineur émancipé, l'action en retranchement, la chose qui avait des vices. Ainsi il arrive normalement que la formule complexe soit plus adéquate que ne pourrait l'être un terme simple.

Il y a juxtaposition d'expressions pour constituer un sujet, un attribut ou un complément lorsque, le nom du genre faisant défaut, on y supplée par l'énumération des espèces constitutives du genre ; et il peut se faire vraiment que l'idée générique ne soit pas autre chose que la juxtaposition des espèces diverses. Il y a explication de la notion abstraite par indication d'exemples, lorsque la notion abstraite est insuffisamment claire.

---

1. Reconnaissance d'un enfant naturel (a. 334) ; reconnaissance de la part du père (a. 339) ; le délai pour comparaître (a. 411) ; le testament par acte public (a. 971).

2. Le mineur émancipé (a. 487) ; toute donation entre vifs faite sous des conditions... (a. 944).

3. Le mineur émancipé qui fait un commerce (a. 487).

4. C'est parfois le cas : les dispositions testamentaires (a. 1002).

Les additions d'adjectifs, compléments, participes et relatives servent à dessiner, au sein d'un genre une espèce par indication de la différence spécifique ; mais cette indication de la différence est extrêmement variée, parce qu'il ne s'agit pas seulement d'une classification en quelque sorte statique de catégories, mais de cela d'abord et en outre de distinctions de points de vue et de rapports temporels et autres, toutes choses qui seraient sans doute fort mal exprimées par des termes simples, fût-il possible d'en créer suffisamment.

Les diverses formes expriment, si l'on veut, le même rapport logique abstrait, la détermination d'une espèce dans un genre. Mais il y a en réalité toutes les nuances depuis la détermination proprement spécifique jusqu'à la simple circonstance, moment de la vie d'une espèce plutôt que différence caractérisant une espèce dans un genre.

De même que nous avons accepté la doctrine de la diversité véritable des copules, nous croyons qu'il faut reconnaître des diversités effectives de termes. Sans doute il n'est pas impossible de traiter, par un effort mental, tout terme logique complexe comme s'il était simple, disons de le représenter par une lettre. Mais en procédant ainsi on substituera souvent à la phrase vraiment pensée et énoncée une phrase qui n'aura avec elle qu'une sorte d'identité schématique et de laquelle auront disparu les rapports effectivement pensés par l'esprit.

N'exagérons pas non plus le caractère méthodique et rigoureux de l'expression légale.

Quelque effort qu'aient pu faire les jurisconsultes pour se créer une langue méthodique, ils ont dû naturellement accepter la structure générale de la langue dont ils se servent, et les rapports qu'ils énoncent leur sont par là même imposés. A vrai dire ils ne le sont pas absolument. Si les techniciens n'ont pas en matière de syntaxe les mêmes possibilités qu'en matière de vocabulaire, il leur reste pourtant loisible non seulement de préférer telles tournures, mais d'en spécifier le sens et même d'enrichir la syntaxe usuelle, le plus souvent d'ailleurs par le maintien de certaines formules anciennes. L'archaïsme de la langue juridique est peut-être autre chose qu'une manifestation de traditionnalisme ; c'est parfois un moyen de souligner l'originalité d'un rapport. Cependant il y a, dans la réalité, une large part de hasard, d'irréflexion ou de spontanéité.

Spécialement les procédés d'expression qui semblent destinés à répondre à des fonctions définies sont quelquefois employés l'un pour l'autre ; et la variété presque illimitée de la pensée rend sans doute inévitable de tels glissements. Il y a même des cas dans lesquels il sera assez délicat de savoir si tel complément circonstantiel ou telle proposition subordonnée doit s'analyser comme venant modifier la portée d'un terme, ou comme affectant plutôt l'ensemble de l'affirmation. Comme nous le notions, la pensée logique tend à préciser les nuances, à en faire des déterminations expresses ; mais dès que la pensée se meut dans la réalité vivante, elle est peut-être condamnée à accepter certains flottements, certaine indétermination ; et nous savons que l'interprète tire parti de cette indétermination pour adapter le texte au changement des circonstances et à l'évolution des idées.

SECTION II

Des propositions négatives et des propositions restrictives

§ 1

DES PROPOSITIONS NÉGATIVES

A. *Leurs formes*

Si on réserve l'examen de certaines propositions où se rencontre une sorte de négation limitée (voir ci-après § 2 : Des propositions restrictives), on peut distinguer dans le Code civil les types suivants de propositions négatives, qui se présentent d'ailleurs sous des formes variées presque à l'infini[1] :

---

1. On complétera aisément les listes d'exemples donnés ci-dessous en consultant l'*Index*.

A. — Une des formes principales de l'impératif juridique a, par sa nature même, un caractère négatif : nous parlons de la prohibition, ou interdiction ou défense. Il arrive d'ailleurs que cette idée négative s'exprime sans négation, par un verbe d'interdiction. Ex. : art. 5 : « Il est défendu aux juges de prononcer par voie de disposition générale et réglementaire sur les causes qui leur sont soumises » ; art. 896 : « Les substitutions sont prohibées. » Mais dans le cas le plus ordinaire l'interdiction s'exprime par le verbe « pouvoir » accompagné de la négation[1]. Ex. : art. 144 : « L'homme avant dix-huit ans révolus, la femme avant quinze ans révolus ne peuvent contracter mariage » ; art. 599 : « Le propriétaire ne peut, par son fait, ni de quelque manière que ce soit, nuire aux droits de l'usufruitier. » (*Cf.* art. 592, 640 al. 2 et 3, 909, etc...)

B. — Nous savons qu'à côté de la forme négative de l'obligation, il y a une forme négative de la permission : nous l'avons nommée le « facultatif ». Elle peut s'exprimer sans négation. Ex. : art. 427 : « Sont dispensés de la tutelle les personnes... » Mais normalement, elle s'exprimera par le verbe « être tenu » accompagné de la négation. Ex. : art. 394 : « La mère n'est point tenue d'accepter la tutelle » ; art. 607 : « Ni le propriétaire, ni l'usufruitier ne sont tenus de rebâtir ce qui est tombé de vétusté, ou ce qui a été détruit par cas fortuit. » On trouve certaines formules équivalentes : art. 970 *in fine* : le testament olographe « n'est assujetti à aucune autre forme ».

C. — La complexité de la langue conduit d'ailleurs à cette conséquence que dans certains cas des pensées positives — l'obligation, la permission — s'expriment avec l'aide de la négation. C'est ainsi que l'art. 6 exprime par une tournure négative le caractère strictement impératif, rigoureusement obligatoire des dispositions d'ordre public : « On ne peut déroger, par des conventions particulières, aux lois qui intéressent l'ordre public et les bonnes mœurs. » L'art. 1957 se sert d'une tournure négative pour exprimer une permission : « Le séquestre peut n'être pas gratuit. »

D. — Il arrive souvent qu'une possibilité juridique soit

---

1. Cf. 1re partie, chap. II.

exprimée par un adjectif ; il pourra y avoir négation de cette possibilité. Ex. : art. 1308 : « Le mineur commerçant, banquier ou artisan n'est point restituable contre les engagements qu'il a pris en raison de son commerce ou de son art. » ; (cf. art. 1309, 1310, 1311) ; art. 959 : « Les donations en faveur de mariage ne seront pas révocables pour cause d'ingratitude » ; art. 181 : « La demande en nullité n'est plus recevable, toutes les fois que... » (cf. 186). De l'adjectif qui marque directement une possibilité, on passe par transitions presque insensibles à celui qui exprime une qualité, les qualités juridiques étant surtout l'expression condensée de certaines possibilités : art. 1954 : « Ils ne sont pas responsables des vols... » ; art. 1241 : « Le payement fait au créancier n'est point valable s'il était incapable de le recevoir... » ; arf. 1553 : « L'immeuble acquis des deniers dotaux n'est pas dotal, si... »

E. — Certaines propositions juridiques expriment des rapports ou des conséquences qui font partie de la construction d'une institution.

Voici une proposition négative, qui a paru à la fois si énergique et si fondamentale qu'elle a servi de base à une importante théorie, la théorie de l'inexistence juxtaposée à la nullité[1] : art. 146 : « Il n'y a pas de mariage lorsqu'il n'y a point de consentement. » Nous citerons aussi l'art. 2, qui présente ce caractère assez fréquent d'exprimer une idée par une formule double, aspect positif et aspect négatif se complétant : « La loi ne dispose que pour l'avenir ; elle n'a point d'effet rétroactif. » Nous retrouvons le même procédé dans les dispositions suivantes : art. 604 : « Le retard de donner caution ne prive pas l'usufruitier des fruits auxquels il peut avoir droit ; ils lui sont dus du moment où l'usufruit a été ouvert » ; art. 621 : « La vente de la chose sujette à usufruit ne fait aucun changement dans le droit de l'usufruitier ; il continue de jouir de son usufruit s'il n'y a pas formellement renoncé. » On voit bien sur de tels exemples que la proposition négative a pour fonction d'éliminer une solution qu'on aurait pu être tenté d'admettre. Comme exemple typique de la négation d'un rapport, ou d'une conséquence envisagée comme possible, on peut citer

1. C. et C., t. I, p. 180 sqq.

1227 : « La nullité de l'obligation principale entraîne celle de
la clause pénale ; la nullité de celle-ci n'entraîne point celle
de l'obligation principale. »

Dans cette catégorie de propositions comme dans les précédentes, il arrive que le sens d'une proposition négative soit
en réalité positif : art. 898 : « La disposition par laquelle un
tiers serait appelé à recueillir le don, l'hérédité ou le legs dans
le cas où le donataire, l'héritier institué ou le légataire ne le
recueillerait pas, ne sera pas regardée comme une substitution et sera valable. » Art. 1292 : « Le terme de grâce n'est
point un obstacle à la compensation. »

F. — Dans les phrases complexes, on rencontre naturellement un grand nombre de subordonnées de forme négative.
Parmi les circonstances envisagées, il en est qui consistent en
un fait négatif : art. 46 : « Lorsqu'il n'aura pas existé de registres... » ; art. 1654 : « Si l'acheteur ne paye pas le prix... » ;
art. 1900 : « S'il n'a pas été fixé de terme pour la... ». D'ailleurs,
dans la complexité des relations juridiques, ce fait négatif
peut être considéré de multiples manières : ainsi il peut faire
l'objet d'une formalité : art. 69 (anc.) : « ...si les publications
ont été faites dans plusieurs communes, les parties remettront
un certificat délivré par l'officier de l'état civil de chaque commune constatant qu'il n'existe point d'opposition. » Ou encore
le fait négatif peut être l'objet d'une présomption légale :
art. 1511 : « Lorsque les époux apportent dans la communauté
une somme certaine ou un corps certain, un tel apport emporte
la convention tacite qu'il n'est point grevé de dettes antérieures au mariage. » On considère souvent des personnes à
propos desquelles on énonce l'absence d'une qualité, ou telle
autre circonstance négative : art. 841 ; « Toute personne...
qui n'est pas successible... » ; art. 846 : « Le donataire qui
n'était pas héritier présomptif lors de la donation... » ; art. 71 :
« s'il en est qui ne peuvent ou ne sachent signer... » (cf. 973).
Parmi les formules caractéristiques, nous en signalerons une
qui exprime un rapport original, art. 946 : « ..., nonobstant
toutes clauses ou stipulations contraires » ; cf. art. 1460 :
« La veuve qui a diverti ou recelé quelques effets de la communauté, est déclarée commune, nonobstant sa renonciation. »

Il arrive d'ailleurs qu'une circonstance négative soit exprimée sans négation : art. 173 : « Le père, et à défaut du père, la mère, et à défaut de père et mère, les aïeuls et aïeules peuvent former opposition... »

B. *Remarques sur la nature de la négation*

Un des problèmes fondamentaux de la logique est de déterminer la véritable nature de la négation. On a contesté qu'il puisse y avoir des propositions négatives, et proposé de rejeter la négation sur le prédicat, parce qu'une copule négative signifierait qu'il n'y a pas de lien ; s'il n'y a pas de lien, il n'y a pas de copule, pas de proposition.

Raisonner ainsi, c'est méconnaître le fait que la proposition ne peut être isolée, ne se comprend que prise dans le cours d'une pensée ; c'est pourquoi nous avons considéré les négatives comme manifestant la complexité implicite de la pensée. Normalement, lorsqu'on énonce une proposition, c'est que l'on répond à une question, à une hésitation antérieure de l'esprit. Nous touchons là sans doute à un point essentiel : toute assertion, ou du moins *toute assertion significative suppose une attitude de l'esprit en deux temps et à trois aspects*. D'abord une question est posée, une possibilité entrevue, qui implique réponse affirmative ou négative. Lorsque l'énonciation se produit, le choix se fait ; et donc la négation même a un sens, un sens aussi plein que l'affirmation.

Il semble que les propositions juridiques se prêtent particulièrement bien à la vérification de ces remarques : le législateur s'est posé des questions, a réfléchi sur des solutions antérieurement admises et contestées, sur des difficultés que la pratique a fait connaître, enfin sur des alternatives de toutes sortes ; ayant à fixer le droit pour l'avenir, il a choisi. Quelques exemples suffiront, croyons-nous, à montrer l'attitude de l'esprit qui nie, et à prouver qu'elle a une signification aussi réelle, aussi *positive*, dirions-nous volontiers, que l'attitude de l'esprit qui affirme.

Considérons d'abord une formule d'interdiction, par exemple

l'article 1237 : *L'obligation de faire ne peut être acquittée par un tiers contre le gré du créancier.* Si M. van Dongen s'est engagé à faire mon portrait, on conçoit qu'un tiers ne puisse exécuter à sa place. On voit bien que ce que veut exprimer le législateur, ce n'est pas un prédicat tel que « ne pouvant être acquitté » ; ce qu'il veut, c'est éliminer un certain mode d'accomplissement de l'obligation de faire, envisagé préalablement comme possible. Sans doute on pourra sans absurdité présenter cette impossibilité comme un caractère des obligations de faire ; mais il est évident que la décision du législateur n'a pas été prise par rapport à une question relative au caractère des obligations de faire, mais par rapport à une question telle que : L'obligation de faire peut-elle être exécutée par un tiers ?

Considérons maintenant une proposition énonciative, telle que 1227, al. 2 : *La nullité de la clause pénale n'entraîne point celle de l'obligation principale.* Ce que l'on veut exprimer, c'est bien une exclusion ; et là, mieux encore que dans le cas précédent, on voit combien la pensée serait déformée si l'on reportait la négation au prédicat. L'énonciation de l'exclusion constitue une pensée douée de sens, parce qu'elle répond à un doute, à une question que l'on pouvait se poser.

Ce qui montre bien que la proposition négative est aussi pleinement significative que l'affirmative, c'est que dans un grand nombre de cas, on pourra exprimer la même pensée sous forme négative ou sous forme affirmative, selon les mots et tournures qui seront choisis. Ce sera soit l'une, soit l'autre des alternatives qui s'exprimera négativement ; l'important sera qu'il y ait eu choix entre deux attitudes s'opposant comme le oui et le non.

Cela ne veut pas dire que la négation ne soit qu'une forme grammaticale, sans réalité logique. Seulement cette réalité ne peut être comprise qu'en fonction d'une antithèse. L'opposition du oui et du non, de l'affirmation et de la négation est un des ressorts essentiels, et peut-être le ressort essentiel de l'activité logique, la forme qui permet à l'esprit de choisir, et de s'exprimer d'une façon vraiment définie. Poser la réalité de l'antithèse, c'est poser en même temps la réalité des attitudes antithétiques, c'est-à-dire le caractère vraiment significatif du non, de la négation, de l'exclusion. Une fois admis le caractère fondamental de cette attitude, il ne paraît pas surprenant que, selon les besoins de la phrase, la négation, l'exclusion se trouve exprimée soit dans la structure même de la proposition, soit par des adjectifs ou par des substantifs de sens négatif : non seulement en effet la négation se rencontre dans toutes les formes propositionnelles, simples ou complexes, mais il y a des concepts négatifs, comme il y a des propositions négatives.

On trouve dans le Code civil un certain nombre de termes dont la forme est négative, en même temps que le sens. Ce peuvent être des substantifs : le non-usage (art. 706), parents ou non-parents (art. 71). Parfois aussi ce sont des adjectifs : servitudes non apparentes (art. 691) ; « dans toute disposition entre vifs ou testamentaire, les conditions impossibles, celles qui seront contraires aux lois ou aux mœurs seront réputées non écrites » (art. 900).

Il y a beaucoup de mots formés avec le préfixe *in*, qui expriment étymologiquement une négation. Il peut se faire que cette négation reste essentielle : par exemple dans les mots « incapable », « incapacité » (1123 sqq.). Mais il arrive aussi que l'idée négative ne soit pas la seule importante, et même se transforme en une idée parfaitement positive. Tel est le cas pour l'idée d'obligation indivisible (art. 1217, 1222 sqq.).

Certains termes, qui ont un sens nettement négatif ont une forme qui ne l'est pas : caduc (art. 1042-3), cesser (art. 2154), renoncer (845), répudier (848)[1].

On est frappé du nombre et de l'importance des concepts négatifs. Quelques-uns sont, dans le droit, au premier plan : par exemple les idées d'incapacité et de nullité. Mais il est très notable que ces idées ne restent pas simples. Elles comportent des déterminations et des distinctions, au travers desquelles s'atténue et se nuance la négation primitive : toute la théorie des nullités pourrait illustrer cette remarque. Et cela nous donne une fois de plus l'occasion de constater que la négation n'est point isolée, mais se formule en fonction d'un ensemble.

---

1. V. ces mots dans l'*Index*.

§ 2

DES PROPOSITIONS RESTRICTIVES

A. *Leurs diverses sortes*

Nous nous servons de l'expression de *propositions restrictives*[1] pour désigner des propositions dans lesquelles l'énonciation résulte d'une combinaison originale d'affirmation et de négation. Ces propositions sont extrêmement fréquentes dans le Code civil. Elles sont le plus souvent caractérisées par la présence de la formule « ne... que... » ; mais leur emploi est très varié :

A. — Restriction consistant en l'énonciation d'une condition : art. 175 : « Dans les deux cas prévus par le précédent article le tuteur ou curateur ne pourra, pendant la durée de la tutelle ou curatelle, former opposition qu'autant qu'il y aura été autorisé par un conseil de famille qu'il pourra convoquer. »

Cf. restriction concernant les cas d'application d'une institution : art. 955 : « La donation entre vifs ne pourra être révoquée pour cause d'ingratitude que dans les cas suivants... » ; *cf.* art. 1595.

B. — Restriction d'ordre temporel : art. 68 : « En cas d'opposition l'officier de l'état civil ne pourra célébrer le mariage avant qu'on lui en ait remis la mainlevée... » ; art. 600 : L'usufruitier « ne peut entrer en jouissance qu'après avoir fait dresser... un inventaire... » ; art. 856 : « Les fruits et les intérêts des choses sujettes à rapport ne sont dus qu'à compter du jour de l'ouverture de la succession » ; art. 2134.

---

1. Pour désigner ces propositions, nous avions d'abord songé à nous servir du terme « limitatif » que l'on trouve avec cette acception dans les travaux préparatoires : par exemple l'art. 1112 actuel était, dans le Projet, rédigé comme suit : « La violence n'annule le contrat que lorsqu'elle était de nature à... (FENET, t. XIII, p. 5). » Sur une observation de Ségur au Conseil d'État, Bigot-Préameneu proposa de supprimer la négation « qui donne à l'article une forme limitative » (*ibid.*, p. 46-47). Mais on sait que les mots « limitation », « limitatif » ont, pour certains logiciens, et en particulier depuis Kant, une acception bien définie qui n'est pas celle-ci. Pour éviter toute ambiguïté nous avons préféré le terme « restrictif », qu'emploient les grammairiens et qui se trouve aussi dans les travaux préparatoires : le projet portait pour l'art. 1762 la formule : « ... il n'est tenu que de signifier » ; dans la discussion qui conduisit à la suppression de *ne... que*, Bigot-Préameneu l'appelle « locution restrictive » (FENET, t. XIV, p. 253).

C. — Restriction concernant les personnes : art. 180 : « Le mariage qui a été contracté sans le consentement libre des deux époux ne peut être attaqué que par les époux, ou par celui des deux dont le consentement n'a pas été libre » ; art. 2124 : « Les hypothèques conventionnelles ne peuvent être consenties que par ceux qui ont la capacité d'aliéner les immeubles qu'ils y soumettent. »

D. — Restriction concernant une exigence de forme : art. 893 : « On ne pourra disposer de ses biens, à titre gratuit, que par donation entre vifs ou par testament, dans les formes ci-après établies » ; *cf.* art. 2127.

E. — Restriction consistant en une obligation imposée à quelqu'un : art. 590, al. 2 : « Les arbres qu'on peut tirer d'une pépinière sans la dégrader ne font... partie de l'usufruit qu'à la charge par l'usufruitier de se conformer aux usages des lieux pour le remplacement. »

F. — Restriction concernant le niveau jusqu'à concurrence duquel une opération est permise : art. 904 : « Le mineur parvenu à l'âge de seize ans ne pourra disposer que par testament, et jusqu'à concurrence seulement de la moitié des biens dont la loi permet au majeur de disposer » ; art. 913 : « Les libéralités, soit par acte entre vifs, soit par testament, ne pourront excéder la moitié des biens du disposant, s'il ne laisse à son décès qu'un enfant légitime ; le tiers, s'il laisse deux enfants ; le quart, s'il en laisse trois ou un plus grand nombre. »

G. — Restriction concernant l'objet d'un droit : art. 1472 : « Le mari ne peut exercer ses reprises que sur les biens de la communauté » ; *cf.* art. 2182 ; ou concernant la nature ou la portée d'un droit ou d'une obligation, art. 605 : « L'usufruitier n'est tenu qu'aux obligations d'entretien. »

H. — Certaines copules à sens complexe peuvent exprimer le mélange d'affirmation et de négation qui caractérise la proposition restrictive : art. 906 : « Pour être capable de recevoir entre vifs, il suffit d'être conçu au moment de la donation » ; art. 1919 : « La tradition feinte suffit, quand... » On pourrait exprimer semblable pensée sous la forme habituelle : Il n'est besoin que d'être conçu...; Il n'est besoin que de la tradition

feinte. Pour la variété des formules d'expression, on aura
noté 913 (ne pourront excéder), et la formule qui figure dans
175 (qu'autant que) et dans beaucoup d'autres articles. Nous
ne croyons pas fausser la pensée des rédacteurs en reconnaissant une véritable restrictive dans la juxtaposition des deux
art. 1641 et 1642 : « Le vendeur est tenu de la garantie à raison
des défauts cachés de la chose vendue... ». « Le vendeur n'est
pas tenu des vices apparents... » ; (*cf.* les deux propositions
de l'art. 2).

B. *Nature de la restriction*

Pour essayer de préciser l'idée logique de restriction, nous
nous attacherons à deux sortes de propositions, auxquelles
les autres peuvent en définitive se ramener : *a*) tantôt la restriction porte sur les éléments qui déterminent la sphère d'application de la notion (ex. : art. 953 : « La donation ne pourra
être révoquée que pour cause d'inexécution des conditions sous
lesquelles elle aura été faite, pour cause d'ingratitude et pour
cause de survenance d'enfant ») ; *b*) tantôt la restriction porte
sur les « effets » (ex. : art. 1933 : « Le dépositaire n'est tenu de
rendre la chose déposée que dans l'état où elle se trouve au
moment de la restitution[1] »).

La restriction consiste à détacher, parmi les cas ou parmi les
effets, tels cas ou tels effets auxquels on réserve un sort particulier. Pour comprendre cette attitude, il est commode,
croyons-nous, de se placer du point de vue même d'où nous
avons étudié les négatives. On pose une règle, disons la règle
de l'irrévocabilité des donations entre vifs, la règle de l'obligation de restitution de la chose déposée ; puis on imagine
que la règle doit céder dans certains cas ou dans une certaine
mesure. Mais on maintient qu'elle ne doit céder que dans ces
cas ou dans cette mesure ; et c'est pour cela que *la restrictive
est une proposition originale, qui diffère de la simple énonciation
successive d'une règle et d'une restriction à la règle* : l'affirmation
et la négation sont soudées de telle manière que la portée de

---

1. Cette distinction correspond à une distinction générale, sur laquelle nous
aurons à nous expliquer : 2ᵉ partie, chap. ɪv, sect. II : conditions et effets.

l'une se trouve délimitée par la portée de l'autre. Entre elles, il n'y aura pas de zone d'incertitude, pas de flottement. Il y a donc, dans la restrictive, dissociation de cas ou d'effets. La dissociation n'est opérée par l'esprit que parce qu'il a d'abord imaginé ou posé pour la commodité de l'expression qu'elle pourrait ne pas être opérée ; et c'est ici que nous retrouvons le point de vue choisi pour l'étude des négatives.

Il arrivera que les éléments dissociés soient rapprochés en quelque sorte du dehors et en vue de la dissociation elle-même : c'est ce qui se passe généralement pour les restrictives portant sur les cas : ainsi dans 953 précité, et dans les innombrables dispositions qui contiennent la formule « sauf convention contraire ». Il arrivera au contraire que les éléments dissociés soient en quelque sorte préalablement associés au sein de la notion, et tirés hors de sa compréhension en vue de la dissociation : c'est ce qui se passe généralement pour les limitatives portant sur les effets. Dans un cas comme dans l'autre, la limitation exprime une sorte de remaniement des notions ; elle énonce souvent une relation qui n'est pas strictement ce que l'on devait attendre. S'il est permis d'exprimer la chose d'une façon un peu forcée et schématique, on distingue (dans un cas) les espèces concevables d'un genre pour dire que ce qui est vrai du genre ne l'est pas de ces espèces, on distingue (dans l'autre cas) les éléments concevables de la compréhension pour dire que ces éléments ne font pas partie de la compréhension. La restrictive, comme la négative, donne la réponse à une question que l'on s'est posée. Elle corrige ce qu'une notion rigide aurait d'inadéquat.

Et l'on peut comprendre maintenant pourquoi les propositions de cette sorte sont extrêmement fréquentes dans le texte du Code civil : c'est que le législateur a plus que d'autres penseurs le libre maniement des concepts : il en étend ou restreint la sphère d'application, il en étend ou restreint le contenu ; il les construit d'une manière en principe arbitraire ; il les formule en fonction des possibilités qui lui apparaissent en même temps qu'en fonction des données de l'histoire. Et dans ce travail il arrivera constamment qu'il conçoive en fonction l'une de l'autre la règle et l'exception (ou quelque rapport analogue).

La complexité qui imprègne la restrictive lui est essentielle ; et ce qui le prouve c'est que si l'on sépare les deux éléments, positif et négatif, qui la constituent, on fausse la nature de l'énonciation, à moins de s'astreindre à représenter dans chacune des deux propositions l'autre proposition qui la complète.

Exemple : de 953 nous tirerons non pas :

La donation ne peut être révoquée, et

La donation peut être révoquée dans tels cas,

    mais :

La donation ne peut être révoquée, *sauf dans tels cas.*

La donation peut être révoquée dans tels cas *seulement.*

Autrement dit, nous substituons à la restrictive de 953, deux autres restrictives qui expriment la même double énonciation, mais en mettant chacune plus en relief l'un des aspects de cette double énonciation.

Et lorsque les deux énonciations complémentaires se trouvent exprimées séparément, il faut que dans la pensée de l'interprète elles se combinent en une véritable restrictive. Ainsi les exceptions à la règle de l'inaliénabilité dotale, énumérées dans 1555 et suivants ne s'interprètent correctement que rapprochées de 1554 qui énonce le principe de l'inaliénabilité.

Un passage des travaux préparatoires[1] permet de bien voir la signification logique des propositions restrictives, et montre combien il est nécessaire de les replacer dans le courant de pensée où elles se sont formées.

Dans le projet l'art. 906 était ainsi rédigé :

« Pour être capable de recevoir entre vifs, *il faut* être conçu au moment de la donation.

« Pour être capable de recevoir par testament, *il faut* être conçu à l'époque du décès du testateur.

« . . . . .

Le texte actuel est le suivant :

« Pour être capable de recevoir entre vifs, *il suffit* d'être conçu au moment de la donation.

1. FENET, t. XII, p. 442.

« Pour être capable de recevoir par testament, *il suffit* d'être conçu à l'époque du décès du testateur.

« . . . . .

C'est ia Section de législation du Tribunat qui proposa ce changement, en disant : « C'est une exception qu'il s'agit d'établir, par opposition à la règle générale. » L'énoncé d'une condition suffisante implique que la condition est en même temps nécessaire ; « il suffit » signifie « il n'est besoin que de », ce qui nous ramène à la forme la plus ordinaire des propositions restrictives. On voit en quoi le texte actuel est plus riche que le texte du projet. En même temps on voit que le texte ne dit pas tout, car il n'est qu'un aspect ou un moment de la pensée.

La généralité et l'importance du rapport qui s'exprime dans les propositions restrictives se manifestent encore si nous comparons au travail du législateur celui de l'interprète, par le rôle que joue dans l'interprétation l'argument *a contrario* : cet argument consiste en réalité à interpréter une proposition affirmative ou négative comme si elle était restrictive, interprétation qui a toujours naturellement quelque chose d'incertain.

Exemple : l'art. 854 est une restrictive : « Il [l'héritier bénéficiaire] n'est tenu que des fautes graves dans l'administration dont il est chargé. » On en tire, sans contestation, qu'il n'est pas tenu des fautes légères. Si l'on avait dit : « Il est tenu des fautes graves... », il faudrait raisonner *a contrario* pour conclure qu'il n'est pas tenu des autres fautes ; et de telles inférences, souvent fondées, ne sont jamais absolument sûres. Et il est assez piquant de noter que le législateur l'a senti ; nous avons signalé déjà le fait que l'art. 1112 était d'abord rédigé sous forme restrictive[1] : « La violence n'annule le contrat que lorsqu'elle était de nature à... » Ségur estima dangereux d'affirmer dans la loi que la violence n'annule pas toujours le consentement. Et c'est sur cette observation que Bigot-Préameneu proposa d'abandonner la forme restrictive. Il

---

1. Fenet, t. XIII, p. 5 et 47.

restait bien entendu, ajouta Portalis, qu'on ne reconnaîtrait la violence qu'aux caractères déterminés par la loi : on devait donc tirer du texte la conclusion que la violence n'annule pas toujours le consentement ; on concluait *a contrario* ; mais on était dispensé de dire la chose expressément.

La fréquence du raisonnement *a contrario* montre combien est naturelle à l'esprit juridique la forme de pensée qui s'énonce dans une restrictive. Et bien entendu, comme toute forme constitutive de la pensée, elle peut être reconnue dans le concept comme dans la proposition. Pour penser correctement, il faut penser sous une forme restrictive toutes les institutions qui comportent restriction soit dans les cas d'application soit dans les effets : irrévocabilité des donations, inaliénabilité des immeubles dotaux... ; obligation aux dettes de la succession... La liste des exemples pourrait s'allonger presque indéfiniment, car il n'y a guère d'institution qui ne comporte quelque sorte de restriction, au sens précis que nous avons donné à ce terme : combinaison d'affirmation et de négation.

Section III

Des propositions complexes

Sans prétendre réduire artificiellement à un petit nombre les formes extrêmement nombreuses de complexité que nous offrent les phrases du Code civil, il semble que l'on s'attache à une différence logique importante en les répartissant en deux groupes : *a*) il peut se faire que deux énonciations soient juxtaposées, soit pour être réunies soit pour être dissociées : ce sont les conjonctives et les disjonctives ; *b*) il peut se faire aussi qu'une énonciation soit placée sous la dépendance de certaines considérations, qui pourront s'exprimer d'ailleurs aussi bien par des compléments circonstanciels que par des propositions subordonnées.

Avant d'étudier ces deux sortes de complexité, nous ferons remarquer une fois de plus que la forme grammaticale ne répond pas toujours rigoureusement au fond de la pensée :

la même forme peut exprimer des rapports différents, le même rapport peut revêtir des formes différentes. Il arrive même que deux assertions indépendantes se trouvent, par simple commodité, réunies dans une même phrase, et inversement qu'il faille réunir plusieurs phrases pour saisir dans leur réalité certaines énonciations complexes. Quoiqu'il faille partir des différences de forme, c'est évidemment aux différences de fond qu'on s'efforcera d'atteindre. Enfin nous mentionnerons pour mémoire certaines formules qui ne sont que des références à un texte, et d'autres qui ne font qu'annoncer un développement : leur présence dans le code atteste que nous ne sommes pas strictement en présence d'une liste de prescriptions, mais plutôt devant un exposé d'ensemble du droit civil.

§ 1

Conjonction et disjonction.

I

Il arrive constamment que plusieurs énonciations soient réunies dans une même phrase, soit qu'il y ait juxtaposition de sujets ou d'attributs, juxtaposition de compléments directs, indirects ou circonstanciels, soit enfin qu'il y ait plusieurs copules. Il y a tous les intermédiaires entre le cas du terme[1] complexe proprement dit, dans lequel la complexité du terme ne rejaillit aucunement sur la nature de la proposition et le cas dans lequel il y a véritablement pluralité d'énonciations, quel que soit celui des éléments de la proposition dans lequel s'exprime la complexité.

Il n'y a pas lieu de s'arrêter sur les cas dans lesquels la juxtaposition en une même phrase n'est qu'un moyen d'exprimer brièvement le sens de plusieurs phrases. Mais il existe des cas dans lesquels la complexité sert d'autres fins et répond à des intentions logiques originales.

---

1. V. ci-dessus, dans le présent chapitre, la section I. Dans ce qui suit nous reprenons brièvement, du point de vue de la conjonction, ce que nous avons étudié plus haut du point de vue de la complexité des termes.

Voici des exemples des *principales sortes de conjonction* :

A. — Réunion de qualités qui, ensemble, caractérisent un terme : corps certain et déterminé (art. 1302), événement futur et incertain (1181).

B. — Rapprochement à certaines fins de qualités qui sont en fait séparées : acte authentique antérieur au mariage ou ayant reçu avant la même époque une date certaine (1410).

C. — Juxtaposition de termes : soit que ces termes puissent être considérés plus ou moins rigoureusement comme espèces d'un genre[1] ; action en nullité ou en rescision (1304) ; mineurs, interdits ou absents (1031), les délais et les formes (1466), les remplois et récompenses (1473) ; — soit qu'il existe entre les termes juxtaposés une sorte d'équivalence : les époux ou leurs héritiers (1468), le propriétaire d'un animal ou celui qui s'en sert (1385), livrer la chose et la conserver jusqu'à la livraison (1136), le cohéritier ou successeur à titre universel (875) ; — soit enfin que les termes soient rapprochés uniquement du point de vue de la proposition en question : les créanciers privilégiés sur les immeubles sont : 1º le vendeur... ; 2º ..... ; 3º les cohéritiers... (art. 2103 ; *cf.* 2102).

D. — Juxtaposition de propositions subordonnées qui doivent être considérées ensemble (*cf.* A) : les titres qui leur étaient alors inconnus et qui auraient été postérieurement découverts (2057) ; avant que l'ouvrage ait été reçu et sans que le maître fût en demeure de le vérifier (1790) ; lorsque les différents étages d'une maison appartiennent à différents propriétaires, si les titres de propriété ne règlent pas... (664).

E. — Juxtaposition de propositions subordonnées, qui énoncent des circonstances susceptibles d'être considérées séparément (*cf.* B et C), encore qu'il y ait une raison de les rapprocher : il y a marque de non-mitoyenneté lorsque la sommité du mur est droite et à plomb de son parement d'un côté et présente de l'autre un plan incliné, lors encore qu'il n'y a que d'un côté ou un chaperon ou des filets et corbeaux de

---

1. La jurisprudence, lorsqu'elle se trouve en présence d'une telle énumération, a souvent à se demander si l'on peut traiter les notions juxtaposées comme espèces d'un genre. Ex. : jurisprudence sur les articles 499 et 513 : D. 1909.1.105. V. aussi sur le procédé d'énumération considéré comme un substitut de la définition : complément N.

pierre (654) ; en ce cas, comme en tout autre où l'intérêt du mineur semble l'exiger (414).

F. — Juxtaposition de propositions principales : elles [les conventions] ne nuisent point au tiers, et ne lui profitent que dans le cas... (1165) ; elle [l'obligation de livrer la chose] rend le créancier propriétaire et met la chose à ses risques (1138).

Cette rapide énumération donne quelque idée de la diversité réelle des rapports que l'on peut comprendre sous le nom de conjonction.

Il apparaîtra aussi qu'il n'y a pas seulement, entre certaines espèces de conjonction de simples nuances de pensée, mais des différences profondes dont la détermination importe à qui veut saisir la portée des textes : ainsi il sera capital de savoir si l'on a affaire à une conjonction du type A ou du type B, si l'on a affaire à une conjonction du type D ou du type E. D'un point de vue la conjonction et la disjonction, au lieu de s'opposer se ressemblent ; l'une et l'autre peuvent s'exprimer par la conjonction *ou*; et il y a un certain flottement dans l'emploi des conjonctions *et, ou*. Les rédacteurs ont eu parfois l'occasion de rectifier à cet égard le projet[1].

2

Ce qui caractérise la disjonction, c'est que deux notions ou circonstances ou classes sont discernées et en même temps assimilées d'un certain point de vue, soit qu'elles servent de point de départ, soit qu'elles servent de point d'arrivée. Souvent la disjonction touche à une simple juxtaposition, par exemple à une énumération d'espèces dans un genre[2], à un rapprochement de cas auxquels s'applique une même solution[3]. La pensée disjonctive apparaît à l'instant où se manifeste entre les deux cas envisagés une raison de les traiter différemment,

---

1. Par ex. dans 1446, texte du projet : « En cas de faillite *et* de déconfiture » ; la Section de législation du Tribunat fit mettre avec raison : « en cas de faillite *ou* de déconfiture » (FENET, t. XIII, p. 610).
2. Ex. : art. 1955, 2221.
3. Ex. : art. 1564, 1565, 2178, 2247.

et où s'affirme en même temps la volonté de les traiter de même.

Exemples :

a) « Le mari ou ses héritiers » (art. 1568) ; « la femme ou ses héritiers » (art. 1569) ; « aux parties comparantes, ou à leur fondé de procuration » (art. 38) ; « un bail authentique ou dont la date est certaine » (art. 743). « Il est permis de stipuler des intérêts pour simple prêt, soit d'argent, soit de denrées, ou autres choses mobilières » (art. 1905) ;

b) « Chacun est responsable du dommage qu'il a causé non seulement par son fait, mais encore par sa négligence ou par son imprudence » (art. 1383). « Ils [les voituriers] répondent non seulement de ce qu'ils ont déjà reçu dans leur bâtiment ou voiture, mais encore de ce qui leur a été remis sur le port ou dans l'entrepôt, pour être placé dans leur bâtiment ou voiture » (art. 1783) ;

c) « La preuve par témoins peut être reçue pour le dépôt nécessaire, même quand il s'agit d'une valeur au-dessus de cent cinquante francs » (art. 1950). « Il [le vendeur] est tenu des vices cachés, quand même il ne les aurait pas connus » (art. 1643). On voit que de telles phrases peuvent s'écrire sous la forme proprement disjonctive : « qu'il les ait connus ou non ». — « Si ce sont des lingots ou des denrées qui ont été prêtés, quelle que soit l'augmentation ou la diminution du prix, le débiteur doit toujours rendre la même quantité et qualité et ne doit rendre que cela » (art. 1897).

La disjonction peut concerner non seulement les hypothèses envisagées, mais le mode d'une opération, le procédé d'exécution. Exemples : « Les officiers de l'état civil ne pourront rien insérer dans les actes qu'ils recevront, soit par note, soit par énonciation quelconque, que ce qui doit être déclaré par les comparants » (art. 35). Et de façon plus typique, dans les textes affirmatifs : « Le mandat peut être donné ou par acte public, ou par écrit sous seing privé, même par lettre » (art. 1985 ; *cf.* art. 1582, al. 2). « La délivrance des effets mobiliers s'opère : ou par la tradition réelle, ou par la remise des clefs des bâtiments qui les contiennent, ou même par le seul consentement . des parties, si le transport ne peut pas s'en faire au moment de la vente, ou si l'acheteur les avait déjà en son pouvoir à un autre titre » (art. 1606).

Ce dernier exemple nous conduit au type le plus important .de disjonction : l'énoncé de l'option constituant le contenu principal d'une disposition, et comportant plus ou moins rigoureusement et explicitement l'exclusion de toute autre solution. Exemples : « Si une partie seulement de la chose est périe, il est au choix de l'acquéreur d'abandonner la vente, ou de demander la partie conservée en faisant déterminer le prix par ventilation » (art. 1601 ; *cf.* art. 1610, 1644). « Les époux peuvent déroger au partage égal établi par la loi, soit en ne donnant à l'époux survivant ou à ses héritiers, dans la communauté, qu'une part moindre que la moitié, soit en ne lui donnant qu'une somme fixe pour tout droit de communauté, soit en stipulant que la communauté entière, en certains cas, appartiendra à l'époux survivant ou à l'un d'eux seulement » (art. 1520). « Celui auquel on oppose un acte sous seing privé est obligé d'avouer ou de désavouer formellement son écriture ou sa signature » (art. 1323). « On ne peut engager ses services qu'à temps ou pour une entreprise déterminée » (art. 1780).

Dans tous ces cas où la loi pose une alternative, soit dans la principale soit dans la subordonnée, avec l'intention de bannir toute tierce hypothèse, la proposition disjonctive a un caractère propre et ne se laisse pas ramener à une pluralité de propositions distinctes. Nous devons rappeler ici une remarque que nous avons eu déjà plusieurs fois l'occasion de faire : le législateur, du fait qu'il est, en droit du moins, créateur des notions et de leurs rapports, a plus d'aisance que la plupart des savants. L'objection qui a été faite souvent à la pensée, par disjonction servant de base au dilemme, d'être artificielle, n'a pas de valeur ici : une disjonction peut avouer son caractère artificiel, il n'y a pas là de difficulté : lorsque 1323 décide que « celui auquel on oppose un acte sous seing privé est obligé d'avouer ou de désavouer formellement son écriture ou sa signature », *l'exclusion de toute autre attitude est la volonté décisive du législateur.*

On voit comment en ce cas le caractère constructif de la

pensée juridique la met dans une situation logique très différente de la situation où se trouve placée la pensée représentative.

§ 2.

Subordination

La manière dont l'analyse logique traditionnelle distingue
les propositions principales et les propositions subordonnées
ne semble pas satisfaisante ; il nous semble même qu'elle
masque le rapport véritable qu'exprime une phrase complexe :
nous dirions volontiers que c'est la principale qui est, dans le
cas normal, subordonnée à la proposition qu'on appelle à
tort subordonnée. Et si nous signalons le fait, c'est parce
que ce rapport de subordination nous paraît l'essence même
de la complexité des propositions. Si, en effet, nous laissons de
côté les formes déjà indiquées dans lesquelles les propositions
subordonnées ne font que compléter le sens d'un des termes,
ou encore énoncent une limitation de l'assertion, nous verrons
que les types les plus fréquents de phrases complexes énoncent, avec des nuances diverses, la subordination d'une énonciation à une autre :

1. — A. La subordonnée énonce une circonstance donnée
dans le temps, et la principale tire les conséquences de cette
circonstance ou énonce la solution juridique qui répond à ces
données (479) : lorsque...

B. La subordonnée énonce une hypothèse, et la principale
énonce la solution qui convient à cette hypothèse (1674) :
si...

C. La subordonnée énonce un but, et la principale exprime
une condition à remplir, nécessaire (901), quelquefois nécessaire et suffisante (906) : pour...

D. Il arrive très souvent que des compléments circonstanciels équivalent à de véritables propositions subordonnées
(497, 1571, 1415).

2. — Dans tous ces cas, on peut dire que l'idée exprimée
par la « principale » est logiquement sous la dépendance de

l'idée exprimée par la « subordonnée ». Quelle que soit la variété des formules et nuances que l'on rencontre dans les textes du code, il nous semble que les plus fréquentes se ramènent assez bien à l'un ou l'autre de deux points de vue : on part de telles données pour en dire les effets ; on envisage telle fin pour en énoncer les conditions. Dans un cas comme dans l'autre il y a, de la subordonnée à la principale, un rapport de précédence logique qui se traduit d'ailleurs presque toujours par un rapport de véritable précédence temporelle.

C'est, croyons-nous, sur ce point qu'il faut insister pour saisir la nature des phrases complexes. On sait que l'on a essayé de les réduire à des propositions simples ; et en effet le passage d'une forme à l'autre, dans un sens ou dans l'autre, est souvent aisé :

A la formule de 1674 : « Si le vendeur a été lésé de plus de sept douzièmes dans le prix d'un immeuble, il a le droit de demander la rescision de la vente », on substituerait aisément : « le vendeur lésé de plus de... a le droit de... »

Inversement à la formule de 2055 : « La transaction faite sur pièces qui depuis ont été reconnues fausses est entièrement nulle », on substituerait aisément : « Si les pièces sur lesquelles a transaction a été faite ont été depuis reconnues fausses, la transaction est entièrement nulle. »

A vrai dire, la possibilité de passer d'une forme à l'autre ne prouve pas qu'elles soient absolument équivalentes. Logiquement elles ont chacune leur domaine : il y a des déterminations qui ne font que préciser le contenu d'un terme : ainsi dans 1874 : les choses dont on ne peut user sans les détruire. Il y a des considérations au contraire qui répondent à l'expression d'un événement, d'une idée ou d'une intention qui pourraient former une pensée complète. Tels sont les exemples cités plus haut : le vendeur a été lésé de... ; les pièces ont été reconnues fausses ; ou même (dans 901) : on veut faire une donation... Dans ce second cas, et dans ce second cas seulement, la pensée devrait s'exprimer par une phrase complexe. La caractéristique de la phrase complexe, c'est qu'elle établit une relation non pas entre deux termes, mais entre deux relations dont elle subordonne l'une à l'autre. Ce qui fait que la phrase complexe reste une phrase, c'est qu'il y a encore en elle unité de pensée en ce sens qu'on ne peut, sans la modifier, en dissocier les éléments. Mais ce qui fait l'essence de la complexité et rend artificielle la réduction d'une phrase réellement complexe à une phrase simple, c'est qu'elle implique non pas considération de deux termes, mais considération de deux moments : très souvent de deux moments au sens propre, temporel, quelquefois de deux moments logiques ; chacun de ces moments est constitué par l'aperception d'un rapport ; le rôle de la phrase complexe est d'énoncer le lien de ces deux moments et de ces deux rapports.

Au risque de forcer notre pensée, nous serions tentés de dire que c'est en fonction du temps seulement qu'il peut y avoir des phrases complexes ; et c'est peut-être parce qu'elle s'est constituée hors du temps que la logique classique n'a guère considéré que des phrases simples.

Mais il faut bien s'entendre : lorsque nous caractérisons la phrase complexe par la considération de deux moments, c'est par opposition à la phrase simple, à la proposition type de la logique classique. En réalité cette considération de deux moments est tellement fréquente dans les textes juridiques qu'elle se retrouve dans un grand nombre de propositions sinon simples, dans lesquelles du moins la complexité s'exprime en fonction des termes. Ainsi en est-il par exemple de l'art. 1382 : « Tout fait quelconque de l'homme qui cause à autrui un dommage oblige celui par la faute duquel il est arrivé à le réparer. » Ainsi en est-il encore de 2267 : « Le titre nul par défaut de forme ne peut servir de base à la prescription de dix et vingt ans. »

Nous aurons à revenir sur le rôle général que joue la notion de temps dans toute la structure intime du Code civil ; nous verrons en particulier comment s'est imposée la considération des circonstances à côté des notions. La logique classique, et spécialement la proposition simple considèrent des notions et leurs caractères, abstraitement. Il y a dans le Code civil quelques propositions de cette sorte, pour la forme et pour le fond, spécialement les définitions. Mais le plus souvent les notions maniées par le législateur ne sont qu'éléments de l'énonciation d'une circonstance qui joue le rôle de terme, si l'on veut, comme on le doit, considérer comme un le rapport énoncé dans la phrase. On énonce (dans une subordonnée, ou par un complément circonstanciel, ou par un sujet accompagné de participes ou de relatives) une situation ou un événement (d'ailleurs schématiques, idéaux) ; et l'on dit quelle sera la conséquence de cette situation ou la solution de cette difficulté. Le caractère intimement synthétique et arbitraire du lien établi est particulièrement marqué.

Bref la phrase juridique typique est une phrase complexe, dont les caractères apparaissent avec une netteté particulièrement frappante dans les cas où le rapport s'énonce en une principale et une subordonnée ; ces caractères sont les suivants :

a) *Caractère décisoire de ce rapport*, ce caractère décisoire se masquant en simple mais énergique synthèse lorsque la forme énonciative se substitue, comme nous avons noté que la chose est fréquente, à la forme prescriptive ;

b) *Substitution aux termes simples ou notions de circonstances* s'énonçant par un groupement de termes ou notions ;

c) *Substitution au rapport donné dans le simultané d'un rapport qui se déroule dans le temps*, et implique le plus souvent passage d'un moment à un autre, ou, à défaut, au moins considération d'un rapport logique d'antériorité à postériorité.

De tels caractères ne sont pas sans retentir sur la nature logique de l'implication : tous — et ils sont, sinon absolument solidaires, du moins étroitement liés — concourent à rendre le lien logique en quelque sorte plus extérieur : le caractère strictement synthétique, la dispersion des termes en une pluralité d'éléments, le développement du rapport dans le temps, tout cela nous éloigne de la rigoureuse unité qu'assurent le caractère analytique de la relation, l'unité de chaque term, le caractère abstrait et intemporel du rapport. Et c'est pourquoi les propositions dont nous nous occupons sont restées si longtemps en marge de la logique formelle. Mais le lien qui assure malgré tout leur unité reste un lien réel, susceptible de fonder des inférences, et il est par conséquent légitime de leur faire

une place dans la logique, nous dirons même dans la logique
générale ou formelle, car si la nature de la pensée juridique
est telle que de pareilles propositions y soient particulièrement fréquentes, il est bien clair qu'elles constituent des formes
générales de la pensée, susceptibles d'être considérées abstraitement, c'est-à-dire indépendamment de leur contenu, en l'espèce de leur contenu spécifiquement juridique. Pour dire
cela, il faut sans doute reconnaître que la considération du
temps peut être traitée comme un élément formel de la pensée. Mais si on le fait sans méconnaître la différence qui sépare
une relation dans le temps d'une implication hors du temps,
il ne nous semble pas que cela puisse donner lieu à de sérieuses
objections. Et si on ne le fait pas, on se condamne à négliger
une des formes les plus générales et les plus usuelles de la
pensée.

CHAPITRE VI

De l'expression des règles dans les concepts
Concepts régulateurs et concepts représentatifs
Le droit et le fait

I.

Si la règle s'exprime tantôt sous forme de proposition prescriptive, tantôt sous forme de proposition énonciative, il faut remarquer aussi qu'elle s'incorpore dans les concepts eux-mêmes. En un sens, tout concept figurant dans un texte de loi concourt à l'expression de la volonté régulatrice. Seulement, cela posé, il y a une distinction à faire. Parmi les concepts légaux, certains gardent le caractère représentatif qu'ils ont généralement dans la pensée courante ou dans les sciences de la nature (c'est ainsi que les art. 518 sqq. parlent des moulins à vent, des récoltes, des grains, des animaux, des pigeons, etc...). Au contraire, d'autres concepts expriment plus directement la construction juridique ; tels sont ceux qui correspondent aux différents droits : propriété, usufruit, servitude, hypothèque, créance, etc.... Il y a ainsi des notions qui sont conçues et imposées non dans le dessein d'exprimer une réalité préalablement donnée, ni de la résumer, ni de la faire comprendre (comme seraient certaines hypothèses scientifiques), mais dans le dessein de régir la réalité, ou plutôt l'activité humaine au sein du réel.

Précisons cette antithèse par quelques exemples, dont certains montreront l'existence de concepts intermédiaires.

Lisons l'art. 1300 : « Lorsque les qualités de créancier et de débiteur se réunissent dans la même personne, il se fait une confusion de droit qui éteint les deux créances. » On n'éprouve aucune hésitation à classer parmi les concepts régulateurs, ou proprement juridiques : créancier, débiteur, personne, confusion de droit, éteindre, créance. Les autres mots expriment des modes généraux de l'activité intellectuelle, des façons de penser qui s'appliquent aussi bien à notre représentation proprement dite du monde qu'aux constructions de l'esprit : lorsque, qualité, se réunir, même, se faire, deux.

Les art. 1301, 1289 par exemple s'analyseraient de la même manière ; ils comprennent presque exclusivement des concepts régulateurs et des concepts qui expriment les modes généraux de la pensée (s'opérer, se trouver, entraîner; cf. dans 1290 : à l'instant où, jusqu'à concurrence de).

Si nous considérons l'art. 1382, nous verrons que la plupart des concepts dont il est composé ont le caractère représentatif : « Tout fait quelconque de l'homme », « qui cause à autrui un dommage », *oblige*, terme régulateur ; « celui par la faute duquel il est arrivé » ; *à le réparer*, terme régulateur. Assurément les idées de « dommage » et de « faute » sont toutes pénétrées d'appréciation juridique ; et au fond nous pensons qu'elles ont un caractère régulateur, et même que c'est en elles que se condense peut-être ce qu'il y a de plus décidément régulateur dans notre texte[1]. Mais les formules dont se compose l'article et dans lesquelles entrent ces concepts, expriment des conditions d'ordre représentatif : elles visent des actes (ou des abstentions), l'existence d'un dommage, un rapport de cause à effet entre l'acte et le dommage.

Nous serons encore plus près de la représentation de la réalité concrète, avec les articles qui contiennent la définition des diverses sortes d'immeubles et de meubles (517 sqq.) : aucun texte du code ne contient plus de termes représentatifs de choses concrètes : pressoirs, chaudières, alambics, pigeons des colombiers, poissons des étangs, lits, sièges, glaces, pendules, etc... Ce qui est tout à fait intéressant pour la question qui nous occupe, c'est la considération des concepts juridiques généraux dont il s'agit : les notions de meubles et d'immeubles sont à l'origine dans un rapport étroit avec notre représentation des choses, et l'art. 528, mieux que n'importe quel com-

---

1. Le cas est fréquent : *cf.* encore p. ex. : force majeure, cas fortuit (1148).

mentaire, montrera ce rapport : « *Sont meubles par leur nature*
les corps qui peuvent se transporter d'un lieu à un autre, soit
qu'ils se meuvent par eux-mêmes, comme les animaux, soit
qu'ils ne puissent changer de place que par l'effet d'une force
étrangère, comme les choses inanimées. » Mais l'intervention
des constructions juridiques de l'homme vient modifier ces
notions purement représentatives : les lapins des garennes, les
ruches à miel, les ustensiles aratoires, les pailles et engrais
deviennent immeubles *par destination* (524). D'autre part,
« les actions ou intérêts dans les compagnies de finance, de
commerce ou d'industrie, encore que des immeubles dépendant
de ces entreprises appartiennent aux compagnies », sont
meubles par la détermination de la loi (529).

Ce n'est pas seulement dans des cas de ce genre qu'il se produit un mélange du représentatif et du construit. Si le concept
juridique déterminant sort en définitive du concret, plus ou
moins indirectement, il faut dire aussi qu'il y ramène ; et, de
même que les textes gardent parfois, comme dans les exemples
précités, la trace de leur origine, ils portent parfois aussi la
marque de leur fin. Ex. : art. 214 : « La femme est obligée
d'*habiter avec le mari et de le suivre partout où il juge à propos
de résider...* » ; art. 1143 : « Le créancier a le droit de demander
que ce qui aura été fait par contravention à l'engagement *soit
détruit...* ».

Enfin il est très important de noter qu'une multitude de
concepts régulateurs s'incorporent dans des institutions
— hommes, corps, choses — qui restent par leur fonction
d'essence juridique et régulatrice, mais qui se réalisent matériellement et qui sont, comme telles, l'objet de représentations
proprement dites. De nombreux textes sont composés principalement de concepts de ce type intermédiaire : art. 44 :
« Les *procurations* et autres *pièces* qui doivent demeurer
annexées aux *actes de l'état civil* seront déposées, après qu'elles
auront été *parafées* par la personne qui les aura produites et
par l'*officier de l'état civil*, au *greffe du tribunal* avec le double
des *registres* dont le dépôt doit avoir lieu audit greffe. » De
même, dans 2181 : transcrire, transcription, conservateur des
hypothèques, arrondissement, registre.

Ainsi l'antithèse n'est pas absolue ; mais elle a une extrême importance. Elle déborde beaucoup l'étude proprement dite du concept ; son examen conduit à réfléchir sur la nature même de la pensée juridique. Elle touche, dans le domaine juridique et dans le domaine philosophique, à des dictinctions qui ont depuis longtemps arrêté l'attention, mais dont l'étude s'est poursuivie séparément dans les deux domaines et qu'il y a pourtant intérêt à confronter. D'une part les philosophes se sont appliqués à différencier : 1º les définitions *explicatives* et les définitions *constructives* ; 2º les jugements de *réalité* et les jugements de *valeur* ; 3º la fonction *représentative* et la fonction *pratique* de la pensée ; antithèses formulées de points de vue fort différents, mais qui touchent toutes de quelque manière à notre question. D'autre part les juristes, civilistes, criminalistes, procéduriers, ont cherché à élucider l'opposition du *droit* et du *fait* qui, spécialement, a dans notre système juridique un rôle capital en ce qu'elle sert à définir la compétence de la Cour de cassation.

2.

A. — Nous trouvons exposée par Padoa[1] une antithèse entre les « termes scientifiques », propres à telle science et les « termes logiques », qu'on emploie dans un discours sur un objet quelconque. Ainsi en géométrie, *point, droite, plan* sont des termes scientifiques ; *chacun, quelque, seulement* sont des termes logiques. Il apparaît aussitôt que beaucoup de mots seront difficiles à classer. Dans le vocabulaire juridique, on pourra aussi distinguer des termes « scientifiques » et des termes qui expriment les concepts non techniques.

B. — L'antithèse élucidée par Liard[2] et demeurée classique entre les « définitions géométriques » et les « définitions empiriques » nous rapproche de notre problème. Ce qui caractérise les premières, c'est qu'elles sont génératrices : la bonne définition géométrique est « la loi génératrice de la figure à

---

1. PADOA, *Logique déductive*, p. 5 sqq.
2. LIARD, *Des définitions géométriques et des définitions empiriques*, Paris, 1873,... p. in-16, chap. III, p. 66 sqq., et chap. VII, spécialement p. 175.

définir ». Au contraire, la définition empirique recueille dans l'expérience ses éléments multiples. De cette différence fondamentale dérivent des natures logiques différentes : dans le premier cas « l'enchaînement des caractères est tel que, l'un d'eux étant posé, tous les autres en dérivent » ; au contraire, la définition empirique est « un résumé », non « un principe » ; elle se fait par composition. Enfin, conclut Liard — et c'est là une formule dont nous devrons garder la substance — la définition empirique est « matérielle », tandis que la définition géométrique est « formelle ».

C. — M. Gény[1] expose, en ce qui concerne le droit et à l'aide de dénominations très voisines de celles que nous avons adoptées, une antithèse sur laquelle il convient de s'arrêter. Nous pensons à la distinction du « donné » et du « construit », qui sert elle-même de base à la distinction de la « *science* » et de la « *technique* ». Nous devons citer le texte un peu longuement :

« Tantôt il s'agit de constater purement et simplement ce que révèle la « nature sociale », interprétée d'après elle-même, ou suivant les inspirations d'un idéal supérieur, pour aboutir à des règles d'action, dont le fondement sera d'autant plus solide qu'elles contiendront moins d'artificiel et d'arbitraire. Et c'est ce que j'appelle le *donné*, qui doit formuler la règle de droit, telle qu'elle ressort de la nature des choses et, autant que possible, à l'état brut. Tantôt le travail à réaliser, partant des données naturelles acquises, tendra à les mettre en œuvre, les transformer ou les assouplir, de façon à les modeler sur les besoins même de l'ordre juridique pour lequel elles sont destinées. Et le résultat de l'effort, ainsi poursuivi, issu de l'artifice, s'exerçant sur la nature par des procédés propres, puisés dans les puissances personnelles de l'homme, peut, ce semble, être qualifié le *construit*, puisqu'au moyen d'un travail tout subjectif il tend à ériger la règle brute en précepte capable de s'insérer dans la vie et d'animer celle-ci, en vue des fins suprêmes du droit[2]. »

---

1. GÉNY, *Science et technique*, t. I, p. 97 sqq.
2. Gény renvoie lui-même aux auteurs qui ont proposé une distinction analogue, *l. c.*, p. 99 : en Allemagne, STAMMLER et KOHLER (Science et technique), en France WORMS (Science et art), DEMOGUE (Bases du droit et technique), DESSERTEAUX (notion de l' « action » ou application concrète du droit).

Il est aisé de voir que l'antithèse ainsi exposée concerne l'interprétation, à l'égard de laquelle la loi est un « donné » : l'interprétation elle-même est construction, œuvre de technique, alors que le donné est œuvre de science. Nous ne songeons pas à contester l'intérêt d'une telle distinction, à une époque où les praticiens ont senti la nécessité d'assouplir le droit écrit par la construction jurisprudentielle ; nous nous étonnons seulement qu'on ait représenté comme « un travail tout subjectif » une construction qui a son origine d'une part dans les besoins et dans les croyances de la société, d'autre part dans les éléments déjà existants du droit, une construction que l'individu ne fait en somme qu'affiner et mettre au point. Mais c'est d'un autre point de vue que nous envisageons les choses : à prendre la loi elle-même il nous apparaît qu'*on peut considérer comme construit, comme créé, tout ce qui est spécifiquement juridique* : il s'agit simplement d'une création plus ancienne que les créations de la jurisprudence contemporaine ; et nous reconnaissons qu'une fois fixée, une création peut être considérée comme du « donné ».

D. — L'opposition que nous établissons entre le représentatif et le régulateur s'inspire de celle qui a été exposée par Durkheim[1] au Congrès international de philosophie de Bologne, concernant les *jugements de valeur* et les *jugements de réalité* : la valeur « n'est pas dans les choses », elle « ne tient pas essentiellement à quelque caractère de la réalité empirique » ; en un sens « elle a sa source en dehors du donné et de l'expérience », dans cette faculté qu'a l'homme en société, spécialement à certaines époques d'exaltation collective, de créer des idéaux ; mais dire cela, c'est dire que le jugement de valeur exprime, lui aussi, une nature. Et les deux catégories de jugements se rapprochent : « Tout jugement a nécessairement une base dans le donné... D'autre part tout jugement met en œuvre des idéaux. » Pourtant la différence subsiste, car il est des idéaux

---

1. Cette communication, publiée dans la *Revue de métaphysique et de morale* du 3 juillet 1911, figure dans le recueil posthume publié sous le titre *Sociologie et philosophie*, Paris, xv-142 p. in-16, Alcan, 1924, de la p. 117 à la p. 142. Sur la société créatrice d'idéal, v. DURKHEIM, *Formes élémentaires de la vie religieuse*, 647 p. 8°, Alcan, 1912, introduction et conclusion ; BOUGLÉ, *Leçons de sociologie sur l'évolution des valeurs*, xv-288 p. in-16, Colin, 1922. L. BRUNSCHVICG, *La modalité du jugement*, chap. v, 11.

« dont le rôle est uniquement d'exprimer les réalités auxquelles ils s'appliquent, de les exprimer telles qu'elles sont », il en est d'autres « dont la fonction est de transfigurer les réalités auxquelles ils sont rapportés ». Dans le premier cas, les jugements « se bornent à analyser la réalité et à la traduire aussi fidèlement que possible » ; dans le second, ils « disent l'aspect nouveau dont elle s'enrichit sous l'action de l'idéal. » « Le jugement de valeur ajoute donc au donné, en un sens, quoique ce qu'il ajoute soit emprunté à un donné d'une autre sorte. »

Il nous reste à indiquer comment cette conception générale se précise, adaptée à notre sujet.

D'abord, si elle est formulée en fonction du jugement et si, à la rigueur, elle ne s'applique qu'au jugement, elle s'accompagne visiblement d'une distinction parallèle concernant les notions, qui ne sont peut-être jamais, à proprement parler, « affirmation » d'un idéal, mais qui en recueillent la substance.

En outre, et conformément aux indications souvent données par Durkheim, la notion d'idéal a besoin d'être spécifiée : il y a idéal religieux, idéal moral, idéal juridique. Et sans doute, par leur origine commune dans la conscience d'une société, ces idéaux divers participent bien à une sorte d'unité de nature ; sans doute aussi il peut arriver que, même à un degré avancé de l'évolution, ils se confondent encore en partie ; mais enfin, pour une société évoluée, ils se différencient et par là même se précisent.

D'autre part, dans le domaine du droit, le plus souvent l'idéal ne s'impose pas au réel directement, mais par un effort d'adaptation, qui se traduit par le jeu de concepts jouant le rôle d' « instruments » juridiques ; ils sont les moyens de réaliser les fins du droit. Dans leur élaboration, les facultés d'analyse et l'ingéniosité ont un grand rôle ; non seulement nous y voyons fonctionner l'activité sociale sous sa forme la plus intellectualisée ; mais nous l'y trouvons prolongée par l'activité propre de l'individu.

M. Goblot[1] donne à cet égard certaines indications qui, bien que formulées à propos du jugement, s'appliquent à toute la

---

1. Goblot, *Logique*, chap. XVII, spécialement p. 369 sqq.

« logique de la valeur » opposée à la « logique de la réalité ». Après avoir remarqué que la logique des jugements de valeur n'a jamais été faite, il indique que « la première tâche de l'analyse serait de séparer, dans l'estimation des valeurs, ce qui est proprement intellectuel et ressortit à la compétence de la raison de ce qui, étant d'un autre ordre, échappe à sa juridiction et à son contrôle. » Il explique ensuite qu'un jugement de valeur ne peut être prouvé que s'il énonce un moyen en vue d'une fin. Enfin il constate que « la vérité qui s'exprime à l'indicatif est destinée à se transformer en règle de conduite, en impératif. » Nous avons justement constaté que, d'autre part, l'impératif, dans les droits évolués, se trouve souvent remplacé par l'indicatif. C'est qu'en réalité, dans l'ordre de la valeur, et dans l'ordre de l'action, la tâche intellectuelle est constamment, intimement unie à l'effort de la volonté réalisatrice. Formuler l'idéal, construire l'institution qui le fera vivre, c'est là une activité dans laquelle il est impossible de séparer intelligence et volonté ; et c'est cette activité régulatrice qui nous paraît spécifiquement juridique.

3.

La distinction du fait et du droit s'est faite en France à l'occasion de la théorie de la cassation. On peut résumer de la façon suivante les origines du problème[1].

Une ordonnance de Philippe le Bel, du 23 mars 1302, reconnaît à la fois la souveraineté des parlements et le droit de contrôle royal. L'ordonnance de 1579 et l'édit de 1597 commencent à distinguer les erreurs de fait, visées par la proposition d'erreur et la requête civile, des erreurs de droit poursuivies devant le grand conseil. La doctrine accusera peu à peu cette distinction (exemple : mémoires de Joly de Fleury et Gilbert de Voisins, rédigés à la demande de Louis XV). On arrive enfin à l'art. 7 de la loi du 20 avril 1810, qui est le texte

---

1. D'après CHÉNON, *Origine, conditions et effets de la cassation*, Paris, 1882, in-8°; Pierre DE CHAUVERON, *Du pouvoir de contrôle de la cour de cassation sur la qualification criminelle*, A. Rousseau, 1908, 168 p. in-8° : dans l'introduction, l'auteur examine la question générale de la distinction du fait et du droit.

fondamental en notre matière : « La justice est rendue souverainement par les cours impériales ; leurs arrêts, quand ils sont revêtus des formes prescrites à peine de nullité, ne peuvent être cassés que pour une contravention expresse à la loi. »

Selon une autre formule, devenue usuelle, *la Cour de cassation ne peut annuler une sentence de juge pour erreur de fait, mais seulement pour erreur de droit*[1]. Que signifie exactement cette formule ?

D'abord on distingue le *mal jugé* de l'erreur de fait[2]. « Le mal jugé est, à proprement parler, la mauvaise appréciation faite par les juges du fond des actes produits dans le litige, des documents et circonstances de la cause ; l'erreur de fait est simplement l'affirmation inexacte d'un fait ». Le mal jugé échappe absolument au contrôle de la Cour de cassation, tandis que l'erreur de fait peut dégénérer en erreur de droit.

Dans quels cas cela arrive-t-il ? La jurisprudence est extrêmement complexe, et il est difficile de ramener ses décisions à des principes généraux ; c'est pour cela que certains auteurs de répertoires ont jugé sage de se borner à rapporter sur chaque matière les décisions de la Cour[3]. Celles-ci sont pourtant, d'une manière générale, dominées par quelques principes que l'on a dégagés. En dehors des questions de pur droit, il y a lieu de distinguer trois sortes de problèmes[4] : 1º *Les faits qui servent de base au procès existent-ils oui ou non ? 2º Comment faut-il les qualifier ? 3º Quelles conséquences contiennent-ils au point de vue de l'application de la loi ?* Sur les deux derniers points, il n'y a pas de doute, la Cour de cassation a toujours admis qu'elle avait le droit de contrôler l'appréciation des juges du fond. C'est pour la première question que les difficultés se présentent.

La Cour de cassation a pris quelque temps pour critère[5] celui qui lui fut fourni en 1822 par le président Barris dans une

---

1. Fuzier-Hermann, *Répertoire général alphabétique du droit français*, vº *Cassation*, t. IX, 1892, nº 2981.
2. *Ibid.*, nº 2983.
3. Fuzier-Hermann, nºˢ 3571 sqq.
4. Bonnier, *Éléments d'organisation judiciaire*, Joubert, 1847-8, 2 vol. 8º, t. I, p. 214 ; Labori, *Répertoire encyclopédique du droit français*, vº *Cassation*, t. II, 1890, nº 212.
5. Labori, nº 216.

affaire de diffamation ; il la guida en matière civile comme en matière pénale : « La cour peut et doit examiner les faits de la cause lorsque les éléments de ces faits ont été définis et déterminés par la loi. » Plus tard la Cour n'a pas pu s'en tenir à une formule aussi simple ; sans s'arrêter à un système très rigoureux, elle fait des distinctions que M. Chénon[1] a pu résumer ainsi : 1º les juges du fond apprécient souverainement la matérialité du fait[2] ; 2º ils apprécient souverainement son caractère moral[3] ; 3º au contraire la Cour de cassation exerce son contrôle lorsqu'il s'agit de savoir si tel fait a le caractère légal déterminé par la loi elle-même[4]. On reconnaît aisément dans cette dernière formule l'idée directrice formulée par le président Barris.

L'impossibilité de tracer une limite nette entre le fait et le droit apparaît dans cette circonstance que la jurisprudence discerne ce qu'elle appelle les *moyens mélangés de fait et de droit,* qui ne peuvent être proposés pour la première fois devant la Cour de cassation[5].

Cette impossibilite apparaît aussi dans la question fort importante de l'interprétation des conventions. On sait qu'en cette matière la jurisprudence s'est arrêtée à une formule devenue classique : les juges du fond interprètent souverainement les conventions, mais à condition de ne pas les dénaturer[6]. En d'autres termes, la cour intervient lorsqu'une clause claire a été violée ; elle n'intervient pas lorsqu'il s'agit d'une clause obscure. On a expliqué cette singulière distinction en la rattachant à une formule de Cujas[7], qui pourrait elle-même donner ample matière à discussion : « *Une question de droit est une question simple,* et on peut y répondre d'une façon précise parce que le droit est certain. » En un sens cette formule est profonde, et si elle a pu guider la jurisprudence, c'est sans doute parce qu'elle répond à la nature intime de la dis-

1. CHÉNON, *op. cit.* p. 165 sqq.
2. Ex. : D. 70.1.258 ; 79.1.256.
3. Ex. : D. 72.1.187 ; 80.1.431.
4. Ex. : D. 69.1.110 ; 77.1.67.
5. Ex. : Civ., 18 octobre 1911 dans D. 1911.1.380 et n. 4 ; Req. 10 novembre 1909 dans D.1911.1.361 (avec les références sous ce dernier arrêt, n. 1 de la p. 362).
6. FUZIER-HERMANN, 2390 sqq.
7. CUJAS, *Tract. ad Afric.,* I, t. II, p. 1869 ; cité par Pierre de CHAUVERON, p. 7.

tinction entre le domaine du fait, multiplicité et diversité infinie, et le domaine du droit, qui a la clarté et la précision de la pensée abstraite ; entre la matière et la forme[1]. Mais il n'en reste pas moins assez étrange qu'une clause subisse un sort différent au point de vue de la distinction du fait et du droit, selon qu'elle est rédigée ou non en termes clairs ; et l'on est surpris que le caractère anormal de cette règle de jurisprudence n'ait pas été plus souvent signalé.

4.

Ainsi, de toutes manières, nous sommes amenés à constater que la limite de la règle prescrite et de la réalité représentée, la limite du droit et du fait est incertaine et flottante. Mais en même temps il est très frappant de voir que les penseurs partis des points les plus différents ont abouti à des antithèses qui se ressemblent : c'est donc qu'elles doivent recouvrir une importante vérité.

Nous avons eu l'occasion déjà[2] d'expliquer que la loi a pour fonction d'organiser, d'ordonner le réel. Elle remplit cette mission en exprimant une sorte de monde idéal, où se mêlent constamment les représentations et les règles. Dans une société, le droit ne se formule qu'au contact et en fonction d'une multitude de représentations, tandis qu'inversement la vie, le fait sont tout pénétrés, imprégnés de droit. Ainsi s'expliquent cette espèce de continuité, ces transitions innombrables que nous avons relevées entre la représentation et la règle, entre le fait et le droit.

Mais il est possible de pousser plus loin l'analyse. L'antithèse juridique que nous nous appliquons à élucider fait invinciblement songer à une antithèse philosophique qui l'éclaire : celle de la *matière* et de la *forme*, qu'il est aisé de reconnaître dans le vocabulaire même du droit, sous les termes de « fond et de « forme », couramment employés pour la définition des droits ou devoirs respectifs des juges du fait et de la cour

---

1. Sur l'antithèse de la matière et de la forme, voir le développement qui suit.
2. V. 1re partie, chap. 1.

suprême, gardienne du droit. La matière, c'est-à-dire la vie
plus ou moins amorphe et incoordonnée, subit l'application
de la forme, un peu au sens où l'entendait Kant. Mais nous
comprenons cette application, cette « information » comme une
suite presque ininterrompue d'efforts, le monde, les hommes,
les circonstances fournissant une matière sans cesse mobile,
mais d'ailleurs de plus en plus pénétrée d'ordre par l'action
persistante de la pensée juridique ; et cette forme organisatrice dont nous voyons l'application, nous ne la concevons pas
simplement comme une forme abstraite, comme un principe
d'unité. Elle est cela sans doute, nous aurons l'occasion de le
montrer.Mais elle est aussi un ensemble de formes plus spécialement juridiques, peut-être impures, c'est-à-dire imprégnées
de matière au cours de l'histoire, mais assimilées, homologuées
en quelque sorte par la conscience et devenues par là principes d'organisation. Nous imaginons ainsi un mouvement
incessant d'échanges entre la réalité et la conscience juridique,
la seconde ordonnant la première, et la première nourrissant
la seconde. A vrai dire, dans la vie juridique, le pur fait et le
pur droit sont introuvables : le fait n'a d'existence que de l'instant où il devient matière à application du droit, le droit n'a
d'intérêt que de l'instant où il vient s'appliquer au fait ; et
par suite, dès qu'un juriste pense le fait, il le pense comme
matière de droit[1], dès qu'il pense le droit, il le pense comme
forme destinée au fait.

De ces considérations il faut évidemment conclure que nous
ne rencontrerons jamais dans le code de notion qui soit pure
forme, ou purement régulatrice, ni de notion qui soit pure
matière, c'est-à-dire purement représentative (en laissant naturellement de côté toute question relative à la part de la forme
dans l'élaboration de la représentation). Mais cela n'empêche
pas qu'il soit utile d'opposer les notions qui sont surtout régulatrices à celles qui sont surtout représentatives. La légitimité de l'antithèse apparaîtra sans doute hors de discussion,
si nous considérons les termes extrêmes de la série : une des
notions les plus purement représentatives que nous offre

---

1. « La loi civile fait en quelque sorte le patron de tous les faits », disait le tribun
Maillia-Garat, FENET, t. VI, p. 160.

le code, disons *les pigeons* ou *les lapins* de l'art. 524, et une des notions les plus strictement régulatrices qu'on y rencontre, disons l'*engagement* de l'art. 1372.

Si l'antithèse est légitime, il ne paraît pas douteux qu'elle soit utile à retenir. D'abord il est intéressant de trouver dans le domaine du droit un type de concept qui, pouvant s'avouer constructif, échappe aux difficultés que soulève ailleurs l'intention représentative[1]. Et de cette différence de nature doit suivre une différence de traitement logique. Nous exprimerons, pour plus de clarté, cette différence comme si les deux catégories étaient absolument distinctes : on pourrait dire alors que les concepts représentatifs, étant en quelque sorte descriptifs, peuvent s'enrichir progressivement, tandis que les concepts régulateurs sont épuisés dès l'abord par la formule ou la pensée qui les constitue.

L'intérêt capital que nous avons trouvé à la confrontation des deux points de vue est de nous avoir fait saisir dans sa réalité vivante le travail d'élaboration des notions juridiques, incessamment nourri d'éléments d'ordre représentatif, qui sont choisis, interprétés, moulés en fonction des volontés régulatrices. Ce travail ne se fait point en une fois ; il est au contraire constamment repris, de façon expresse par le législateur et l'interprète, de façon sourde par le cours même de la vie juridique, de la vie sociale.

Nous résumerons ainsi les résultats principaux auxquels nous a conduit la première partie de la recherche : dans le système de droit très évolué auquel correspond le code civil, le caractère prescriptif de la règle subsiste sans aucun doute ; mais il se dissimule sous la complexité des constructions intellectuelles par lesquelles s'exprime l'idéal juridique.

Nous allons chercher à préciser ce que sont ces constructions : quels sont les éléments, comment est fait l'assemblage.

1. Cf. ce que nous disons plus haut de la disjonction.

DEUXIÈME PARTIE

LES ÉLÉMENTS DE LA CONSTRUCTION

CHAPITRE PREMIER

De la représentation de l'homme et du monde
dans le Code civil : sa pauvreté

Nous ne croyons pas qu'il soit possible de décrire d'une façon formelle et abstraite la structure logique du code : pour la comprendre, il faut tenir compte des éléments qu'elle met en œuvre. La suite de ces explications montrera précisément, croyons-nous, que la forme et le fond sont inséparables.

Ce que nous avons dit précédemment de la règle et de la représentation nous engage à discerner les éléments qui constituent, dans la loi, la représentation de l'homme et des choses, et ceux, plus proprement juridiques, qui expriment la volonté régulatrice, l'intelligence organisatrice du législateur[1]. Nous étudierons d'abord les premiers.

Il est certain et très notable que les représentations du monde et de l'homme, de l'homme physique, social, sentimental, moral sont empruntées par le législateur à la pensée courante ; et, sauf exception, elles sont accueillies sans critique ni définition. Cela se conçoit lorsqu'il ne s'agit que d'exemples ; cela se comprend moins lorsqu'il s'agit de catégories d'êtres, de choses, de qualités, par rapport auxquelles sont posées les notions juridiques ou est délimitée leur application.

Si la chose est possible — et elle est constante dans les droits les plus divers — c'est parce que la représentation du monde et de l'homme dans la pensée juridique est extraordinaire-

---

1. Nous prenons naturellement ce mot au sens impersonnel que lui donnent les juristes.

ment pauvre. Les concepts juridiques apparaissent au premier plan, dans leur richesse et leur netteté de contours, tandis que la vie apparaît comme lointaine et estompée, ne passant en avant que par des contacts fréquents assurément, mais brusques et sur lesquels la loi ne s'appesantit pas. Si la représentation du monde et de l'homme est pauvre, c'est sans doute parce qu'elle est traditionnelle et se perpétue, quels que soient les changements qui s'opèrent soit dans la réalité, soit dans la représentation que nous nous en faisons; mais inversement, si la représentation traditionnelle peut se maintenir, c'est parce qu'elle est pauvre jusqu'à l'insignifiance. On trouve à cela un avantage qui n'est pas contestable : les progrès de la science et de l'industrie, les modifications de mœurs et de sentiments qui les ont accompagnés ont pu s'accommoder à peu près de représentations légales archaïques. C'est parce que la représentation de la vie est rudimentaire dans le droit que des institutions à peu près analogues ont pu régir, après l'activité du paysan romain ou médiéval, celle de l'industriel ou de l'ouvrier d'aujourd'hui. Et c'est pour cela que le texte du code a pu, sans éclater, survivre tant bien que mal à la révolution industrielle et sociale qui s'est déroulée au XIXᵉ siècle. Nous ne songeons pas à prétendre que cette pauvreté et cette permanence soient sans inconvénients ; mais ce sont des faits.

A. La nature et les choses

Il n'y a absolument rien dans le Code civil qui fasse songer à ce que pourrait être une représentation scientifique de la nature ou des phénomènes.

Çà et là le législateur se trouve amené à faire allusion à des faits ; il se contente d'en emprunter la représentation à l'opinion courante. C'est ainsi que l'art. 1 se réfère à une conception mi-géographique, mi-administrative du territoire national ; ces notions sommaires de géographie politique se retrouvent en divers textes (art. 3, 8, 9, 10, 11... ; 55, 59...).

La théorie de l'accession tire certaines conséquences juridiques de faits naturels : production des fruits de la terre, croît

des animaux (art. 547, 583), formation d'alluvions (art. 556),
relais (557), modification des rives ou du cours d'une rivière (art.
559 sqq.), migration spontanée de certains animaux (art. 564).

Notre code tient compte de certaines qualités des choses ;
les qualités naturelles se doublent ainsi de caractères juridiques[1]. Le fait le plus remarquable à cet égard est certainement cette distinction des meubles et des immeubles dont nous
avons déjà parlé : elle dérive d'une différence matérielle, mais
se rattache à une organisation sociale qui a consacré la prépondérance des immeubles; enfin, de distinction naturelle, elle
est devenue une distinction juridique, qui s'applique en
dehors des cas où la qualité naturelle fondamentale se rencontre (art. 516 sqq.).

Il y a d'autres cas dans lesquels la nature des choses conduit
à des distinctions de droit : ainsi la différence entre les choses
dont on ne peut faire usage sans les consommer et les autres
(art. 587 ; cf. 589 sqq.) ; la différence entre les corps certains
et les genres, différence qui dérive de l'usage autant que de la
nature (1585 sqq.; 1619).

Plus souvent que les choses dans leur état naturel, le droit
a l'occasion de traiter des choses modifiées ou fabriquées par
l'homme : un grand nombre de textes supposent certaines
formes de vie : la vie agricole et sédentaire ; certains procédés
de culture ; certaines formes d'habitat et d'aménagement.
Plusieurs textes entrent même à cet égard dans un grand détail.
(théorie des servitudes : art. 640 sqq.; réparations locatives,
art. 1754). Et l'on peut, sans hardiesse, affirmer que si de
telles questions étaient soulevées aujourd'hui, les changements
matériels apportés aux conditions de notre vie donneraient
lieu à des réglementations que le Code civil ignore, par
exemple en ce qui concerne l'éclairage, le chauffage ; on trouve
dans certains textes du Code civil allemand une confirmation
de cette idée[2].

1. Cf. Raoul BRUGEILLES, *Le droit et la sociologie*, Alcan, 163 p. in-8°, 1910, p. 71.
2. Ex. : l'art. 906 du *C. civ. all.* : « Le propriétaire n'est obligé de souffrir sur son
immeuble les gaz, vapeurs, odeurs, fumées, suies, chaleurs, bruits, trépidations et
autres réactions provenant du fonds d'autrui, que si l'inconvénient qui en résulte
est nul ou insignifiant. » L'art. 127 s'occupe des lettres missives et du télégraphe ;
l'art. 147 du téléphone. Cf. encore l'art. 793, relatif aux obligations au porteur :
« Il suffit, pour la souscription, d'une signature obtenue par voie de reproduction
mécanique. »

En définitive, la place que tient dans le code la représentation de la nature et des choses matérielles est extrêmement réduite ; et elle est empruntée presque entièrement aux conceptions courantes. Il n'y a rien ou presque rien dans la loi qui se rattache à la représentation des phénomènes naturels tels que la science les conçoit[1] ; et même dans le Code civil allemand, il n'y a d'allusions qu'à des progrès techniques, à des applications des sciences. Jusque dans ses formes les plus récentes, la loi vit en dehors de la science ; et cela est d'autant plus notable que la pratique judiciaire fait constamment appel aux savants, aux experts. Cette constatation vient confirmer la distinction précédemment exposée entre le droit et le fait.

B. L' « homo juridicus »

Un des caractères les plus marqués du Code civil est d'être une loi applicable à tous. D'autres systèmes juridiques se fondent sur des distinctions de castes, de classes, de catégories sociales : il en est ainsi dans l'Inde, dans les vieilles coutumes germaniques, dans notre ancien droit. Au contraire, le Code civil a consacré les conceptions égalitaires de la Révolution : pour lui l'homme est identique à l'homme.

Les exceptions à cette règle sont très rares.

L'ancien art. 1781 décidait que « le maître est cru sur son affirmation : pour la quotité des gages ; pour le payement du salaire de l'année échue ; et pour les acomptes donnés pour l'année courante ». Cette disposition, injurieuse pour les domestiques et ouvriers, a été abrogée par une loi du 2 août 1868. On peut signaler encore l'espèce de privilège que donne l'art. 427 à certaines catégories de magistrats et de fonctionnaires en les dispensant de la tutelle.

Mais les seules exceptions importantes au principe de l'égalité des droits civils tiennent à des motifs psycho-physiologiques.

1. V. le complément H

L'infirmité de l'âge[1], du sexe[2], de la maladie[3], selon des traditions anciennes, change le statut juridique. Encore les rédacteurs du code ne cherchèrent-ils guère à donner sur ce point une précision scientifique à leurs idées : nous ne rencontrons ce souci que pour une seule question physiologique : celle de la durée maxima et minima de l'intervalle entre la conception et la naissance ; sur ce point on fit appel aux compétences, et l'on se conforma à leur avis[4]. Mais pour tous les autres problèmes physio-psychologiques, en particulier pour la détermination des conditions de la majorité et pour la notion de l'insanité, on s'en remit entièrement à l'opinion : sur le premier point, on laissa tomber la notion physiologique de puberté[5], et l'on s'en tint à la fixation automatique de la majorité ; sur le second, on s'abstint de toute détermination, mais la pratique se trouva par la force des choses amenée à faire appel aux techniciens.

Ces différences de traitement gardent donc un caractère abstrait, qui se trouve parfaitement d'accord avec l'indifférence générale du code à l'égard des diversités de situation[6]. Les rédacteurs ont conçu une sorte d'*homo juridicus*, comparable à l'*homo economicus* de l'économie politique classique.

Dans notre droit civil, l'homme est essentiellement conçu comme une volonté, qui donne ou refuse son consentement. Ajoutons que cette volonté est normalement conçue comme réfléchie et éclairée, comme sachant le droit et susceptible de peser le pour et le contre en toute connaissance de cause. Le type de l'acte juridique est le contrat. Plus de la moitié du code lui est consacré. Le contrat est normalement un contrat consensuel. En dehors de lui, l'acte le plus important est le testament, qui est lui aussi un acte de volonté.

1. Art. 388 sqq.
2. L'incapacité de la femme mariée (art. 215 sqq.) s'explique en partie, il est vrai, par une idée d'autorité ; mais si on la rapproche de dispositions comme celles qui sont relatives à la tutelle (art. 394 sqq.) ou à la capacité d'être témoin (anc. art. 980), on y reconnaîtra l'idée de l'infirmité du sexe. *Cf.* C. et C., t. I, p. 601 sqq. spéc. p. 605
3. Art. 489 sqq., art. 901.
4. FENET, t. X, p. 13 sqq. Fourcroy présenta au Conseil d'État un mémoire « sur l'époque de la naissance humaine et sur les naissances accélérées et tardives, d'après les meilleurs auteurs de médecine ».
5. FENET, t. X, p. 544 sqq.
6. V. cependant ce qui est dit ci-après, 2e partie, chap. IV, au sujet des « circonstances de la cause ».

Comme l'homme de l'économie classique, l'homme du Code civil est un calculateur : une des conditions essentielles de validité du contrat (1108) est la cause, c'est-à-dire en somme la contre-partie qui décide l'homme à contracter une obligation ; et cette contre-partie est si importante que la donation, dans laquelle elle n'existe pas, est apparue dans notre tradition juridique comme une sorte de monstruosité, comme l'acte d'un fou[1].

Ce n'est pas qu'on y ait supprimé la cause ; la façon dont on l'y conçoit mérite même d'être notée pour notre objet : la cause est l' « intention libérale », et les civilistes ont soin de la distinguer des motifs, variables selon les cas, alors qu'elle doit se retrouver toujours la même dans toutes les donations. Cela montre bien le souci du droit de laisser les diversités psychologiques en dehors de ses préoccupations : et la chose est d'autant plus notable que cette distinction de la cause et des motifs est singulièrement difficile à maintenir[2].

Mais enfin l'existence même de la donation prouve que le droit reconnaît autre chose que le pur calcul intéressé. Notons encore à cet égard que la réglementation des contrats entre époux, ainsi que les textes relatifs aux secondes noces, de même aussi que les dispositions relatives aux rapports et à la réserve supposent certains entraînements, dont ils ont justement pour objet de limiter les effets.

Cela nous laisse penser qu'au delà de ses conceptions expresses, le code pressent un homme beaucoup plus complexe et beaucoup plus vrai que l'homme abstrait qui lui sert généralement de type. C'est ainsi qu'en plusieurs cas il laisse au juge le soin d'apprécier une situation psychologique complexe : art. 499 par exemple[3]. C'est encore un état de fait assez compliqué qu'il vise, lorsqu'il parle du « bon père de famille », conçu comme le type de l'homme normal[4]. Enfin des formules comme celles de 1134-1135, qui dominent toute

1. Tarbouriech, *De la cause dans les libéralités*, in-8º, Paris, 1894, p. 13.
2. Ray, *De la notion de donation en droit civil français*, 205 p in-8º, Sirey, 1912, p. 95 sqq.
3. Art. 499 : « En rejetant la demande en interdiction, le tribunal pourra néanmoins, si les circonstances l'exigent, ordonner que le défendeur ne pourra désormais plaider... sans l'assistance d'un conseil... »
4. V. L'*Index*, vº famille.

la matière des contrats, en prononçant des mots comme *bonne foi, usages, équité*, engagent le juge à tenir compte d'une multitude d'éléments variés.

En un sens donc il serait injuste d'accuser les auteurs du code d'avoir entièrement réduit l'homme à un schéma ; mais du moins peut-on affirmer que, dans le texte de la loi, les éléments qui représentent l'homme sont presque insignifiants et que, pour le fond même, il y a eu tendance à le concevoir plus uniforme, plus purement volontaire et calculateur qu'il n'est en réalité.

Il est vrai que plusieurs distinctions, dont certaines remontent à l'époque même de la codification, viennent rompre cette uniformité : à côté du droit civil, il y a un droit commercial ; et la « classe » des commerçants a une existence légale. Le développement de la législation du travail consacre des droits spéciaux aux ouvriers. Le droit fiscal tend aussi à répudier de plus en plus l'uniformité théorique du contribuable (ainsi la distinction des cédules, dans les lois fixant l'impôt sur les revenus).

Dans le droit civil même il s'est fait une évolution. La part de la volonté des parties dans le droit contractuel n'a sans doute jamais été aussi grande qu'on l'a crue : elles adoptent les types de contrats, les formules consacrées. Le développement des « contrats d'adhésion » à l'époque contemporaine nous éloigne encore de la conception du contrat issu de la volonté éclairée des deux parties. Enfin toute la jurisprudence qui s'est établie sur l'art. 1382 a augmenté l'importance du quasi-délit dans l'ensemble de nos institutions et diminué, au moins relativement, la part du contrat. Mais si, pour toutes ces raisons, on peut affirmer que l'homme schématique conçu par les auteurs du code n'a pas dans notre droit civil toute l'importance que l'on pourrait croire, il faut dire aussi que l'on n'a pas encore vu se substituer à ce schéma une notion vraiment riche et complexe de l'homme tel que la physiologie, la psychologie, la sociologie tendent aujourd'hui à nous le présenter.

Il faut reconnaître enfin que le caractère schématique des conceptions de notre droit pèse encore assez lourdement sur

l'interprétation des actes juridiques privés : comme l'a montré
M. Dereux[1], on imagine arbitrairement des volontés, des intentions qui n'ont jamais existé ; par exemple pour l'interprétation d'une clause obscure, on recherche la « commune volonté
des parties », alors qu'il est pratiquement certain que, si elles
ont envisagé la difficulté, elles ont eu des intentions contraires;
il y a donc dans tout cela quelque chose d'absolument factice
et arbitraire.

1. DEREUX (G.), *De l'interprétation des actes juridiques privés*, 491 p. 8º, Rousseau, 1905 ; 3ᵉ partie, chap. 1.

CHAPITRE II

La représentation de la vie juridique et sociale
Le personnel et les instruments du droit. Les actes
Représentation implicite de la vie sociale

I.

Cette forme de la vie sociale qu'est l'activité juridique est
en définitive un donné, un aspect de la nature et, comme tel,
une réalité objective susceptible d'être représentée, décrite.
On pourrait imaginer un code dont l'objet serait de décrire
les pratiques juridiques existantes, de les exposer comme ferait
un historien. Une telle description ne se confondrait pas
avec l'énonciation dont nous avons essayé de définir le caractère, et qui est l'expression d'un ordre idéal voulu par le législateur. Seulement il y a sans doute bien des cas dans lesquels
cet ordre idéal s'exprime dans la description du fonctionnement d'une institution.

Il y a plus. D'abord, à côté de la loi, subsistent des usages
auxquels il arrive assez souvent que le législateur se réfère[1].
D'autre part, dans quelques cas, on voit très nettement le
rédacteur décrire un fait historique ; cela arrive en particulier lorsqu'il y a eu changement du droit. Citons à ce sujet
l'art. 732 : « La loi ne considère ni la nature ni l'origine des biens
pour en régler la succession. » Seulement la forme de l'exposé
historique ne fut pas considérée par les rédacteurs comme
celle qui convient à un texte de loi. Nous avons de cela plusieurs témoignages. Ainsi le projet portait, à la fin de l'art.
1076, une disposition ainsi conçue : « L'usage des démissions

1. V. *Index*, v° usage ; spécialement les textes relatifs à l' « usage des lieux » en
matière de louage ; et surtout l'art. 1135, d'une portée tout à fait générale : « Les
conventions obligent non seulement à ce qui y est exprimé, mais encore à toutes les
suites que l'équité, l'*usage* ou la loi donnent à l'obligation d'après sa nature. »

révocables est aboli[1]. » La Section de législation du tribunat proposa de dire : « Les démissions révocables sont prohibées. » Et elle expliquait ainsi ce changement : « La disposition législative du code doit être indépendante d'un ancien usage sur cette matière ; il est donc inutile de le rappeler[2]. » De même, dans le texte de l'art. 784, la Section de législation aurait voulu faire supprimer le mot « plus » dans la formule : « Elle ne peut plus être faite qu'au greffe... » Elle estime inutile cette allusion à une ancienne pratique[3]. La même critique fut proposée par la Section pour l'art. 892[4] ; mais il semble qu'en ce dernier cas on se soit mépris, qu'on ait confondu la considération abstraite de deux moments imaginés par le législateur avec une allusion à un changement historique. Voici le texte : « Le cohéritier qui a aliéné son lot en tout ou partie n'est plus recevable à intenter l'action en rescision pour dol ou violence, si l'aliénation qu'il a faite est postérieure à la découverte du dol ou à la cessation de la violence. »

Toujours est-il que la forme de l'exposé historique est tout à fait exceptionnelle dans le code.

2.

Du moins peut-on dire que le législateur a eu souvent le sentiment qu'en formulant sa volonté il ne faisait au fond, quelle que fût la forme de l'exposé, que reproduire un droit préexistant, qui lui servait de modèle. Nous renvoyons sur ce point à ce que nous avons dit déjà[5] de la conformité générale du code au droit préexistant. Seulement la distinction de la construction et de la description se trouve mêlée, à l'époque du Code civil, à certaines idées qui ne sont plus les nôtres et dont l'examen peut être instructif[6].

---

1. FENET, t. XII, p. 409.
2. *Ibid.*, p. 466.
3. FENET, t. XII, p. 100.
4. *Ibid.*, p. 106.
5. V. Introduction ; v. aussi 1re partie, chap. vi.
6. Nous nous bornons, dans ce qui suit, à ce qui s'exprime dans les travaux préparatoires. Nous n'entrons pas dans la controverse qui s'est élevée relativement à la part respective qu'ont eue les influences « philosophiques » et les influences « juridiques » dans la rédaction du Code. Il se trouve que les auteurs qui ont de la sym-

Il ne faut pas oublier que le xviii⁰ siècle était tout pénétré
de l'idée d'un *droit naturel*, opposé aux *institutions positives*.
L'idée vint de réserver à chacune des deux tendances son
domaine. Nous trouvons de cette doctrine une manifestation
caractéristique dans les observations du Tribunal d'appel de
Rouen sur le projet de code[1]. Il y a, dit en substance le Tribunal, dans toute législation civile deux parts : la première n'est
que la collection des principes de droit commun, ceux par
exemple qui concernent l'effet des obligations : ce droit s'inspire de la « raison universelle » ; la seconde partie du droit est
la législation particulière et positive de chaque peuple, ce qui
concerne par exemple le mariage, les successions, « c'est proprement pour chaque nation son droit public en matière
civile ». On trouve des idées analogues dans les observations du
Tribunal d'appel de Paris sur le sens des mots « droit civil[2] ».

A maintes reprises nous voyons reparaître dans les travaux
préparatoires cette distinction ou des distinctions voisines.
En matière de droit naturel, d'équité naturelle[3], on adopte
spontanément l'attitude du tribunal de Rouen : on se laisse
guider par ce que l'on appelle la « raison » c'est-à-dire par
un ensemble de tendances que l'on imagine universelles et
incontestables, et qui dérivent en fait de la tradition romaine :
le tribunal de Rouen citait en exemple de cet ordre de lois les
effets des obligations, matière qui fut empruntée presque toute

pathie pour le mouvement philosophique du xviii⁰ siècle soulignent le triomphe des
juristes à l'époque du Consulat (SAGNAC, *La législation civile de la Révolution*,
p. 381 sqq., spécialement p. 394 ; avec d'utiles indications sur les opinions des principaux collaborateurs), tandis que les purs juristes insistent sur la prépondérance
des influences philosophiques (THÉZARD, *De l'influence des travaux de Pothier et
du chancelier d'Aguesseau sur le droit civil moderne*, dans *Revue historique*, 1866,
t. XII, p. 1 sqq. et 229 sqq.; AUBRY et RAU, *Droit civil*, 5⁰ éd., t. I, p. 19). Il ne nous
paraît pas douteux que les idées philosophiques qui avaient triomphé à l'époque
révolutionnaire aient laissé des traces, et dans la présentation oratoire, et dans le
fond même des institutions. Mais un fait domine tout. Levasseur avait proposé que
la Commission de rédaction fut composée de philosophes et non d'hommes de loi,
afin que le Code fut « purgé des préjugés que les hommes de loi auraient pu y introduire » (DRAMARD, *Bibliographie raisonnée du droit civil*, p. 2) : c'est exactement la
solution inverse qui fut adoptée : tous les membres de la Commission de rédaction
étaient des juristes de carrière. Cf. ci-dessus, introduction et chapitre préliminaire.
   1. FENET, t. V, p. 457.
   2. *Ibid.*, p. 98.
   3. Il est clair que l'autorité de Rousseau fit beaucoup pour la diffusion de l'idée ;
mais il est notable que Rousseau ne soit presque jamais cité au cours des travaux
préparatoires. Il est suspect ; on lui attribue un « esprit de satire et de dénigrement »
pour avoir osé dire que « les lois civiles semblent faites pour maintenir le riche dans
l'opulence et l'indigent dans sa pauvreté ». (Tribun Carion-Nisas, dans FENET,
t. XIII, p. 777.

au droit romain. Nous avons d'ailleurs de ce fait des témoignages formels, par exemple celui du tribun Mouricault, présentant au Corps législatif le titre III du livre III (Des contrats ou des obligations conventionnelles en général)[1] : « Ce titre tient de plus près que tout autre aux principes du droit naturel », de la raison « dont le droit romain, en cette matière surtout, est considéré comme le fidèle organe ». Il faut sans doute admettre en effet que le droit romain ne doit pas son prestige à un accident historique, mais à ce fait qu'il a rencontré ou élaboré certaines conditions particulièrement générales de la vie juridique.

Il y a plus de difficulté en ce qui concerne les institutions particulières à chaque peuple. D'une part, en cette matière, il y a lieu de tenir largement compte de l'histoire, de la tradition. Mais d'autre part, et parce qu'il ne s'agit pas des principes fondamentaux, le législateur se sent plus libre de créer, de construire selon l'idée qu'il a de la justice et de l'opportunité. Ces deux tendances contradictoires étaient également présentes à l'esprit des rédacteurs. Nul ne les a sans doute plus profondément éprouvées et exprimées que Portalis.

A maintes reprises[2], comme nous l'avons déjà remarqué, Portalis a exprimé sa conviction que le Code civil devait respecter l'état des mœurs et des traditions. Et, au cœur même de la discussion, lorsqu'on examinait la question brûlante des régimes matrimoniaux, il a été fort loin dans l'expression de cette idée[3] : « Ce qui est arbitraire ne peut être le droit commun... La loi positive ne peut commander un droit commun. » C'est encore Portalis qui dit[4], à propos de la rescision de la vente pour lésion : « Il faut prendre la société comme elle est, avec son jeu, avec ses ressorts, avec tout le disparate de sa constitution. »

Mais par ailleurs Portalis a le sentiment vif de la puissance créatrice que la loi manifeste. Le premier consul s'était écrié

---

1. FENET, t. XIII, p. 414.
2. V. surtout le discours de présentation du titre préliminaire, dans FENET, t. VI. Cf. aussi t. XIV, p. 40 ; et le texte important cité plus loin, p. 175, n. 6.
3. FENET, t. XIII, p. 527.
4. FENET, t. XIV, p. 40.

un jour[1] : « Qui tient lieu de Dieu sur la terre ? le législateur. »
Portalis dit, dans un esprit analogue[2] : « La loi est toute-puis-
sante. » Il est vrai que l'un comme l'autre le disent peut-être
un peu, dans telle circonstance, pour les besoins de leur cause,
Bonaparte pour faire admettre l'adoption, Portalis pour faire
admettre une exception au principe de la prohibition des substitutions.

Ce qui est bien certain, c'est que dans la rivalité du droit
naturel et du droit positif, Portalis est tenté de réduire beaucoup le domaine du premier. Dans la discussion relative à
l'adoption, cette parenté artificielle, il va jusqu'à dire[3] :
« A la loi seule appartient de disposer dans l'ordre civil ;
car la loi naturelle ne dispose que dans l'ordre moral et physique. » Et, à propos d'une tout autre question, il affirme[4] : « Ce
n'est pas dans le droit naturel qu'il faut chercher les règles
de la propriété. »

Ainsi, dans l'esprit de Portalis, il semble qu'au droit naturel,
conçu comme l'œuvre de la raison, s'oppose le droit positif,
conçu comme étant à la fois l'œuvre de l'histoire et l'œuvre
de la loi. Seulement il a si peu conçu comme arbitraire la construction législative que nous sommes tout près de penser qu'il
a vu dans le droit, comme nous dirions aujourd'hui, l'œuvre
de la conscience sociale. Plus tard, en effet, dans son « Examen
des diverses observations proposées contre le projet de Code
civil[5] », Portalis examina cette opinion d'un critique : le projet
n'est qu'un « recueil composé des débris du droit romain, des
ordonnances des rois, des coutumes anciennes et des nouvelles
lois ». L'ancien membre de la commission de rédaction répond :
« Tant mieux.! Les rédacteurs du projet mériteraient de grands
reproches si on ne trouvait rien de tout cela dans leur ouvrage.
On ne fait pas un code ; il se fait avec le temps, les rédacteurs
le savent, et ils l'ont dit ; et c'est parce qu'ils le savent qu'ils
n'ont eu garde de répudier le riche héritage que la nation a

1. FENET, t. X, p. 287 sqq. n.
2. FENET, t. XII, p. 272.
3. FENET, t. X, p. 357.
4. FENET, t. XII, p. 258. Cf. ce que dit Portalis, à propos de l'hypothèque,
dans FENET, t. XV, p. 294 : « C'est une institution toute civile, elle n'existe que par
l'autorité de la loi. »
5. Dans : *Discours,, rapports et travaux inédits sur le Code civil*, 1844, p. 63 sqq.

reçu de ses pères... Les rédacteurs ont dit partout qu'un législateur doit se conduire d'après les mœurs, les besoins, les caractères et le génie du peuple auquel il est appelé à donner des lois. *Cela n'empêche pas de dire que la loi est l'ouvrage du législateur.* » Et plus loin[1] : « En parlant de la désuétude, les rédacteurs l'ont présentée comme l'ouvrage d'une puissance invisible qui, sans commotion et sans secousse, nous fait justice des mauvaises lois. Le critique demande *quelle est cette puissance invisible. C'est celle qui crée insensiblement les mœurs, les coutumes et les langues.* »

On ne saurait mieux dire ; et cette opinion d'un des rédacteurs montre bien que si le code n'a pas voulu être un exposé historique, la description d'un état de fait, il ne s'est pas davantage présenté comme une construction artificielle de l'esprit. Il est le terme d'une construction ou d'un ensemble de constructions peu à peu élaborées au cours de la vie des sociétés ; les lois sont, selon l'idée de Montesquieu, *des faits naturels* ; le législateur leur donne seulement, avec l'autorité dont il dispose, une forme plus définie. Tel est, croyons-nous, d'une manière générale, l'état d'esprit dans lequel fut élaboré le Code civil.

Seulement, une fois données ces explications générales sur la nature des éléments juridiques que le code met en œuvre, il nous reste à les compléter par quelques remarques sur deux points particulièrement importants : il ne suffit pas de dire que le législateur a trouvé, à peu près constituées dans la société de son temps, les institutions qu'il nous présente. Il faut voir comment se fait cette présentation ; et pour cela il nous semble qu'il y a lieu de considérer deux cas : il y a des pratiques juridiques qui sont incorporées extérieurement, matériellement dans des organes, des personnes, des choses ; il y a d'autre part des croyances, des représentations, des sentiments qui expliquent les institutions, qui les constituent même, sans être incorporés ou sans être complètement incorporés en des réalités extérieures.

---

1. *Op. cit.*, p. 76.

3.

Nous avons eu déjà l'occasion de faire remarquer que le législateur, lorsqu'il exprime le fonctionnement des institutions, leur fonctionnement idéal et régulateur, se trouve amené souvent à ne pas se contenter d'analyse abstraite et de combinaison de notions : il voit les choses concrètement. Il fait intervenir tel tribunal, tel fonctionnaire ; il voit chez le notaire les parties et leurs témoins ; il voit le conseil de famille réuni autour du juge de paix. Il décrit les étapes d'une procédure, les formalités à remplir, il mentionne les lieux où elles sont accomplies : le greffe, l'auditoire du tribunal, le bureau des hypothèques. Il se représente les instruments de l'activité juridique : les registres de diverses sortes, les actes authentiques et sous seings privés.

On ne saurait, semble-t-il, exagérer l'importance de ces représentations concrètes qui soutiennent et fixent les institutions proprement dites. Nous disons : représentations concrètes. Il faut s'entendre. Ce qu'envisage le législateur, c'est bien toujours une sorte de fonctionnement schématique du droit, assez éloigné de tout ce qui est particulier et proprement local ou historique : les représentations de cette dernière sorte (la France, le Français, l'étranger[1]) sont tout à fait rares. Ce que nous appelons concret dans la loi, c'est la représentation d'êtres ou de choses qui ne sont pas pures idées ou combinaisons d'idées, qui sont données comme réalisées hors de l'esprit[2]. Le président du tribunal de première instance, dont il est si souvent question, n'est pas telle personne définie ; ce sera, dans tel cas particulier, telle personne ; dans la loi, c'est un personnage encore abstrait ; et le notaire est plus abstrait encore, plus indéterminé, puisque son choix en tel cas

---

1. V. l'*Index* à ces mots.

2. Il nous semble que c'est, au fond, ce caractère du code que visait le Tribunal d'appel de Bourges (FENET, t. III, p. 207) lorsqu'il regrettait « le mélange presque continu de principes et de mesures d'exécution. Un code ne devrait être que le recueil des principes et des règles sur chaque matière ; le mode d'exécution est l'objet des lois réglementaires. Ce mélange nuit beaucoup à la dignité de l'ouvrage. » Nous trouvons une réponse à cette objection dans le discours du tribun Démeunier sur le Livre préliminaire (FENET, t. VI, p. 87). Et nous n'hésitons pas à admettre avec ce dernier qu'une telle séparation est artificielle et mauvaise.

dépendra généralement des parties ; mais enfin ni le président, ni le notaire ne sont de pures idées. Et nous dirions la même chose des registres de l'état civil. C'est un fait que le droit s'est matérialisé dans des personnes et des choses : il y a un personnel juridique et un arsenal juridique que le législateur ne peut négliger. Souvent d'ailleurs il les a créés, et il les modifie : la refonte, à l'époque révolutionnaire, de l'état civil en fournit un remarquable exemple.

Non seulement il y a là un ordre d'éléments, dont le caractère spécial doit être remarqué, mais il s'en trouve une catégorie, les actes juridiques (en prenant ce mot ambigu dans le sens d'instruments), qui ont pris une importance de premier ordre : la plus grande partie de notre vie juridique se trouve déterminée par des actes, des écrits — généralement traités comme moyens de preuve — à la confection desquels aboutissent la plupart des institutions.

Quelle est à leur égard l'attitude du législateur ? Il y a eu, lors de la rédaction du Code civil, une discussion caractéristique, précisément en cette matière des actes de l'état civil, qui avait subi une refonte complète. On se demanda s'il ne serait pas utile d'annexer à la loi des modèles d'actes. Le projet impliquait cette solution et se référait aux modèles. Au Conseil d'État[1], Cambacérès fit observer qu'il y avait là un danger : si les modèles étaient mal copiés, on se trouverait exposé à des risques de nullité, sur lesquels la jurisprudence aurait peine à se fixer. On renonça à annexer à la loi des modèles ; et Thibaudeau, en présentant le projet au Corps législatif[2], justifiait ainsi cette suppression : « Il n'y a point de modèles ou formules d'actes annexés à la loi. Il peut être utile d'en transmettre aux officiers de l'état civil pour en faciliter la rédaction et pour la rendre uniforme ; mais ces modèeles sont susceptibles de perfection. Il faut qu'on puisse faire les changements dont l'expérience démontrera l'utilité. »

Si l'on pouvait présenter de tels arguments à propos d'actes dont l'objet et le contenu sont étroitement déterminés par la loi, à plus forte raison devait-on s'abstenir de joindre à la

1. FENET, t. VIII, p. 68.
2. *Ibid.*, p. 285.

loi des modèles pour les actes dont le contenu dépend largement de l'intention des parties. Seulement, si la loi s'abstient,
il n'en est pas moins vrai que les formules d'actes existent :
elles ne sont pas imposées, elles sont proposées aux parties.
Mais en fait le fonctionnement de notre vie juridique dépend,
pour une large part, de ces formules. Il est vrai que les auteurs
ont abandonné la pratique, autrefois suivie, de joindre des
formules à leurs traités ; c'est à peu près exclusivement dans
les ouvrages destinés aux praticiens qu'on en trouve[1]. Cela ne
diminue guère leur importance. Une déclaration de Louis XIV
avait prescrit la rédaction de formulaires, pour maintenir
l'uniformité des actes[2]. Il n'y a pas un praticien qui s'en passe.

La loi n'a pas pu ne pas tenir compte de ce fait ; et elle en
a très largement tenu compte. Ainsi les rédacteurs ont fait
observer[3] que leur objet, en écrivant les art. 533 sqq., avait
été de supprimer les contestations relatives à certaines expressions « fréquemment employées dans les actes » : meubles,
meubles meublants, biens meubles, mobilier, effets mobiliers.
D'autre part et surtout, les art. 1497 sqq., relatifs aux différentes formes de communauté conventionnelle, ne sont que
des commentaires de clauses usitées dans les actes notariés.
Cette matière nous donne lieu de remarquer qu'il y a entre la
pratique notariale et la loi un mouvement d'actions et de réactions incessantes : la loi s'énonce en fonction des formules en
usage, et celles-ci se modifient pour adapter aux intentions
des parties les dispositions légales ou l'interprétation qu'en
donne la jurisprudence[4].

Ces formules traditionnelles, plus ou moins fixées, et dans
lesquelles se sont incorporées certaines pratiques, constituent
donc pour le législateur une sorte de matière objective dont
il peut s'inspirer, qu'il peut rectifier, élucider, dont il a de toute
manière à s'occuper.

1. La remarque a été faite dans l'article *Formulaire* de la *Grande Encyclopédie*
t. XVII, p. 818.
2. V. l'article précité de la *Grande Encyclopédie.*
3. FENET, t. XI, p. 39. (Exposé de Treilhard au Corps législatif.)
4. On trouvera, par exemple, un résumé intéressant d'un de ces mouvements
dans une n. de Louis HUGUENEY, sous Cass., 28 février 1922, au S. 1923.1.145 :
il s'agit des réactions mutuelles de la jurisprudence et des formules notariales dans
la question fameuse de l' « imputation de la dot sur la succession du prémourant »
(et subsidiairement sur celle du survivant).

En principe, les conventions sont l'œuvre de la volonté expresse des parties. En fait, il n'est pas douteux que dans la plupart des cas les actes dans lesquels ces volontés sont supposées s'exprimer sont faits de formules inintelligibles aux parties, que les praticiens ont employées pour satisfaire, en gros, à la volonté des contractants.

Dans une page éloquente[1], Saleilles a évoqué la part prise par les gens de loi, à côté du législateur et du juge, à l'élaboration du droit. Cette part ne saurait être exagérée ; les études ne se bornent pas à assurer le fonctionnement du droit ; dans une large mesure, elles le créent.

Dans cette action se manifeste un des caractères les plus constants et les plus importants de l'activité juridique : *la tendance à se réduire en formules*. La loi s'exprime en formules ; les décisions du juge sont des formules. Le rôle des praticiens est de trouver les formules dans lesquelles se fixeront les droits, les intérêts, les intentions des parties.

L'avoué, avec la collaboration de l'avocat, rédige les conclusions : il formule les questions auxquelles le juge devra répondre. C'est donc lui qui dessine la forme des problèmes juridiques. Le juge a le devoir de répondre et ne peut — sauf exceptions — que répondre à ce qu'on lui demande[2].

Le notaire est parfois le rédacteur ou le témoin dont la loi exige l'intervention : en matière de donations entre vifs (art. 931), de contrat de mariage (art. 1394), d'hypothèque conventionnelle (art. 2127). On peut tester en la forme olographe ; mais le testament par acte public (art. 971) et le testament mystique (art. 976) requièrent l'intervention du notaire. Il faut ajouter que dans bien des cas, et par exemple pour les ventes d'immeubles, les parties ont recours aux

---

1. Raymond SALEILLES, *Le code civil et la méthode historique*, au *Livre du centenaire*, t. I, p. 105. Sur le rôle des praticiens dans notre ancien droit, on peut consulter VIOLLET, *Droit privé et sources*, p. 132. Le notariat constitue une branche tout à fait spéciale du droit, qui a pour ainsi dire son autonomie. La littérature qui le concerne est extrêmement abondante : nous renvoyons par exemple à la bibliographie de près de 180 pages, donnée par PAPPAFAVA dans *Etudes historiques et bibliographiques sur le notariat*, Zara, in-4°, 1895. On aura l'idée de ce qu'étaient les formules d'actes à l'époque de la rédaction du Code en consultant COMMAILLES, *Nouveau style des notaires de Paris*, in-8°, 1802. En Belgique, BOLINNE a donné un *Formulaire général en relation avec les articles du Code*, Bruxelles, 1872. En France les formulaires usuels sont ceux d'ANDRÉ et de CLERC.

2. V. ci-après, 3° partie, chap. II.

notaires sans y être forcées. Elles ne sauraient elles-mêmes exprimer leurs volontés. Et il faut dire que souvent le notaire substitue aux intentions défaillantes ou incertaines des parties les volontés précises qui se sont figées dans les formules traditionnelles.

Si en effet certains notaires ont une activité personnelle et déploient dans la rédaction des actes une véritable ingéniosité, qui est un des agents de l'évolution du droit, il faut reconnaître que, dans la plupart des cas, le notaire n'invente pas : il trouve dans les formulaires le modèle d'acte qui s'adapte à peu près au cas ; et il le copie. Il le copie textuellement. Il y a, en particulier, dans les actes, des « clauses de style » qui se transmettent pour ainsi dire automatiquement[1]. Cet automatisme du rédacteur d'actes a été parfois jugé sévèrement. Au cours des travaux préparatoires, Treilhard ne dit-il pas un jour[2] : « Les notaires peu instruits ignorent le sens de ce qu'ils écrivent ; comment l'expliqueraient-ils aux parties ? » C'était là une boutade. Mais elle met en relief un caractère important de l'activité des notaires : même lorsque celle-ci est très avertie et très intelligente, elle est toujours éminemment traditionnaliste. L'emploi des formules consacrées, dont l'interprétation est connue, est le seul moyen, pour le rédacteur d'actes, de savoir quelles seront les conséquences exactes de ce qu'il écrit. Aussi, lorsqu'une formule nouvelle s'introduit — et c'est un fait rare — c'est toujours avec peine et avec précautions ; on s'écarte aussi peu que possible des sentiers battus. Ainsi la collaboration du notariat à l'élaboration du droit est presque toujours de nature impersonnelle ; et l'on en aurait une idée inexacte, si l'on pensait trop à l'ingéniosité avec laquelle, dans quelques cas isolés, la pratique a élaboré des formules qui permettent de tourner la loi[3] ; d'ailleurs, dès qu'une formule commode est trouvée, elle se fixe, elle est stéréotypée. Ce qui est vraiment capital, c'est la cons-

---

1. V. Alb. AMIAUD, *Clauses de style*, dans *Revue du notariat*, 1870 et 1873.
2. FENET, t. XIII, p. 536.
3. Nous avons cité déjà les variations de formule dans la question fameuse de l'imputation de la dot sur la succession du prémourant ». On peut citer aussi les formules de legs, par lesquelles a pu être tournée parfois la règle qui prohibe les substitutions ; sur le « double legs conditionnel », v. C. et C., t. III, p. 958.

truction lente et la consolidation progressive de chapitres entiers du droit par la pratique notariale.

Les auteurs allemands qui, dans la période de préparation de leur Code civil, ont longuement discuté ces questions, ont montré ce qu'a d'absolument artificiel et inexact la doctrine de la volonté[1]. Il faut ajouter que la complication croissante des rapports de droit, combinée avec le fait qu'une des parties est souvent, dans le monde actuel, un puissant organisme (compagnie de chemin de fer, compagnie d'assurance, société industrielle ou grand patron) a amené la diffusion de ce qu'on nomme les contrats d'adhésion, dans lesquels l'une des parties ne discute pas et souvent ignore les clauses du contrat[2]. Les formules et en particulier les formules de style sont arrivées à constituer à côté du code, et à l'ombre du code, un droit relativement fixé, extériorisé, consacré et qui pèse d'un poids lourd sur notre vie. Un formalisme nouveau s'est ainsi institué. On n'aurait pas le sentiment juste de notre vie juridique si on négligeait cette existence des formules d'actes dont le code lui-même, comme nous le rappelions, a reconnu l'empire.

L'existence des formules d'actes traditionnellement transmises nous donne déjà quelque idée du contact qui s'établit inévitablement entre la loi et une vie juridique, des pratiques, une vie sociale, des mœurs, qui lui sont antérieures, supérieures en un sens, qui sont à la fois moins autorisées et moins fragiles. C'est ce fait capital qu'il nous faut considérer maintenant, autant que possible dans toute son ampleur. On ne peut comprendre la loi si on la sépare de cette atmosphère juridique et sociale qu'elle peut, sur quelques points, modifier, mais dont elle est née, dont elle est tout imprégnée, qui lui fournit sa substance et la déborde de toutes parts.

4.

Lorsqu'un texte de loi a eu sa source dans un mouvement récent de l'opinion, il est facile de le rattacher à ses origines.

---

1. Sur toute cette question, nous renvoyons à l'étude abondante et serrée de Georges DEREUX, *De l'interprétation des actes juridiques privés*.

2. DEREUX, *op. cit.*, 2e partie, chap. III.

Le cas est fréquent pour les textes du Code civil. L'époque révolutionnaire avait apporté un certain nombre d'idées dont les applications juridiques furent maintenues par le Code civil. Nous citerons par exemple : 732[1], 896[2], 1780[3]... En outre, la crainte de voir des initiatives privées reconstituer l'ancien droit donna lieu à un certain nombre de textes ; ainsi l'art. 1390[4], et encore cet art. 900[5], qui peut paraître si injuste, qui est si peu conforme aux tendances générales de notre droit. Cela est si vrai qu'une fois disparues les craintes que pouvait entretenir le législateur de 1804, la jurisprudence a peu à peu substitué, dans beaucoup de cas, aux rigueurs de l'art. 900, la solution plus équitable de l'art. 1131 ou de l'art. 1172[6].

A côté des cas où le législateur a eu la volonté d'instaurer un état juridique nouveau correspondant à son idéal de la vie sociale, il faut citer les cas, très caractéristiques aussi, où il s'est montré préoccupé d'adapter le texte de la loi à des transformations de la vie sociale, par exemple à des conditions économiques nouvelles. Les travaux préparatoires nous offrent quelques exemples d'un tel souci. Ainsi, dans la discussion relative au régime hypothécaire, Cambacérès soumettait au Conseil d'État les observations suivantes[7] : « Les hypothèques légales et l'inaliénabilité de la dot conservent les familles en assurant la subsistance des enfants. La législation a toujours reposé sur ce principe. Si depuis quelque temps

---

1. Art. 732 : « La loi ne considère ni la nature ni l'origine des biens pour en régler la succession. »

2. Art. 896 : « Les substitutions sont prohibées. »

3. Art. 1780 : « On ne peut engager ses services qu'à temps, ou pour une entreprise déterminée. »

4. Art. 1390 : « Les époux ne peuvent plus stipuler d'une manière générale que leur association sera réglée par l'une des coutumes, lois ou statuts locaux qui régissaient ci-devant les diverses parties du territoire français, et qui sont abrogées par le présent code. »

5. Art. 900 : « Dans toute disposition entre vifs ou testamentaire, les conditions impossibles, celles qui seront contraires aux lois et aux mœurs seront réputées non écrites. » La condition est effacée, la libéralité subsiste.

6. D'abord la théorie de la « cause impulsive et déterminante » permet d'appliquer 1131, qui annule l'obligation sur une cause illicite. D'autre part, en considérant la condition comme une véritable contre-partie qui donne à l'acte le caractère onéreux, on peut appliquer 1172 : « Toute condition d'une chose impossible, ou contraire aux bonnes mœurs, ou prohibée par la loi est nulle et rend nulle la convention qui en dépend. » L'évolution de la jurisprudence a été mise en évidence par Etienne BARTIN, *Théorie des conditions impossibles, illicites ou contraires aux mœurs*, 396 p. in-8°, Rousseau, 1887.

7. FENET, t. XV, p. 373.

on s'en est écarté, ce n'a été que pour faciliter la circulation des immeubles ou plutôt pour les obtenir à vil prix, car toute la faveur des lois nouvelles a été pour les acquéreurs. Aujourd'hui on revient à d'autres maximes. » De même, Bigot-Préameneu disait au Corps législatif[1], à propos de la prescription : « Ces lois ont été faites dans des temps où l'usage le plus général était que chacun vécut auprès de ses propriétés. Cette règle a dû changer avec nos mœurs. »

Les exemples qui précèdent se rapportent à des cas dans lesquels le législateur s'est déterminé en vue d'une fin qu'il se représentait nettement : interdire telle pratique, obtenir tel résultat. Les discours que prononçaient les orateurs chargés de présenter les divers titres du projet au Corps législatif ou même au Tribunat nous donnent souvent l'exposé des intentions générales du législateur, une sorte de philosophie sommaire de l'institution[2]. Parfois le but de la loi est assez vague : elle veut favoriser telle pratique ; et c'est pour cela, par exemple, qu'elle autorise en vue du mariage des donations qu'elle prohibe en dehors de ce cas spécial[3]. Parfois aussi ses buts sont plus précis. Seulement la poursuite d'un objet, précis ou vague, ne représente qu'une très faible part des influences sociales qui déterminent le législateur. En dehors des fins qu'il se représente, il faut tenir compte de toutes les représentations et tendances que sa conscience enferme d'une façon plus ou moins explicite.

Ce qui est important, si l'on veut se rendre compte de la nature véritable des dispositions du Code civil, c'est de voir qu'elles ne sont que la superstructure d'un navire dont la coque reste immergée. Ce qui empêche qu'on se rende parfaitement compte de ce fait capital, c'est que nous sommes encore, à peu de choses près, immergés dans le même océan de représentations et de sentiments que les rédacteurs du code. Pour saisir la vérité, il est utile de jeter les yeux sur des systèmes sociaux différents, d'où sortent naturellement des

---

1. FENET, t. XV, p. 592.

2. Cet aspect est très apparent lorsqu'au lieu de consulter le recueil de FENET, dans lequel figurent les discussions, on lit celui de LOCRÉ, qui ne donne que les discours.

3. Code civil, liv. III, tit. II, chap. VIII.

règles juridiques différentes. On soupçonne alors ce que supposent, ce qu'impliquent les articles de la loi.

Un exemple sera plus décisif que n'importe quelles considérations ou métaphores.

5.

Il y a dans le Code civil un grand nombre de textes qui concernent *la famille* : dispositions relatives au mariage, à la filiation, à la puissance paternelle, à la tutelle ; dispositions relatives à l'obligation alimentaire et surtout aux successions. Mais nous ne trouvons exprimés dans le code presque aucun des principes fondamentaux sur lesquels repose la famille dans notre société : plusieurs d'entre eux sont impliqués assez directement par certaines dispositions légales. L'ensemble de ces dispositions ne se comprend qu'en fonction de ces principes. Mais ils ne sont écrits nulle part.

Il est d'abord très notable que les textes qui concernent la famille ne soient pas réunis : ils restent épars. Le contraste de la législation française et d'autres législations est instructif : ainsi le Code civil japonais, composé de cinq livres, consacre le quatrième à la famille et le cinquième aux successions. L'individualisme qui prévalait en France à l'époque de la rédaction a fait rattacher au titre des « personnes » la plupart des règles qui concernent la famille.

D'autre part, sur les principaux aspects de l'institution, la carence des rédacteurs est manifeste.

Prenons l'institution du *mariage*. Il est notable que le code ne nous présente aucune définition du mariage. Ce qui est plus notable encore, c'est que le projet en contenait une[1] : elle était si lamentablement insuffisante que les rédacteurs l'ont abandonnée sans rien mettre à la place. Il a fallu que les auteurs suppléent à leur silence. MM. Colin et Capitant disent[2] : « Le mariage est le contrat civil et solennel par lequel l'homme et la femme s'unissent en vue de fonder une famille et de se prêter mutuellement assistance et secours. » M. Lévy-

1. FENET, t. IX, p. 4.
2. C. et C., *Droit civil*, t. I, p. 112.

Ullmann[1] a précisément choisi cet exemple pour montrer qu'une bonne définition juridique ne peut se borner à préciser son objet, mais doit en outre *évoquer* un ensemble d'idées et de sentiments. C'est une façon d'exprimer ce que nous nous efforçons d'établir.

Passons à la *filiation*. Les rédacteurs du code ont certainement eu dans l'esprit cette idée que la parenté est fondée sur le lien du sang. Toute la discussion relative à l'adoption le prouve[2] : celle-ci ne fait qu'imiter la nature. Mais ce n'est que pour la mère que la formule peut s'appliquer ; l'art. 312 est beaucoup plus qu'une présomption de paternité, puisque la preuve de l'adultère de la femme ne suffit pas à le rendre inapplicable. D'ailleurs la distinction de la parenté « légitime » et de la parenté « naturelle » prouve que le législateur tient compte d'autre chose que du lien du sang. Rien de tout cela n'est explicite.

C'est la théorie de la filiation qui est à la base de la théorie de la *parenté*. Le législateur, à propos du droit successoral, a exposé sa façon de compter les degrés de parenté ; il s'est exprimé sur ce point parce qu'il y avait divergence entre le comput du droit civil et celui du droit canon. Mais si l'exposé légal suppose, il ne formule pas les principes essentiels de la parenté chez nous : ni l'homme, ni la femme ne quittent, en se mariant, leur famille d'origine ; l'enfant a pour parents à la fois les parents de son père et ceux de sa mère. Notre droit successoral est une application de ces principes fondamentaux : il suffit de les formuler pour voir qu'ils sont spéciaux à un type de société.

Le Code civil ne contient aucune disposition relative au *nom*[3]. Il a fallu que la doctrine et la jurisprudence construisent entièrement la théorie juridique de ce qu'on a appelé le droit au nom[4]. On sait pourtant quelle est l'importance sociale de

1. H. Lévy-Ullmann, *Eléments d'introduction générale à l'étude des sciences juridiques*. I. *La définition du droit*, Sirey, 1917, p. 104.
2. Fenet, t. X ; v. en particulier, p. 404, l'observation du Tribunat: « L'adoption ne peut être considérée que comme une espèce d'imitation de la nature. »
3. Sauf 347 : « L'adoption conférera le nom de l'adoptant à l'adopté, en l'ajoutant au nom propre de ce dernier. »
4. V. spécialement sur cette question le livre de E. H. Perreau, *Le droit au nom en matière civile (patronymique, titre, prénom, pseudonyme, surnom, armoiries)*, Larose, in-8°, 1910.

ce signe : dans toutes les sociétés, depuis les plus primitives jusqu'aux plus complexes, la communauté de nom est l'indice, plus parfois que l'indice, la substance même du lien de parenté. Dans notre société il n'est pas douteux que l'usage traduise un état des mœurs qui n'est pas entièrement d'accord avec la structure juridique expresse de la famille : et la pratique n'a pas cessé d'admettre que la femme garde son nom de fille, et même parfois que l'enfant joigne au nom de son père celui de sa mère. Il y a là des flottements très révélateurs, et qui soulignent une grave lacune de la loi.

Ces quelques réflexions montrent tout le substrat massif d'idées auquel se rattachent les dispositions sporadiques de la loi. Combien maigres paraissent dès lors les secours offerts traditionnellement à l'interprète : le raisonnement abstrait, les indications des travaux préparatoires, les précédents historiques eux-mêmes, et nous ajouterons les besoins conscients de la société contemporaine. Le seul moyen que nous aurions de mettre à leur vraie place et de comprendre pleinement les dispositions de la loi serait de posséder cette « histoire générale du droit comparé » qu'un grand romaniste appelait récemment de ses vœux[1] ; et une telle histoire du droit ne serait possible que comme élément d'une œuvre plus vaste, d'une sociologie générale. C'est dire combien nous sommes loin aujourd'hui de pouvoir nous satisfaire. Du moins pouvons-nous prendre conscience des insuffisances inévitables de toute interprétation.

Ce n'est pas seulement, malgré l'apparence, un résultat négatif que nous obtenons. Nous comprenons pourquoi les juristes attachent, d'instinct, tant d'importance à cet *esprit juridique*, qu'il est si difficile de définir. C'est la même cause qui le rend à la fois indéfinissable et essentiel : ni la perfection du savoir, ni même la rencontre de certaines aptitudes définies ne suffiraient à le caractériser. Si nous ne nous trompons, son objet principal est de suppléer, par une sorte d'instinct profond, aux lacunes insondables de nos connaissances. Derrière les formules légales, le juriste restaurera, en leur laissant

---

1. GIRARD, *Manuel de droit romain*, p. 6, n. 1.

leur influence respective, ces croyances et ces tendances, ces idées et ces sentiments qui sont l'âme même des institutions ; et c'est le sentiment obscur de ces réalités essentielles — traditions et courants nouveaux — qui lui permettra d'appliquer comme il convient ces formules trop sèches, trop minces, qui ne sont que la superstructure intellectuelle, seule visible, d'un monde immense et à peu près ignoré.

CHAPITRE III

Du rôle des notions générales, éléments de l'activité créatrice aussi bien que de l'activité représentative

Parmi les éléments à l'aide desquels se construit le droit, il en est qui méritent un examen particulièrement attentif, à la fois parce qu'ils nous permettent de pénétrer jusqu'à la plus intime structure de notre objet d'études et parce qu'ils nous donnent la preuve que l'*esprit se sert pour régir des mêmes notions générales que pour savoir*.

Nous ne saurions reprendre ici dans son ampleur le problème des catégories ; nous voudrions nous en tenir autant que possible à l'aspect de ce problème qui est directement lié à notre sujet, tout en étant intimement convaincu que les faits dégagés ont de l'importance pour la question dans son ensemble. Avant de nous attacher à l'étude de deux idées qui nous semblent avoir sur la structure générale du Code civil et de tout notre droit une influence déterminante, nous nous efforcerons de donner une idée sommaire du rôle qu'y jouent ce qu'Hamelin appelait les éléments principaux de la représentation.

La seule lecture de l'art. 1er nous montre un usage du *nombre*, du *temps*, de l'*espace*, le nombre servant à mesurer des délais et des distances. En un tel cas, le lien entre nos représentations et les idées de nombre, de temps, d'espace prises dans un ensemble régulateur est très apparent : le délai qui fonde la présomption de connaissance des lois est déterminé d'après la distance de chaque lieu au siège du gouvernement, éléments concrets de notre représentation.

Si l'on regarde d'un peu près certaines déterminations de temps et de lieu énoncées dans le Code civil, on verra que beaucoup d'entre elles ne se comprennent qu'en fonction d'idées juridiques, qui ne sont pas des données extérieures, mais des élaborations de l'homme : il en est ainsi de 1409, lorsque cet article parle des successions échues aux époux « durant le mariage », ou de 102, lorsque cet article définit le domicile comme le lieu du « principal établissement ». En de tels cas, les éléments généraux de l'espace et du temps se mêlent directement à des constructions juridiques aussi bien qu'à des représentations concrètes.

L'usage des catégories dans la construction juridique sera plus apparent encore, plus dégagé du contact avec la représentation des choses, si nous considérons telles *qualités* qui n'ont de sens que pour le droit : authentique (art. 1410); ou telles *relations* qui n'existent que par le droit : de créancier à débiteur (art. 1166).

A vrai dire, dans une multitude de cas, pour les raisons que nous avons exposées, il y a mélange de construction et de représentation et cela se retrouve dans l'usage des idées générales : des relations comme celles de *parents à enfants*, des qualités comme celles de *choses mobilières* se trouveront inintelligibles si nous leur enlevons le support qu'elles ont dans nos représentations de la nature ; mais elles seront aussi radicalement faussées si nous ne les détachons pas en quelque manière de ce support. Il apparaît ainsi que la qualité et la relation sont des façons générales de penser qui débordent l'usage représentatif de la pensée. Sans doute peut-on songer à prétendre que ces schémas, liés d'abord à la représentation, ont été étendus ensuite à des fonctions qui ne sont pas purement représentatives, tout en restant associées à la représentation. Mais c'est là une affirmation gratuite, et qui d'ailleurs ne pourrait satisfaire l'esprit que si elle était tout à fait générale : or il y aurait peut-être paradoxe à soutenir que certaines idées générales, étroitement associées à l'action, sont empruntées par la fonction active de l'homme à sa fonction représentative.

Si nous examinons l'usage que fait fréquemment le code du rapport de *causalité* (lorsqu'il emploie par exemple les mots « emporte », « entraîne », v. *Index*), nous aurons le sentiment bien net que, quelles que soient les analogies que puisse présenter cette causalité avec celle que considèrent les sciences de la nature, nous sommes en présence d'une création idéale qui est tout autre.

A plus forte raison en sera-t-il ainsi si nous nous attachons aux idées qui, sous tant de formes, expriment proprement dans le code l'activité consciente de l'homme : idées de *fin* et de *personne*. Quelque image que nous puissions trouver de ces catégories dans la nature représentée, quelque extension qu'on ait pu donner hors de l'homme à ces idées, il ne nous paraît pas niable qu'elles n'ont toute leur saveur essentielle que dans l'ensemble de notions que nous avons de notre activité[1]; et cette activité sera pour l'esprit d'autant mieux conçue qu'elle le sera comme agissante et non pas seulement comme représentée. En un sens assurément on y pourra voir un objet de l'esprit et, si l'on veut, une représentation. Mais elle sera d'abord, et surtout, et essentiellement une force qui se déploie.

C'est, croyons-nous, le privilège de notre étude de nous avoir permis justement de saisir les éléments principaux — nous ne dirons plus de la représentation, mais de l'intelligence ou de la conscience — dans une opération qui est essentiellement de l'ordre de l'activité, sans être détachée pourtant de l'ordre des choses intellectuelles. Bref, il nous semble que la construction du droit utilise les éléments fondamentaux de notre structure intellectuelle, non pas seulement parce qu'elle est en contact avec notre représentation des choses qui se sert de ces éléments, mais aussi et surtout parce que ces éléments sont d'une généralité suprême et, par suite, indissolublement liés non seulement à l'activité représentative, mais à l'activité créatrice de la pensée ou de la conscience.

Ces indications générales se préciseront d'elles-mêmes et se confirmeront au cours de l'étude que nous allons aborder des trois éléments généraux dont le rôle nous paraît caractéristique : la notion de temps, la notion d'identité, la notion de personne.

---

1. Il s'agit, bien entendu, de l'activité sociale aussi bien que de l'activité individuelle.

CHAPITRE IV

Du rôle de la notion du temps

La logique générale sous sa forme classique considère, indépendamment du temps, des notions et des qualités. Les dispositions du Code civil perdraient leur sens si nous les traitions de cette manière purement statique. L'étude même des aspects divers que revêt la règle de droit nous a déjà montré qu'elle implique considération du temps : elle n'a de sens qu'orientée vers l'avenir[1]. Il faut reprendre l'idée et montrer comment les textes de lois envisagent constamment le devenir. Lorsqu'on aura constaté que le temps constitue une des bases essentielles de la structure logique du code, on sera sans doute amené à penser que la remarque peut être transposée, appliquée à d'autres domaines ; et l'on entreverra peut-être un aspect, jusqu'ici fort négligé, de la logique générale[2].

Notons tout de suite que, dans le code, le temps est considéré d'une façon abstraite. Ce n'est que d'une façon tout à fait exceptionnelle que le législateur s'est référé à une date, à un moment déterminé de l'histoire[3]. Normalement le temps lui sert à exprimer certains rapports, envisagés idéalement, et dont le cours des choses offrira les réalisations concrètes et particulières.

---

1. Voir 1re partie, chap. IV ; chap. V, sect. III, § 2.
2. V. cependant L. BRUNSCHVICG, *La modalité du jugement*, p. 239.
3. Nous citerons 1390 : « Les époux *ne* peuvent *plus* stipuler d'une manière générale que leur association sera réglée par l'une des coutumes, lois ou statuts locaux qui *régissaient ci-devant* les diverses parties du territoire français, et qui *sont abrogés par le présent Code.* » Cf. art. 691, al. 2 ; art. 2281.

Section I

Des événements

I.

La plupart des institutions ne sont pas considérées comme des réalités immobiles ; elles ont une évolution, elles se déroulent dans le temps. Spécialement il y a lieu d'envisager leur commencement et leur fin : par exemple la célébration du mariage et sa dissolution ; le commencement de la communauté et sa dissolution ; la formation d'une obligation et son extinction. Souvent la loi vise toute une série de faits ou d'actes : par exemple, en matière de tutelle, la nomination du tuteur, la levée des scellés, la confection et la clôture de l'inventaire, la vente des meubles, l'entrée en exercice... (art. 451 sqq.). Aussi bien que le début et la fin, ces faits ou actes ne sont intelligibles que par rapport à l'institution considérée dans le temps.

De telles idées expriment des *événements* ; et l'on ne saurait correctement les ramener aux *caractères* ou *qualités* considérés par la logique classique. Spécialement il ne faudrait pas, parce que l'événement n'accompagne pas d'une façon constante la notion, être tenté de le considérer comme un accident : souvent il répond à quelque chose de constitutif : le mode de formation d'une obligation fait partie de ce qu'elle a d'essentiel. D'autre part l'accident, au sens logique du mot, peut être indépendant du temps; les événements sont, au contraire inséparables des moments. La naissance d'un cheval est d'une autre nature logique que sa couleur alezan.

En réalité, parmi les événements, il y en a qui sont liés au développement normal de l'institution. Il y en a d'autres qui peuvent, ou non, se produire. Il y a lieu, pour les événements comme pour les qualités, de discerner ceux qui sont accidentels de ceux qui sont essentiels.

Dans notre régime juridique, la promulgation d'une loi

(art. 1), l'inscription d'une hypothèque (art. 2134) sont essentielles. Au contraire l'art. 1302 prévoit un événement accidentel, un événement au sens le plus commun du mot : « Lorsque le corps certain et déterminé qui était l'objet de l'obligation *vient à périr...* » Il y a, en pareil cas, quelque chose de fortuit, une rencontre de séries. C'est encore ce qui apparaît dans l'hypothèse de l'art. 750 : « En cas de *prédécès des père et mère d'une personne morte sans postérité...* ». Nous citerons enfin les cas de révocation des donations entre vifs pour cause d'ingratitude (art. 955).

Même en de pareils cas, il faut bien noter que l'événement ou les événements envisagés le sont en fonction de l'institution : la disparition d'un corps certain n'a de signification juridique que par le fait de l'existence de l'obligation de le livrer ; le prédécès des père et mère d'une personne morte sans postérité n'a de signification juridique qu'en vue de la dévolution de la succession. L'éventuel même fait partie de la construction. De ce point de vue on peut dire qu'en notre domaine la distinction de l'essence et de l'accident est beaucoup moins importante que dans la théorie logique des espèces : du fait qu'un accident est considéré, il sert à exprimer l'idée que le législateur s'est faite de l'institution. Et par exemple la théorie des risques, qui vise des accidents au sens le plus précis du terme, constitue un des éléments principaux de la réglementation des obligations (art. 1302, 1303).

Il reste pourtant vrai que le législateur distingue l'accidentel de l'essentiel. Mais il est plus exact et plus important de discerner avec lui trois sortes de déterminations : l'essentiel, qui constitue la nature même de l'institution, sans quoi elle n'existe pas ; l'accidentel pur, dont les variations n'ont aucune importance ; dans l'intervalle, *le normal, quod plerumque fit,* qui a une certaine importance régulatrice[1]. Cette distinction peut évidemment se formuler par rapport à des caractères, à des qualités aussi bien que par rapport à des événements. Mais en fait elle intervient principalement dans l'ordre des manifestations de l'activité de l'homme.

---

1. V. complément I.

2.

Nous sommes ainsi amené à considérer, comme éléments de la construction juridique, des faits : faits juridiques (tels que l'accomplissement d'une formalité), faits ordinaires auxquels a été conférée une importance juridique (mort, destruction). Le législateur prévoit ceux de la première catégorie. Il n'en est pas de même de ceux de la seconde : il en prévoit certains ; il les exprime et détermine leurs conséquences ; mais il a le sentiment de son impuissance à les envisager tous. Et il avoue cette impuissance. Il s'en remet aux juges pour l'appréciation des « *circonstances de la cause* ».

Cela ne veut pas dire que toute l'infinie variété des faits ait une influence juridique. Dans la masse innombrable des circonstances, il n'y en a qu'un nombre relativement restreint qui soient susceptibles d'avoir une portée juridique. En un sens même, on peut dire que ce départ entre ce qui importe et ce qui est insignifiant caractérise un état du droit. La consommation de certains aliments, prescrite ou prohibée, sera la matière principale de la réglementation dans certaines sociétés ; notre droit l'ignore complètement. Ce sont presque exclusivement les traditions, les usages, les mœurs qui guideront le juge dans le choix et l'appréciation des circonstances, abandonnées à ses lumières.

Les travaux préparatoires du Code civil nous donnent à plusieurs reprises l'occasion de constater que le législateur a eu le sentiment qu'il lui était impossible de serrer d'assez près la variété du réel et a par suite abandonné l'appréciation des circonstances à la prudence du juge. Nous avons déjà cité ces textes des travaux préparatoires[1] ; mais, dans d'autres cas que ceux-là, le texte même du Code civil réserve souvent d'une façon expresse « les circonstances particulières » et leur « équitable » appréciation ; l'art. 565 marque bien le rapport qui s'est établi entre les « circonstances » et l' « équité » :

« Le droit d'accession, quand il a pour objet deux choses

---

1. V. chap. préliminaire, § 3.

mobilières appartenant à deux maîtres différents, est *entière-ment subordonné aux principes de l'équité naturelle.*

« Les règles suivantes serviront d'exemple au juge pour se déterminer dans les cas non prévus, *suivant les circonstances particulières.* »

Les articles qui suivent s'attachent en fait à diverses circonstances, à propos desquelles il est curieux de noter que certains exemples concrets donnés dans le projet furent supprimés, comme susceptibles d'égarer[1]. Cela prouve combien il est difficile pour le législateur d'entrer dans trop de détails, et pourquoi il a dû renvoyer parfois, sans autres précisions, à la prudence du juge[2]. Il faut ajouter que, même lorsqu'il n'y renvoie pas expressément, le juge n'aura pas moins à intervenir. Les considérants de fait d'une décision de justice contiennent justement la constatation des circonstances particulières de la cause ; et nous avons eu déjà l'occasion de remarquer combien les appréciations de droit se mêlent aux constatations de fait[3]. Faisant devant le Corps législatif quelques réflexions sur la culture juridique générale qui serait nécessaire au magistrat après publication des codes comme avant, Treilhard en expliquait l'urgente nécessité par le besoin où se trouve le juge d'appliquer la loi « à cette variété infinie d'espèces que font éclore tous les jours mille circonstances imprévues, ou la malice inépuisable des plaideurs[4]. »

Non seulement le juge tiendra compte des circonstances, mais il y aura tels cas, d'ailleurs exceptionnels, dans lesquels l'équité l'amènera à faire passer au second plan la loi, en raison des caractères particuliers de la cause. C'est là un fait connu, classé : les « *décisions d'espèce* » s'opposent aux décisions de principe. Et le législateur lui-même semble avoir d'avance

1. L'art. 567 « est réputée partie principale celle à laquelle l'autre n'a été unie que pour l'usage, l'ornement ou le complément de la première » était illustré des exemples suivants : « Ainsi le diamant est la partie principale relativement à l'or dans lequel il a été enchâssé ; l'habit relativement au galon, à la doublure et à la broderie. » Dupuy demande que l'on considère une tabatière au lieu d'une bague : le diamant est à la fois partie principale et ornement. Cambacérès proposa de supprimer les exemples, ce qui d'ailleurs ne supprimait pas la difficulté de fond (FENET, t. XI, p. 81).
2. Cf. art. 1135.
3. V. 1re partie, chap. VI.
4. FENET, t. XII, p. 159-160.

accepté ou excusé cette attitude, lorsqu'il a déclaré que la
loi ne peut statuer — et donc, sans doute, ne statue — qu'en
vue des cas ordinaires[1]. Son attitude est, sous réserves, comparable à celle du physicien, qui raisonne en supposant certaines conditions de température ou de pression, à celle du
chimiste qui suppose des corps purs.

Mais ce qu'il y a de caractéristique dans l'attitude du législateur, ce n'est pas qu'il tienne compte, pour la réserver, de la
variété infinie des faits ; c'est qu'il retienne et fasse pénétrer
dans sa construction certains faits, certaines circonstances.

3.

Et d'abord, dans un certain nombre de cas, la loi vise expressément, mais en bloc, le trouble que vient apporter à l'exécution normale des obligations, ce qu'elle appelle le « *cas fortuit* » ou la « *force majeure* »[2]. Ces idées sont en corrélation
avec l'idée de faute, à tel point que l'expression « sans faute »
peut être considérée comme une formule analogue, sinon
équivalente ; seulement lorsque la loi parle de la faute[3],
elle vise une catégorie large mais déterminée d'actes, tandis
que le « cas fortuit » désigne l'infinie variété du hasard[4].

4.

Ce qui est plus important encore, c'est l'attitude du législateur qui consiste à tirer hors de la masse des faits et des actes,
tel fait, tel acte type dont il constitue une notion proprement
juridique, en lui attachant tels effets juridiques. C'est là
un procédé constant. Il suffit d'ouvrir le code à n'importe
quelle page pour en trouver des exemples. Nous nous borne-

1. FENET, t. VII, p. 46 (Déclaration de Tronchet).
2. Art. 855, 1148, 1302, 1733, 1807 sqq, 1882 sq.
3. Réserve faite, bien entendu, des nuances nombreuses que ce mot comporte.
V. *Index*, v° faute.
4. V. *Index*.

rons à montrer par deux exemples comment la considération de telle circonstance se mêle à la construction du droit.

L'art. 148 décide que les enfants mineurs (fils mineur de 25 ans et fille mineure de 21 ans dans le texte de 1804, mineurs de 21 ans dans le texte actuel) ne peuvent contracter mariage sans le consentement de leurs père et mère ; le texte ajoute : « *En cas de dissentiment*, le consentement du père suffit. » En cas de dissentiment : la loi vise ici une certaine circonstance psychologique, le désaccord du père et de la mère concernant le consentement à donner ; la loi décide que c'est l'avis du père qui l'emporte. Mais ce n'est pas tout : ce serait tout si la loi avait dit : les enfants mineurs ne peuvent contracter mariage sans le consentement de leur père. Elle ne dit pas cela : elle exige le consentement des père et mère ; et c'est seulement en cas de dissentiment que le consentement du père suffit. Il faut donc que la mère soit consultée[1] : la jurisprudence a exigé la preuve du «dissentiment», et par suite de la «consultation préalable » ; elle demande l'accomplissement d'une formalité qui était avant la loi de 1907 un acte respectueux, depuis la loi de 1907 une notification, et qui est depuis la loi de 1913 une des formalités prévues dans le texte qui est devenu le second alinéa de l'art. 148. On voit comment l'énonciation d'une circonstance est devenue une condition.

L'art. 1382 est une formule générale, qui rassemble, comme base de la responsabilité civile en matière quasi délictuelle, un certain nombre de circonstances typiques. Si on rattache ce texte à ses origines, il est aisé de voir que les circonstances d'abord visées étaient beaucoup plus concrètes et plus déterminées ; les origines sont diverses, mais l'élément central est la loi Aquilia[2] qui, tout en constituant déjà une systématisation, visait encore des dommages déterminés : mort des esclaves et de certains animaux ; tort causé au créancier principal par le créancier accessoire qui a fait remise de la dette ; blessure infligée aux esclaves et animaux, destruction ou détérioration des autres choses corporelles. D'extensions en extensions on vint à la formule abstraite qui fut adoptée sans dis-

1. C. et C., t. I, p. 130.
2. GIRARD, *Manuel de droit romain*, p. 412 sqq.

cussion en 1804 : chose curieuse ce texte, qui est devenu le plus important de notre législation civile, ne donna pas lieu à la moindre discussion[1]. Seulement, une fois insérée dans la loi une formule générale, on l'appliqua, sous la poussée des événements et de l'évolution des idées, à des circonstances particulières nouvelles et de plus en plus nombreuses. De sorte que, partant de tels faits concrets, on est passé à une formule abstraite qui embrasse avec les cas anciens un grand nombre de cas nouveaux. Une évolution de pareille ampleur est rare. Mais on peut dire qu'au degré près elle représente un mouvement normal et un des procédés qui jouent dans la construction du droit un rôle capital. Dans le droit et dans d'autres domaines, on pourrait reconnaître semblable évolution pour les notions qui correspondent à des réalités permanentes, à des êtres ou des choses. Ici il s'agit de notions correspondant à des événements, à des circonstances, à des actes ; de sorte qu'elles sont à un double degré fonction du temps : elles le sont, comme les notions d'êtres ou de choses en ce sens qu'elles peuvent s'imprégner, au cours de l'évolution, d'une signification variable ; mais elles le sont en outre et de façon plus intime parce qu'elles expriment des faits, que l'esprit ne peut réaliser que dans des circonstances particulières, dans l'espace et dans le temps. On admettra sans doute aisément que la nature même de ces notions les rend particulièrement solidaires de l'évolution, et qu'ainsi le premier des caractères signalés est en étroit rapport avec le second. Cela importe grandement : si les textes de lois ont la souplesse qu'on leur reconnaît presque unanimement aujourd'hui, mais qu'en somme ils ont toujours plus ou moins présentée, c'est, pour une large part, parce que leurs éléments constitutifs correspondent à des circonstances qui ne peuvent être pleinement conçues hors du cours des choses. Si abstraite que soit la formule légale, elle ramène presque inévitablement l'interprète vers la vie.

---

1. Fenet, t. XIII, p. 455.

5.

La rencontre d'un certain nombre de circonstances peut constituer *un cas*. Mais il y a lieu de faire pour les cas la même distinction que pour les circonstances. On peut appeler cas la rencontre en tel lieu et tel temps d'un nombre pratiquement infini de circonstances, qui constituent l'individuel, le particulier : nous avons une espèce, une cause, une affaire. Mais plus généralement le mot « cas » désigne un ensemble, abstrait et général, de circonstances dont le rapprochement est, au moins en partie, fortuit, mais présente pour le juriste un intérêt. Cet emploi du mot se trouve illustré par les textes extrêmement nombreux où se lisent les expressions : dans le cas où... ; dans ce cas ; en pareil cas[1].

Très souvent le législateur considère une situation afin de dire quelles conséquences ou solutions juridiques elle comporte. Or, pour certains problèmes généraux, il arrive que la détermination des solutions implique une réflexion en deux étapes : on considère d'abord une situation très générale d'où se dégage un problème : ouverture d'une tutelle, ouverture d'une succession. Mais les solutions différeront selon les circonstances. Il faudra donc distinguer différents cas, à peu près comme fait le mathématicien dans la discussion d'un problème. Comme le mathématicien, le juriste aura à se préoccuper de prévoir tous les cas possibles et de les distinguer nettement : il faudra que son énumération soit complète et que ses distinctions soient sans ambiguïté.

Mais là se borne l'analogie. Pour le mathématicien en effet le but est seulement d'adapter une solution, déjà trouvée, aux valeurs diverses des variables. Pour le juriste, chaque cas comportera une solution distincte, indépendante à quelques égards des solutions données dans les autres cas. En même temps et surtout la diversité des cas ne se réduira pas aux variations de variables données d'avance : la variété des circonstances qui pourraient être prises en considération dans telle

---

1. V. *Index*, v⁰ cas.

situation n'est pas définie par la position abstraite du problème. Le juriste a à choisir parmi une infinie multiplicité les
circonstances qui méritent vraiment d'exercer une influence :
par exemple au cas de succession, le fait qu'il y a ou non un
testament, le fait que le *de cujus* laisse des parents de tel ou
tel ordre et degré. Non seulement il y aura choix ; mais il y
aura combinaison des différents éléments. La double préoccupation logique que nous avons signalée devra être transposée :
il faudra que la loi énumère tous les cas, mais des points de vue
où elle s'est placée ; il faudra qu'elle les distingue clairement
en tenant compte de leur réaction mutuelle. Il devra parfois
y avoir subordination des circonstances considérées : ainsi,
dans un régime où il sera absolument interdit de déshériter
les descendants, la question de savoir s'il y a ou non des descendants devra précéder logiquement celle de savoir s'il y
a ou non un testament.

En somme, en matière juridique, on peut dire que c'est l'appréciation préalable de l'importance de telle circonstance pour
la détermination de la solution qui fait qu'elle sera retenue.
Ce seul fait qu'une circonstance est retenue implique que le
parti est pris au moins partiellement sur la solution à intervenir. *Le travail de distinction des cas a donc déjà quelque chose
de décisoire.* Ce qui reste des conditions générales rapportées
ci-dessus, c'est la nécessité logique d'éviter le flottement
qui se produirait par exemple si, après avoir adopté une
formule qui suppose tels et tels cas (par exemple que les droits
successoraux existent au bénéfice de tous parents jusqu'au
douzième degré), on négligeait de résoudre l'un de ces cas
(par exemple un certain concours entre parents éloignés),
ou encore si les définitions de solutions étaient telles que plusieurs solutions différentes pussent s'appliquer au même cas.
Il y aura donc là un travail, assez délicat d'ailleurs, et qui ne
peut se définir *a priori*, car il dépend dans chaque cas de la
nature des faits ; et ce travail pourtant implique une sorte
de rectitude qui est d'ordre logique.

Prenons un exemple : considérons le problème de la *dévolution d'une succession.* Il suppose cette idée, admise dans nos
sociétés, que les droits d'un individu ne meurent pas avec lui,

mais sont transmis à d'autres lorsqu'il meurt. La loi ne règle pas systématiquement le rapport entre les deux cas les plus généraux : dévolution *ab intestat*, dévolution réglée par testament ; notons en passant que l'ordre dans lequel les deux problèmes sont traités (liv. III, tit. I, Des successions ; tit. II, Des donations entre vifs et des testaments) contredit la façon dont certain auteurs ont voulu, à tort assurément, présenter la dévolution *ab intestat* comme le testament présumé du défunt.

Plaçons-nous, pour simplifier, dans le cas où il n'y a pas de testament. Il va falloir distinguer encore divers cas. La loi devra dire quels sont les éléments déterminants. D'où l'art. 732 : « La loi ne considère ni la nature, ni l'origine des biens pour en régler la succession. » On sait qu'il n'en a pas toujours été ainsi; une large part de notre ancien droit successoral a été régie par la règle : *paterna paternis, materna maternis*[1]. Et aujourd'hui encore l'idée n'a pas entièrement disparu, puisque le code admet exceptionnellement des droits de retour : art. 747 et 351.

Sous cette réserve, la dévolution ne dépendra pas des biens, de leur nature ni de leur origine. Elle dépendra des successibles, de la nature et du degré de leur parenté par rapport au défunt. Mais la consistance de ces éléments n'est pas absolument fixée, préalablement donnée pour le législateur. La dévolution des successions est une des institutions principales par lesquelles s'exprime la valeur de tels liens de famille. Le législateur utilise bien des notions qui ont d'autres applications, mais en un sens aussi il les crée en réglant la dévolution : c'est précisément à propos des successions que le Code civil expose sa théorie de la parenté, ou du moins des degrés de parenté (art. 735-738), car il y a — nous l'avons dit — certains principes, et fondamentaux, qui restent sous-entendus : par exemple le fait que la parenté s'établit également par les hommes et par les femmes.

Ainsi le législateur — nous n'entendons pas par ce mot le rédacteur de la loi, mais le créateur même de la loi, qui, pour l'essentiel, est le plus souvent la société elle-même — le législateur crée les cas plutôt qu'il ne les constate.

De là la distinction des ordres d'héritiers : descendants, ascendants, collatéraux ; ascendants et collatéraux se divisant encore en ascendants ou collatéraux privilégiés et ordinaires. Puis le principe de la fente. Enfin la préférence accordée aux degrés les plus proches. De la considération de ces principes de dévolution résultera la distinction des divers « cas » : 1º il y a des descendants (art. 745) ; 2º il n'y a pas de descendants, ni de collatéraux privilégiés (frères, sœurs ou descendants d'eux), il y a des ascendants (art. 746) ; 3º il n'y a pas de descendants, il y a des collatéraux privilégiés et des ascendants privilégiés (père et mère) (art. 748) ; il faut faire une sous-distinction selon qu'il y a un seul ascendant ou deux, et une autre selon que les collatéraux sont du même lit ou de lits différents (art. 751 et 752); 4º il n'y a ni descendants ni ascendants privilégiés, mais seulement des collatéraux privilégiés (art. 750); 5º il n'y a ni descendants ni collatéraux privilégiés, il n'y a d'ascendants que dans une ligne (art. 753), etc...

Ces simples indications montrent combien il est délicat de prévoir tous les cas qui peuvent se présenter : la multiplicité des considérations dont il y a lieu de tenir compte, le défaut de coordination méthodique laissent beaucoup à une sorte de flair du rédacteur, c'est-à-dire au hasard. On a signalé[1] le fait que la minutieuse *théorie des comourants*, art. 720 sqq., laisse plusieurs cas sans solution : ainsi, lorsque l'un des comourants avait moins de quinze ans, l'autre plus de quinze ans et moins de soixante, et encore lorsque l'un des comourants avait plus de soixante ans, l'autre plus de quinze ans et moins de soixante.

Pour la dévolution des successions, on ne peut pas dire exactement la même chose, mais presque ; car l'injustice de certaines solutions qui découlent des textes montre que le rédacteur n'a pas envisagé les cas auxquels elles s'appliquent[2] : « Supposons que le *de cujus* laisse deux enfants, *Primus* et

1. C. et C., t. III, p. 372.
2. C. et C., t. III, p. 385. Nous empruntons à ces auteurs l'exposé d'un de ces cas.

Secundus : *tous deux sont vivants*, mais ils sont écartés de la succession comme indignes ou ils renoncent. *Primus* a un enfant et *Secundus* en a cinq. Les petits-enfants venant tous à la succession de leur chef (art. 787), le partage a lieu par tête. Les enfants de *Secundus* auront à eux tous les cinq sixièmes de la succession. L'enfant de *Primus* qui aurait eu la moitié de la succession si son père l'avait recueillie et lui avait ensuite transmis sa part de la fortune du grand-père défunt, ne recueillera qu'un sixième. Afin d'éviter ce résultat injuste, l'ancien Droit avait établi la *représentation à l'effet de partager*... c'est sans doute par inadvertance que le code a négligé d'adopter cette institution. »

*
* *

L'étude même des « cas » nous montre dans quel sens il faut maintenant orienter notre recherche. La considération d'un événement, d'un acte, d'une circonstance, d'un cas ne se suffit pas elle-même : elle intervient en vue d'autre chose ; elle est élément d'un ensemble. Tous les exemples que nous avons cités le laissent pressentir. C'est ce qu'il nous faut expliquer. Nous allons voir que le temps n'intervient pas seulement comme le cadre des événements, des moments, mais comme la base d'une articulation de la pensée dans le successif: *l'événement est considéré en vue de ses conséquences, l'acte pour sa portée, la circonstance pour son influence et le cas pour sa solution.*

SECTION II

Conditions et effets

L'étude de la subordination nous avait conduit déjà à souligner l'originalité de ce rapport[1]. Il n'explique pas seulement une forme de proposition, la forme la plus typique que le Code civil nous présente. Il est au cœur même de toute

---

1. Voir 1re partie, chap. v, sect. III, § 2. Sur l'importance logique de la théorie des conditions, et ses rapports avec la théorie des classes, cf. PADOA, *Logique déductive*, p. 49 sqq., et les autorités qu'il cite : Leibniz, et, parmi les modernes, Mac Coll, Peano, Couturat.

pensée juridique ; il constitue l'articulation capitale de toute notion, de toute institution.

Lorsqu'on ouvre un traité de droit civil, on est frappé par l'importance d'une articulation, dont la fréquence semble attester le caractère capital : nous songeons à la distinction, pour chaque institution, des *conditions* et des *effets*. Un des titres fondamentaux du Code civil, le titre III du livre III, « Des contrats ou des obligations conventionnelles en général », s'articule sur cette distinction : après le chapitre premier, « dispositions préliminaires », le chap. II traite « des conditions essentielles pour la validité des conventions », et le chapitre III « de l'effet des obligations ». Et si les rubriques légales ne sont pas toujours explicites, il est aisé de reconnaître (avec le mot « effets » plus fréquent que le mot « conditions ») l'idée dans un grand nombre de titres[1]. L'interprète n'a fait, à cet égard, que suivre la loi, ou plutôt qu'obéir à la même nécessité.

Quels sont donc l'origine, le sens, la portée de cette distinction ?

Techniquement on peut l'analyser comme une distinction faite au sein de la compréhension de la notion ; et alors il apparaît que les éléments considérés comme conditions se trouvent, pour l'usage de la notion, dans une sorte de proximité particulière par rapport à l'extension. Il reste vrai, à la rigueur, que c'est bien l'ensemble des caractères de la notion, l'ensemble de la compréhension, qui déterminera son extension en logique abstraite. Mais dans la pensée juridique réelle, c'est l'ensemble des conditions, abstraction faite des effets, qui dessinera la sphère d'application de la notion, qui déterminera les cas, enfin qui délimitera son extension. Il n'est pas surprenant que la définition énonce habituellement les conditions, si, selon une formule classique, c'est la définition qui détermine l'extension.

Ce qui rend très notable la distinction signalée, c'est que le rapport entre les conditions et les effets joue, dans le droit, un rôle plus important que le rapport entre l'extension et la compréhension et, au fond, un rôle comparable, puisque

1. Ainsi dans la matière de l'adoption, le projet, sous une de ses formes, opposait expressément les conditions et les effets (FENET, t. X, p. 359) : l'un des mots a disparu, l'idée subsiste.

l'ensemble des conditions dessine la sphère d'application de l'ensemble des effets. Les notions juridiques présentent ainsi une structure bien caractérisée, originale et qui, à notre connaissance, n'a pas encore été étudiée.

Or, pour comprendre le sens et la généralité de cette articulation logique, il faut introduire la considération du temps. Il n'y a presque pas de problème de droit qui ne la suppose : le plus souvent il s'agit de dire, telle circonstance étant donnée, quelles conséquences elle comportera, ou à l'inverse, qu'est-ce qui doit être fait maintenant pour que tels résultats soient obtenus ultérieurement. Ainsi l'art. 488 formule les effets de l'accomplissement de la majorité, qu'on peut appeler condition de la capacité civile; d'autre part l'art. 600, par exemple, décide que l'usufruitier doit faire inventaire pour entrer en jouissance. Si le terme d' « effets » semble plutôt se rapporter au premier point de vue, le terme de « conditions » concerne évidemment le second. Mais il s'agit, en réalité, d'une simple différence de points de vue, le rapport logique est au fond le même.

Analysons-le.

Le rapport envisagé rappelle le rapport de cause à effet, en ce sens que c'est l'accomplissement des conditions qui entraîne ou permet l'apparition des effets : entraîne, dans le cas de conditions suffisantes ; permet, dans le cas de conditions simplement nécessaires.

Ces expressions mêmes supposent une considération de temps, les conditions étant de l'*avant* par rapport à l'*après* que sont les effets. Mais il peut arriver que ce rapport soit d'antériorité et postériorité simplement logique, lorsque l'effet se réalise *ipso facto* à l'instant où la condition elle-même se réalise : ainsi, aux termes de l'art. 1583, l'acquisition de la propriété par l'acheteur (effet de la vente) a lieu « dès qu'on est convenu de la chose et du prix » (condition de la vente). Mais on voit bien comme on passe insensiblement du rapport de temps au rapport logique abstrait ; et il ne paraît pas douteux que le rapport de temps reste le prototype, comme le prouvent les métaphores mêmes « d'antériorité » et « postériorité » logiques.

Dire cela, ce n'est d'ailleurs pas vouloir réduire à une pure succession la relation de conditions à effets, qui suppose un lien plus intime.

Pour comprendre de quelle nature est ce lien, vaguement esquissé au début de ces explications, il faut noter que le passage ne se fait pas d'une façon directe, des conditions aux effets, du moins dans le cas où conditions et effets constituent deux groupes d'éléments d'une notion ; le passage se fait par l'intermédiaire de la notion elle-même, de l'institution, qui ne serait peut-être qu'un mot vide si on la vidait de ses conditions et de ses effets, mais qui marque la synthèse des uns et des autres. Énumérer les conditions de la vente et ses effets serait vain, si l'on ne savait qu'il s'agit des conditions et des effets d'un acte juridique, c'est-à-dire si l'on n'affirmait la solidarité des éléments constitutifs de l'institution[1].

Mais nous ne sommes pas dans le domaine des constatations scientifiques : la synthèse, si bien préparée, si impliquée qu'elle puisse être dans la réalité sociale, apparaît dans les droits évolués comme posée par l'esprit ; elle est une synthèse véritable, c'est-à-dire qu'en un sens elle est arbitraire. C'est ainsi que, dans des régimes juridiques différents, le même effet juridique peut être soumis à l'accomplissement de conditions différentes : dans la vente romaine ancienne, la transmission de la propriété se fait par mancipation, tandis que chez nous elle résulte d'un accord de volontés. Et dans un même régime, il peut arriver que le législateur ajoute une condition nouvelle ou retranche un effet ancien ; telle modification pourra parfois s'analyser d'une manière ou de l'autre : ainsi l'institution de la transcription par la loi de 1855; du point de vue de la vente on peut y voir soit l'addition d'une condition pour la pleine validité des ventes d'immeubles, soit la suppression d'un effet des ventes non transcrites.

Ajouter une condition, ce sera restreindre l'extension de la notion : il est vrai que, dans le cas où l'accomplissement de la condition nouvelle dépend de la volonté, comme par exemple lorsqu'il s'agit d'une formalité supplémentaire, il pourra arri-

---

1. V. 3ᵉ partie, chap. III.

ver qu'en fait l'extension ne soit pas sensiblement diminuée ;
mais même alors, et on le voit bien si on se place du point de
vue du juge, il faut reconnaître que toute addition de condition augmente les chances pour que l'ensemble des conditions
ne soit pas rempli, et diminue par conséquent l'extension.
Au contraire, l'addition ou la suppression d'un effet sont, en
principe, sans effet logique sur l'extension. Mais naturellement, il peut se faire qu'une modification de cet ordre, deve-
nant un motif psychologique qui encourage à une activité
juridique ou en détourne, augmente ou diminue indirectement
le nombre de cas dans lesquels elle se produira ; et ce résultat
même peut être visé par le législateur.

Ces remarques mettent en relief un aspect important des
notions juridiques : ces notions sont orientées vers l'action,
et ne peuvent s'analyser comme les notions dont la nature
est d'exprimer des constatations. Elles sont formulées en vue
de l'avenir, et elles réagissent sur lui. L'activité juridique sera
dans une large mesure fonction des cadres que la loi lui impose
ou lui propose. Le mot même de conditions répond à cette idée,
et il ne faut pas perdre de vue que ce que l'on nomme « effet »
est souvent pensé comme un but. L'institution apparaît
ainsi, dans tous les cas où elle est proposée à l'activité volontaire de l'homme, comme un ensemble de moyens organisés
pour la réalisation de certaines fins. Ces moyens, ou plus largement ces conditions, expriment les garanties, de forme
ou de fond, ou les restrictions dont le droit veut entourer
l'obtention ou la réalisation de tel résultat.

Si maintenant on se demande comment l'addition d'une
condition réagit sur les effets, il faudra reconnaître qu'en général et en principe elle ne change rien. Si le législateur impose
à tel contrat une formalité supplémentaire, cela peut très bien
ne rien changer à ses effets. Seulement les divers éléments qui
constituent l'ensemble des effets ne sont pas tellement solidaires qu'on ne puisse les dissocier, et par exemple mettre en
rapport la réalisation d'un seul d'entre eux, et non de l'ensemble, avec l'accomplissement de telle condition spéciale. Ainsi
l'art. 1585, relatif à la vente de marchandises « au poids, au
compte ou à la mesure » était écrit dans le projet sous cette

forme[1] : « ...La vente n'est parfaite qu'après que les choses vendues ont été pesées, comptées où mesurées. » La Section de législation du Tribunat fit observer qu'on pouvait croire qu'avant cette opération il n'y avait pas de vente ; l'acheteur n'aurait pas pu forcer le vendeur à exécuter. Tout ce que l'on vise, c'est le maintien des risques à la charge du vendeur jusqu'au pesage ; la Section proposa donc la rédaction actuelle, qui spécifie le lien entre la condition du pesage et cet effet particulier, le transfert des risques : « ...La vente n'est point parfaite, en ce sens que les choses vendues sont aux risques du vendeur jusqu'à ce qu'elles soient pesées, comptées ou mesurées. »

Un tel exemple illustre bien le mécanisme des institutions juridiques : elles s'expriment en fonction du temps, elles impliquent intervention de l'activité, elles énoncent les effets des événements et des actes ou les conditions de l'obtention de tels résultats. La détermination des effets et la détermination des conditions, avec les rapports des uns aux autres, constitue la forme normale de la construction juridique.

SECTION III

Périodes ; statuts

Le temps n'est pas seulement le cadre des événements et le cadre des successions. Il implique la durée. Son écoulement est parfois qualifié d'une façon caractéristique. Plus généralement encore il sert de base à des qualifications caractéristiques.

I.

Dans la représentation que le législateur se fait de la vie juridique, l'écoulement du temps joue un grand rôle. Dans une multitude de cas, un délai se trouve déterminé : soit pour fixer par rapport à un fait le moment de l'accomplissement des con-

1. FENET, t. XIV, p. 85.

séquences juridiques de ce fait (art. 1), soit pour indiquer, toujours par rapport à un point de départ, la période pendant laquelle ou au terme de laquelle un acte, une formalité pourront être accomplis. Dans la théorie des contrats, le « terme » correspond à cette dernière sorte de délais.

Un intérêt particulier s'attache à quelques cas dans lesquels le seul écoulement du temps produit des conséquences juridiques : ainsi l'accomplissement des vingt et un ans donnant la pleine capacité civile (art. 388, 488). Encore, en ce cas, l'effet juridique s'explique-t-il par la croissance organique, le développement psychologique dont l'âge est le signe retenu par le législateur. La prescription, qu'elle soit procédé d'acquisition ou de libération (art. 2219), est plus typique ; sans doute elle suppose, pour s'accomplir, certaines conditions ; mais enfin ce qui est capital, ce qui est considéré comme essentiellement producteur d'effets juridiques, c'est bien l'écoulement même du temps.

2.

Dans tous les cas que nous venons de citer, la considération du temps se ramène à la détermination de certaines périodes, qui ont tels caractères juridiques : période d'application d'une loi, périodes pendant lesquelles tel acte peut être accompli, pendant lesquelles tel sujet est affecté d'une certaine manière (théorie de l'absence, de la minorité, de la majorité), période pendant laquelle la prescription est en cours, période de la prescription réalisée.

Les périodes ainsi déterminées dans le temps présentent, par rapport à certaines institutions, certains caractères : elles sont qualifiées ou servent de base à des qualifications. Il y a des qualités ou des aptitudes qui n'existent qu'à partir d'un certain moment, pendant un certain temps, jusqu'à un certain moment.

On s'est demandé[1] si le temps considéré par les juristes

---

1. Raoul BRUGEILLES, *Le droit et la sociologie*, in-8°, Paris, 1910, p. 95 sqq. Il faut remarquer que le calendrier introduit dans le temps, dans la représentation la plus usuelle du temps, une hétérogénéité foncière, dont la distinction des jours fériés et les jours ouvrables est actuellement la manifestation juridiquement la plus impor-

est un temps homogène et indifférencié, comme le temps
du mathématicien. En un sens on peut bien prétendre que,
pour soutenir une multitude de différenciations, il doit être
lui-même indifférencié. Seulement il n'a d'intérêt et d'importance que par les différenciations qu'il est prêt à accueillir ;
et il faut dire qu'il y en a au moins une qui le colore si immédiatement, qui l'imprègne d'une façon si intime et si complexe
qu'elle constitue véritablement la nature même du temps dans
notre pensée juridique. C'est un point qui mérite attention :

Une des distinctions les plus banales auxquelles le temps
donne lieu est celle du *passé* et de l'*avenir* qui est, si l'on veut,
celle de l'avant et de l'après considérés par rapport au présent.
Cette distinction prend naturellement la forme d'une opposition et d'une opposition violente. On a tellement insisté sur
la continuité du temps, abstraitement envisagée, qu'on a
été porté à négliger cette différence irréductible de qualité
qui est sans cesse présente dans notre vie réelle : l'opposition
aussi forte que celle du oui et du non, l'opposition tragique
du passé et de l'avenir. Or toute promulgation de loi fait dans le
droit une rupture comparable. Et spécialement la promulgation d'une loi qui institue un monde juridique nouveau, d'une
loi telle que le Code civil crée véritablement une ère : le temps
qui s'écoulera désormais se trouve marqué, imprégné de toutes
les possibilités exprimées par les règles nouvelles de droit.
Sans doute il n'est pas intégralement vrai que la rupture sera
absolue entre l'avant et l'après. Les difficultés de la théorie de la
rétroactivité[1] proviennent justement de l'impossibilité d'une
séparation absolue. Mais à cette réserve près on peut bien dire
que la promulgation d'un Code civil marque, au sens le plus
plein de l'expression, le commencement d'un temps nouveau.

tante. Dans le texte de 1804, l'art. 63 exigeait que les publications avant mariage
fussent faites « à huit jours d'intervalle, un jour de dimanche ». Les unités pratiques
de temps sont fixées par le calendrier (v. *Index*, v^ie an, mois, jour, heure). Notons
enfin que le changement de calendrier à l'époque du Consulat a entraîné modification, en 1807, de l'art. 2261, qui contenait une référence au calendrier révolutionnaire. Sur les éléments sociaux de la représentation du temps, et spécialement sur
cette idée que les divisions du temps répondent originellement à la périodicité
des rites, des fêtes, des cérémonies publiques, v. HUBERT et MAUSS, *Mélanges d'histoire religieuse*, in-8°, Alcan, 1909, chapitre relatif à la représentation du temps
dans la religion, et DURKHEIM, *Formes élémentaires de la vie religieuse*, 647 p. 8°,
Alcan, 1912.

1. V. complément J.

3.

Une fois dégagée cette idée qu'un texte de loi qualifie d'une certaine manière le temps auquel il s'applique, lui communique certaines déterminations, il est aisé de vérifier l'importance de cette opération ; on peut appeler son résultat création d'un *statut*. L'usage très large de ce mot dans la langue juridique laisse déjà pressentir la portée de l'idée qu'il exprime. Encore allons-nous voir qu'on peut, sans arbitraire, en étendre beaucoup l'application.

Ce qui caractérise un statut, c'est l'existence dans une personne ou dans une chose de qualités qui sont essentiellement des aptitudes : le statut est l'ensemble des aptitudes juridiques avec lesquelles une personne ou une chose se comportera ; il contient en puissance ce qui pourra se réaliser en fonction des circonstances. L'idée a toute sa valeur dans les régimes les plus différents : elle présente les mêmes caractères en droit romain (*status libertatis, civitatis, familiae*)[1], dans le droit des premiers siècles de notre histoire[2], dans un régime de castes[3], dans notre droit civil contemporain. Sans doute ce dernier est égalitaire, et l'on pourrait croire que l'uniformité des situations rejette dans l'ombre l'idée de statut ; il n'en est rien : le mineur, la femme mariée, le commerçant même et à certains égards le fonctionnaire, les époux mariés sous tel régime sont soumis à des statuts particuliers. Ce que nous disons des personnes peut se dire des biens : dans les droits les plus différents, on distingue plusieurs sortes de biens donnant lieu à des opérations diverses : biens dans le commerce et hors du commerce, biens meubles et immeubles.

Mais il faut aller plus loin. Il y a des systèmes juridiques dans lesquels les opérations tendent à rester détachées les unes des autres ; il y en a au contraire dans lesquels elles tendent à prolonger leurs effets, à retentir sur toute la vie juri-

---

1. GIRARD, *Manuel de droit romain*, Liv. II, chap. 1, ii, iii.
2. VIOLLET, *Droit privé et sources*, p. 92.
3. BOUGLÉ, *Essai sur le régime des castes*, xii-278 p. 8, Alcan, 1908.

dique des personnes ou des choses qu'elles affectent. Il n'est pas douteux que dans notre droit ce dernier aspect des choses soit très fréquent. L'importance de premier plan prise par les notions de personne et de patrimoine en est une preuve. En un sens on peut dire que tout acte juridique, qui affecte d'une certaine manière une personne ou un patrimoine, modifie sa solvabilité et par cela même sa situation juridique concrète. Plus précisément un tuteur, un donataire soumis éventuellement à rapport ou à réduction, un vendeur même soumis à garantie, un acheteur d'immeuble qui peut être poursuivi en rescision, l'auteur responsable d'un délit ou d'un quasi-délit voient leur statut affecté par chacun de ces événements : chacun d'eux leur communique une aptitude ou un ensemble d'aptitudes, au sens le plus large du mot ; de même des biens sujets à usufruit, des biens frappés d'hypothèque ou de privilège prennent désormais une nature juridique particulière.

Notre vie juridique réelle est faite de l'accumulation et de la rencontre de toutes ces déterminations ; son caractère fondamental vient du retentissement juridique de certains faits. *Pour analyser la vie juridique, il faut donc s'habituer à considérer beaucoup moins des qualités inhérentes à des notions que des possibilités, des aptitudes qui caractérisent un sujet à partir d'un certain moment* : c'est ce que nous appelons, en un sens large, son statut[1]. De ce point de vue encore, on voit que les notions maniées par le droit ne sont intelligibles, comme l'idée même de puissance, qu'en fonction du temps.

---

1. La généralité d'application de l'idée de « statut » a été mentionnée, très brièvement d'ailleurs, par E. PICARD, *Le droit pur*, in-8°, Paris, 1908, p. 97. Cf. DAVY, *Droit, idéalisme et expérience*, p. 20, sur la théorie du « droit statutaire » d'Hauriou. BRUGEILLES, *Le droit et la sociologie*, p. 152-153.

CHAPITRE V

Du rôle de la notion d'identité ou d'équivalence

Après avoir étudié une notion qui joue dans l'ordonnance
des idées et la structure de la pensée un rôle capital, nous abordons une notion peut-être plus fondamentale encore, car elle
n'est pas seulement la base de plusieurs formes de l'activité
logique dans le domaine [du droit, elle lui fournit une part
de sa substance intime.

SECTION I

Du passage du même au même; du procédé d'assimilation ; du progrès logique

I.

L'identité est le fondement [de [la déduction : ce qui rend
celle-ci légitime, c'est qu'en passant du principe aux conséquences on ne fait, en un sens, que passer du même au même.
Bien entendu, pour que la déduction ait un intérêt, il faut que
cette identité ne soit pas absolue, qu'elle se découvre sous des
différences. Nous n'avons pas à insister sur ces points depuis
longtemps élucidés. Il pourrait sembler que la déduction soit
réservée à l'interprète et n'ait aucune place dans un texte
de loi. Si ce texte contient le principe, le soin d'en tirer les
conséquences appartiendra à l'interprète. C'est justement ce
que l'on fit remarquer, lors de la préparation du Code[1],
à propos de l'art. 725. Nous en rappelons le texte : « Pour

1. FENET, t. XII, p. 12.

succéder, il faut nécessairement exister à l'instant de l'ouverture de la succession.

« Ainsi sont incapables de succéder :

« 1º Celui qui n'est pas encore conçu ;

« 2º L'enfant qui n'est pas né viable ;

« 3º Celui qui est mort civilement. »

Bérenger demanda la suppression des 1º et 2º, qui lui paraissaient inutiles, « puisqu'ils ne sont que des conséquences évidentes et nécessaires du principe général énoncé au commencement de l'article ». Mais cette raison ne parut pas convaincante, et le texte fut maintenu.

Et ce n'est pas là un cas isolé. L'art. 2222 contient peut-être encore plus nettement un passage de principe à conséquence : « Celui qui ne peut aliéner ne peut renoncer à la prescription acquise. » De ce texte on peut rapprocher la première rédaction de l'art. 776, que la discussion fit préciser sous sa forme actuelle[1] : « Ceux qui ne sont pas capables de s'obliger ne peuvent pas valablement accepter une succession. »

Pourquoi le législateur ne laisse-t-il pas à l'interprète le soin de déduire ? C'est qu'il y a, en de tels cas, autre chose qu'une simple déduction. Ou plutôt la déduction n'est qu'une façon de présenter les idées. Reprenons l'art. 725 : ce qui donne à la formule générale sa signification, ce sont les exemples ; elle en est un résumé, ou une justification, au moins autant qu'ils en sont des conséquences. La pensée du législateur n'est complète que par la double expression qu'elle se donne. Ce caractère de justification ou d'explication est très apparent dans les autres exemples cités, où l'on voit bien — par la place même des articles — que ce que le législateur a voulu directement exprimer, c'est ce qu'il présente comme conséquence.

Lisons encore l'art. 1583 : « Elle [la vente] est parfaite entre les parties, et la propriété est acquise de droit à l'acheteur

---

1. FENET, t. XII, p. 38 et 99. Le texte adopté est le suivant : « Les femmes mariées ne peuvent pas valablement accepter une succession sans l'autorisation de leur mari ou de justice, conformément aux dispositions du chapitre VI du titre *Du mariage*. Les successions échues aux mineurs et aux interdits ne pourront être valablement acceptées que conformément aux dispositions du titre *De la minorité, de la tutelle et de l'émancipation.* »

à l'égard du vendeur dès qu'on est convenu de la chose et du prix, quoique la chose n'ait pas encore été livrée, ni le prix payé. » Là encore, on peut sans doute considérer la seconde proposition comme une conséquence de la première, mais elle en est plutôt le développement ; ou, si l'on veut, la première n'est qu'une expression condensée de la seconde.

Pour bien comprendre la nature de l'attitude prise par le législateur, il faut se souvenir qu'il est un constructeur. Il a, très largement, la libre disposition des idées qu'il manie. Ainsi il pourrait très bien, dans le cas de 725, considérer comme ayant existé l'enfant qui n'est pas né viable. Les liens de principe à conséquence sont en partie son œuvre. Pourtant ce ne seraient pas des liens de principe à conséquence, s'ils étaient son œuvre absolue. Il y a bien un rapport logique entre l'idée générale et les applications que le législateur énonce. Et le législateur use de ce rapport pour donner à son œuvre une cohésion, une solidité que n'auraient pas des solutions sporadiques.

2.

Plus souvent que l'espèce de déduction précédemment décrite, nous trouvons dans le Code une extension motivée d'une idée.

Selon un vieil adage, l'accessoire suit le principal. L'art. 566 applique ce principe à l'accession mobilière. De même 1615 dit : « L'obligation de délivrer la chose comprend ses accessoires ; » 696 dit: « Quand on établit une servitude, on est censé accorder tout ce qui est nécessaire pour en user » (cf. 697) ; et 708 dit encore : « Le mode de la servitude peut se prescrire comme la servitude elle-même. » Enfin nous reconnaîtrons un progrès, un glissement analogue de la pensée dans l'art. 1398, qui ne fait que traduire, gauchement d'ailleurs, une formule romaine : « Le mineur habile à contracter mariage est habile à consentir toutes les conventions dont ce contrat est susceptible. »

A côté de cette extension d'un principe à des matières connexes, nous mentionnerons ce qu'on pourrait appeler une extension par symétrie, qui se rencontre fréquemment dans des institutions anciennes[1], et qui s'exprime par exemple dans 512 : « L'interdiction cesse avec les causes qui l'ont déterminée ; néanmoins la mainlevée ne sera prononcée qu'en observant les formalités prescrites pour parvenir à l'interdiction. »

De telles citations nous montrent le créateur du droit tendant à élaborer une construction logique, simple, dans laquelle une règle, ou un procédé une fois conçus tendent à accroître leur champ d'application. Nous avons constaté le fait dans des cas où l'extension était en quelque sorte insensible, dictée par les circonstances mêmes. Nous allons voir maintenant combien les procédés de l'extension analogique, de l'assimilation des cas sont fréquemment appliqués, — assez fréquemment pour devenir une des formes caractéristiques de la pensée juridique.

3.

On a depuis longtemps remarqué le rôle que joue dans l'interprétation le raisonnement par analogie. Mais là, c'est faute de solution directe d'une difficulté qu'on y a recours ; il constitue une sorte de pis aller. Tout au plus peut-on dire que la prédilection dont il est l'objet, le fait qu'on l'emploie même quand il n'est pas de mise[2] prouvent le penchant que les juristes ont pour lui. Or, dans le domaine de la loi, l'analogie

---

1. Par exemple en droit romain : le mariage par *confarreatio* se dissout par un acte religieux contraire, la *diffarreatio* (GIRARD, *Manuel de droit romain*, p. 161). De même la remise de dette emploie des formes corrélatives aux modes de s'obliger : ainsi pour le *nexum*, l'acte libératoire consiste dans la pesée (fictive à l'époque historique) d'un certain poids de métal, remis avec des paroles solennelles par le débiteur au créancier en présence des cinq témoins et du *libripens* ; pour le contrat verbal, on emploie des formes libératoires inverses de celles de la stipulation (GIRARD, *op. cit.*, p. 714).

2. Ainsi le terme de « rapport » est parfaitement clair lorsqu'on en limite l'usage aux « rapports réels » visés à la sect. II du chap. vi du Tit. I du liv. III ; la pratique, par un fâcheux glissement de vocabulaire, a introduit l'expression de « rapport fictif » pour désigner la réunion fictive à la masse des biens donnés, pour le calcul de la quotité disponible. Une fois le terme introduit, on a été tenté d'appliquer aux « rapports fictifs » le régime institué par la loi pour les « rapports » (c'est-à-dire pour les rapports réels), spécialement l'art. 857 qui décide que le rapport n'est dû qu'au co-héritier, et non aux légataires et créanciers. Mais la jurisprudence a très correctement écarté cette doctrine, et la Cour de cassation a soin, dans ses considérants, d'éviter de parler de « rapports » pour désigner les réunions fictives à la masse : elle emploie justement cette expression de « réunion fictive », suggérée par 922 (Req., 8 décembre 1908, dans D. 1912.1.100, avec les références données en n., et spécialement Req., 29 janvier 1890. D. 1891.1.437 et Ch. réun., 8 juillet 1826, dans Jur. gén. v° Dispositions entre vifs et testamentaires, n° 1100).

peut bien présenter un avantage de simplicité, permettre par un renvoi une sorte d'économie ; mais enfin elle n'est pas indispensable ; si le législateur y a recours fréquemment, c'est sans doute qu'elle répond à un besoin profond de la construction juridique.

Il y a des cas dans lesquels la loi applique à un domaine analogue les règles formulées d'abord pour certaines matières. Ainsi 1476 décide que « le partage de la communauté, pour tout ce qui concerne ses formes, la licitation des immeubles quand il y a lieu, les effets du partage, la garantie qui en résulte et les soultes, est soumis à toutes les règles qui sont établies au titre *Des successions* pour les partages entre cohéritiers. » De même 509 décide : « L'interdit est assimilé au mineur, pour sa personne et pour ses biens : les lois sur la tutelle des mineurs s'appliqueront à la tutelle des interdits » ; et 514 : « La défense de procéder sans l'assistance d'un conseil peut être provoquée par ceux qui ont droit de demander l'interdiction ; leur demande doit être instruite et jugée de la même manière. »

Nous avons eu déjà l'occasion[1] de noter l'importance des fictions, et celle des formules « *est censé* », « *est réputé* » dans le Code civil. Nous remarquions que ces mots indiquent une construction opérée par le législateur. Nous pouvons préciser : cette construction est une assimilation. Au lieu d'énoncer les règles mêmes auxquelles il veut soumettre un cas, le législateur assimile ce cas à un autre, lui substitue une représentation fictive à laquelle nous appliquerons les règles ordinaires, et qui est telle que l'application des règles ordinaires au cas imaginé équivaudra au règlement du cas réel par des règles spéciales. C'est ce qui se passe pour 883 : « Chaque héritier *est censé* avoir succédé seul et immédiatement à tous les effets compris dans son lot, ou à lui échus sur licitation, et n'avoir jamais eu la propriété des autres effets de la succession » ; et pour 739 : « La représentation est une *fiction* de la loi, dont l'effet est de faire entrer les représentants dans la place, dans le degré et dans les droits du représenté. »

Cette façon de penser est tellement normale pour le législa-

1. V. 1re partie, chap. 1.

teur qu'il se laisse entraîner à l'employer dans des cas où elle est entièrement superflue. C'est ainsi que dans le projet[1], les art. 705 et 706 étaient ainsi rédigés : « Toute servitude est censée éteinte lorsque le fonds à qui elle est due, et celui qui la doit, sont réunis dans la même main ». « La servitude est censée éteinte par le non-usage pendant trente ans ». La Section de législation du Tribunat fit supprimer le mot « censé », en remarquant que la servitude est bien réellement éteinte ; « se contenter de dire qu'elle est censée éteinte serait atténuer l'idée ». Mais 704, visant la même hypothèse que 706, parle d' « un espace de temps suffisant pour *faire présumer* l'extinction de la servitude », cela montre bien que, si une formule est plus énergique que l'autre, le sens réel, l'effet de la loi est le même, qu'on intercale ou non le mot « censé ». Seulement ce mot nous fait voir que le législateur arrive à la solution à l'aide d'une construction, qui est dans ce cas assez simple pour qu'on la sous-entende.

A propos de la mort civile, Rœderer faisait justement obser-ver[2] au Conseil d'Etat : « Les difficultés viennent ici de ce qu'on oublie que la mort civile n'est qu'une fiction dont la loi peut régler les suites comme elle le croit convenable[3]. » Par ailleurs la discussion du régime de l'adoption montre bien que celle-ci fut conçue comme une imitation de la nature. Il est commode et naturel de régler une situation par référence, par analogie à une autre situation, donnée dans la nature, ou plus simple, ou déjà réglée par la loi : ce sont là les diffé-rentes circonstances dans lesquelles la loi procède par fiction, ou par analogie. L'assimilation est un procédé élémentaire de construction. On comprend pourquoi la loi en limite à son gré la portée : de telles assimilations ne sont jamais que par-tielles. On comprend aussi pourquoi il est conforme à la vérité et utile de rappeler qu'il s'agit de fiction, d'une création de l'esprit, d'un monde idéal. Comme le disait Montesquieu[4], « il ne faut point raisonner du figuré à la réalité ». Mais « le

---

1. FENET, t. XI, p. 290.
2. FENET, t. VII, p. 50.
3. De même GILLET (*ibid.*, p. 303) : « La mort civile et ses effets sont du domaine de la loi positive qui peut les modifier à son gré. »
4. Cité par GILLET, *l. c.*

figuré », c'est aussi une réalité, c'est même la véritable réalité juridique ; et comme le disait le tribun Grenier[1] en une formule qui nous fait pénétrer fort avant dans la nature de la loi : « *La fiction, pour la loi, est la vérité.* »

4.

En essayant de dégager le rôle de l'idée d'identité dans la structure intime de notre Code, nous avons été amené à citer des exemples, d'où il ressort clairement *qu'en même temps qu'identité il y a progrès.* Ce passage du même au même, qui est en un sens satisfaisant pour la raison, ne se réalise peut-être jamais à la rigueur ; s'il se réalisait à la rigueur, il y aurait stagnation, il n'y aurait rien à exprimer. Toute expression, même la plus analytique, implique passage d'une chose à une autre ; et la seconde peut, dans la définition par exemple, être donnée comme absolument équivalente à la première, elle n'en est pas moins différente. A plus forte raison en est-il ainsi lorsque l'identité s'atténue en analogie, ou en proportionnalité, ou en symétrie. Mais s'il y a altérité en même temps qu'identité, il y a aussi, dans une multitude de cas passage, le présent se trouvant lié au passé, ou le futur au présent, par ce qu'ils comportent d'identique, et le présent se trouvant distingué du passé, opposé au passé, le futur distingué du présent, opposé au présent par ce qu'ils comportent d'autre.

C'est sous des formes extrêmement diverses que se réalise dans le texte de la loi ce progrès de la pensée. Précisément parce qu'il s'agit sans doute ici d'une loi fondamentale de la raison, elle sera d'application fréquente, mais souvent aussi latente.

Quelques exemples nous feront saisir ce que peut être un tel développement, dans lequel l'esprit, partant d'une idée fondamentale, l'explique, la suit, en la complétant, en la délimitant, c'est-à-dire à la fois en maintenant l'idée et en l'enrichissant.

Considérons le chap. II du tit. III du liv. II, qui règle les droits d'usage et d'habitation ; ces droits sont d'abord assi-

1. *Ibid.*, p. 253.

milés, pour partie, à l'usufruit (art. 625-626) ; puis on spécifie : 630 : « Celui qui a l'usage des fruits d'un fonds ne peut en exiger qu'autant qu'il lui en faut pour ses besoins et ceux de sa famille. Il peut en exiger pour les besoins même des enfants qui lui sont survenus depuis la concession de l'usage ; » (632 : règles analogues pour l'habitation); 631 : « L'usager ne peut céder ni louer son droit à un autre ; » (634 : règle analogue pour l'habitation); 635 : « Si l'usager absorbe tous les fruits du fonds, ou s'il occupe la totalité de la maison, il est assujetti aux frais de culture, aux réparations d'entretien et au paiement des contributions, comme l'usufruitier. S'il ne prend qu'une partie des fruits, ou s'il n'occupe qu'une partie de la maison, il contribue au prorata de ce dont il jouit. »

Ce qui nous frappe, dans un tel développement, ce qui nous paraît en lui rationnel, c'est que le législateur s'efforce à un exposé cohérent en développant une idée — qui est la notion même du droit d'usage et d'habitation — en fonction de certaines circonstances typiques.

Prenons un autre exemple, qui montrera les étapes d'un mouvement logique dans lequel s'ordonnent quelques-unes des conceptions fondamentales du droit des obligations : 2092 : « Quiconque s'est obligé personnellement est tenu de remplir son engagement sur tous ses biens mobiliers et immobiliers, présents et à venir »; 2093 : « Les biens du débiteur sont le gage commun de ses créanciers ; et le prix s'en distribue entre eux par contribution, à moins qu'il n'y ait entre les créanciers des causes légitimes de préférence »; 2094 : « Les causes légitimes de préférence sont les privilèges et hypothèques. »

Il nous semble qu'en passant d'un de ces articles à l'autre, on saisit parfaitement le lien qui unit le second au premier, le troisième au second et que l'on ne voit pas moins nettement la nouveauté, le progrès. Qu'un mouvement de cette sorte soit satisfaisant pour l'esprit, on ne le niera sans doute pas.

Mais il y a plus. Ce progrès fait songer à la marche synthétique dont Hamelin, après d'autres penseurs, ont fait la base du savoir. Or il est très frappant que le mouvement synthé-

tique caractéristique se retrouve dans les conceptions les plus
fondamentales du droit, et vienne ainsi animer en quelque
sorte tout notre texte. Dans un *droit réel*, nous trouvons le
sujet, l'objet entre lesquels s'énonce le lien de droit (propriété);
dans un *droit personnel*, nous trouvons le sujet actif (créancier), le sujet passif (débiteur), entre lesquels s'établit le lien
de droit (obligation). Que l'on prenne l'exposé d'un droit
réel ou personnel quelconque, on y reconnaîtra cette *relation*
fondamentale, qui implique *thèse, antithèse* et *synthèse*. Et cela
est fort naturel ; si ce procès est un aspect fondamental de
la pensée, il se doit reconnaître à la base du droit, en tant que
celui-ci est œuvre de pensée.

Section II

De l'identité, de l'équivalence
considérées comme la substance de notre notion de la justice

I.

Le passage du même au même n'est pas seulement un procédé. On a depuis longtemps été frappé du rôle que joue l'idée
comme matière essentielle de notre conception du droit et de
la justice. Sous leur forme générale, ces constatations sont
tellement simples qu'il nous suffira de les rappeler avant de
préciser les plus frappantes de leurs applications dans le Code
civil.

Le droit, c'est le moyen de maintenir ou de rétablir une
situation, c'est l'affirmation du pouvoir idéal que ce qui est
possède de persister, c'est l'affirmation de la valeur de l'identité dans le temps. D'autre part, on sait combien notre droit
est pénétré de l'idée d'égalité : l'égalité des personnes devant
la loi est la condition même qui doit être remplie pour que l'on
puisse énoncer des textes généraux comme ceux qui nous
régissent. Ces deux idées sont à ce point fondamentales qu'on
peut craindre de les diminuer en en montrant la réalisation
dans des institutions spéciales. Mais ces cas sont tellement nom-

breux qu'ils prouvent aussi la généralité des idées. Pour la première, nous mentionnerons : l'idée de la continuation de la personne du défunt[1], l'idée de la représentation en matière successorale[2] dont on peut rapprocher la représentation du mandant par le mandataire[3], la subrogation[4], etc... Pour la seconde, nous citerons toutes les mesures qui ont eu pour objet d'uniformiser la situation juridique des personnes, à l'époque révolutionnaire, dans le Code et depuis le Code : abolition des classes sociales[5], égalité successorale[6], rapprochement de la situation des enfants naturels et de celle des enfants légitimes[7], rapprochement de la condition de la femme et de celle de l'homme[8], etc.

2.

C'est spécialement lorsqu'il s'agit d'expliquer la naissance d'un droit et d'en indiquer le contenu, c'est-à-dire lorsque l'identité, la permanence se trouvent rompues que les idées d'identité ou d'équivalence montrent leur influence[9].

La source principale des obligations dans notre droit est le contrat. Le contrat tire, dans l'opinion commune, le principe de sa force de la consensualité. Mais l'art. 1108 cite « *la cause* » parmi les conditions essentielles de validité des conventions. Sans doute l'art. 1132 nous dit : « La convention n'est pas moins valable, quoique la cause n'en soit pas exprimée » ; et l'on a pu ainsi se demander si notre Code consacre déjà l'obligation dite abstraite, que le Code allemand reconnaît dans son § 780. En réalité la nécessité d'une expression de la

1. Art. 724, 870 sqq.
2. Art. 739 sqq.
3. Art. 1984 sqq.
4. Art. 1249 sqq.
5. SAGNAC, *Législation civile de la Révolution*, p. 245 sqq.
6. SAGNAC, *op. cit.*, p. 347 sqq. C. civ., art. 745.
7. SAGNAC, *op. cit.*, p. 356 sqq. Il y a plusieurs lois postérieures au C. civil l. 25 mars 1896 ; l. 7 nov. 1907 ; l. 2 juill. 1987 ;
8. SAGNAC, *op. cit.*, p. 251 et 369 sqq. Il y a plusieurs lois postérieures au C. civil, l. 20 juill. 1895 sur les caisses d'épargne, art. 16 et 17 ; l. 21 févr. 1906 ; l. 13 juill. 1907 ; l. 20 mars 1917 ; l. 20 mars 1920.
9. A la différence de la plupart des questions générales que nous rencontrons, celle-ci a été traitée dans un ouvrage solide et intéressant, auquel nous renvoyons pour tous les détails : Jacques MAURY, *Essai sur le rôle de la notion d'équivalence en droit civil français*, 2 vol. in-8°, Paris, 1920.

cause diffère de la nécessité de son existence ; et l'art. 1108 domine encore la matière, dans toute sa force. Seulement, ce qu'il faut reconnaître, c'est que les deux principes de consensualité et d'équivalence coexistent dans notre droit, et se limitent l'un l'autre[1]. Ce conflit s'est clairement manifesté dans la discussion à laquelle donna lieu, au Conseil d'État, la question de la rescision de la vente d'immeubles pour lésion de plus des sept douzièmes[2]. C'est Portalis qui soutint la rescision : « Il est avoué que le contrat de vente est un contrat commutatif, c'est-à-dire où chacune des parties ne donne que pour recevoir l'équivalent ou, si l'on veut, un prix proportionné à la valeur de la chose dont il se dessaisit. Ainsi, d'abord il est dans l'essence du contrat qu'il soit rescindé, quand l'équivalent de la chose n'a pas été fourni. Une autre maxime non moins certaine dans le droit, est qu'il n'y a pas d'obligation sans cause. Dans les contrats intéressés, la cause est l'intérêt, c'est-à-dire l'avantage que les parties trouvent à les faire. Dans la vente cet intérêt est, pour le vendeur, d'avoir le prix représentatif de sa chose plutôt que sa chose même ; pour l'acheteur d'avoir la chose plutôt que la somme d'argent qui en représente la valeur. Ceci posé, on sent qu'il n'y a de cause dans la vente que lorsque le prix est en proportion avec la valeur de la chose vendue. » Nous nous sommes permis cette longue citation, parce qu'elle exprime avec une parfaite clarté, pour le principal contrat, le rôle que joue l'idée d'équivalence.

A l'argumentation de Portalis, Berlier, le principal adversaire de la rescision, ne manqua pas d'opposer l'idée de « la foi due aux contrats » ; il développa les inconvénients qu'il pouvait y avoir à diminuer la confiance, les incertitudes qui en résulteraient.

En réalité, les solutions mêmes auxquelles notre droit s'est arrêté montrent bien qu'il a voulu tenir compte des deux principes. D'abord, dans les ventes d'immeubles elles-mêmes, la lésion n'est admise comme cause de rescision que lorsqu'elle

---

1 Cf. MAURY, *l. c.*, p. 7 (n. 15 de l'introduction) : « Le rôle de la notion d'enrichissement sans cause dans la formation du droit sera d'autant moins apparent que ce droit sera plus ouvert, plus libre, plus prompt à admettre le principe de consensualité, qui recouvrira celui d'équivalence. »

2. FENET, t. XIV, p. 40 sqq. Cf. l'exposé de PORTALIS au Corps législatif, *ibid.*, p. 127 sqq.

est « énorme ». Au Conseil d'État, Tronchet remarqua que, lorsque la lésion est nettement de plus de moitié, il n'y a vraiment plus d' « équivalent ». Une lésion de 5 ou 6 douzièmes laisse la vente inattaquable ; peut-on dire pourtant qu'il y a alors équivalence, même approximative, entre la chose et le prix ? On voit bien que le principe d'équivalence s'est trouvé en conflit avec un autre principe. D'autre part et surtout, les raisons si bien exposées par Portalis pour justifier la rescision des ventes d'immeubles gardent toute leur force dans les ventes mobilières, où cependant la rescision n'est pas admise.

Il n'est pas douteux que le contrat commutatif, dont la vente est le type, soit le plus ordinaire et le plus important. Mais il est particulièrement intéressant de voir survivre de quelque façon l'idée d' « équivalence » dans le cas même où la nature du contrat semblerait la bannir. '

Ainsi le contrat aléatoire implique que l'une des parties peut perdre ; mais encore faut-il qu'il y ait aléa ; s'il n'y a pas aléa, le contrat manque de cause ; d'où les articles 1974 et 1975. Les contrats à titre gratuit, dont la donation est le type, semblent par définition même éliminer l'idée d'équivalent. Encore doivent-ils, comme les autres, avoir une cause ; la donation sans cause serait, a-t-on dit[1], l'acte d'un fou. Cette cause c'est, selon une tradition ancienne, l'intention libérale. Mais encore faut-il remarquer que la libéralité pure est rare ; dans une multitude de cas, l'acte est intermédiaire entre l'acte onéreux et l'acte gratuit[2] : donation rémunératoire, donation effectuée pour remplir une obligation naturelle ou au moins un devoir, présent d'usage, donation avec charges ou conditions, avantages matrimoniaux, etc. Malgré tout, la donation reste dans notre droit un acte « défavorable », suspect, et cela, en partie au moins, à cause de sa gratuité. Rien ne montre mieux l'importance de l'idée d'équivalence.

Le rôle qu'elle joue dans les contrats synallagmatiques concerne, en même temps que leur formation, leur exécution : l'art. 1184 décide que « la condition résolutoire est toujours

1. Tarbouriech, *De la cause dans les libéralités*, p. 13.
2. Sur la théorie de la cause dans les actes gratuits et sur les cas intermédiaires, nous nous permettons de renvoyer à nous-même : Jean Ray, *De la notion de donation en droit civil français*, Et ci-dessus, 2ᵉ partie, chap. 1.

sous-entendue dans les contrats synallagmatiques, pour le cas où l'une des deux parties ne satisfera point à son engagement[1] ».

Enfin, si les conventions n'ont d'effet qu'entre les parties contractantes, la loi, en ce qui concerne les tiers, prend soin d'énoncer une formule où se révèle encore le souci de l'équivalence, de l'équilibre : elles ne leur nuisent ni ne leur profitent (art. 1165, sous réserve de 1121).

En dehors du domaine des conventions, la notion d'équivalence joue encore un rôle capital. Comme la théorie de la cause l'exprime en matière de conventions, la théorie de *l'enrichissement sans cause* la représente dans les matières non-conventionnelles. Le Code civil ne contient pas d'expression générale de l'idée[2]. Mais du moins en contient-il beaucoup d'applications spéciales : paiement de l'indu (art. 1235, 1376 sqq.), accession artificielle (art. 554, 555), théorie des impenses (art. 548, 1381, 861-862, 1673, 2175 ; cf. 1437, 1634), théorie des récompenses.

Ainsi dans les domaines les plus différents, l'idée de l'équivalent, liée à l'idée de cause, joue un rôle essentiel[3]. « La cause, c'est la force qui justifie, d'un patrimoine à un autre, un déplacement de valeur. » En matière non contractuelle, la cause, c'est très souvent le droit « qui naît de l'équivalent fourni ». En matière contractuelle, la volonté considérée comme saine et normale est celle qui s'oblige en considération d'un équivalent reçu ou espéré : cette idée a dicté la conception psychologique, assurément sommaire, que notre droit se fait de l'homme et qu'il tend à rendre réelle.

Si l'idée d'équivalence explique la naissance des obligations, elle en détermine aussi l'étendue. Cela est particulièrement frappant dans le domaine où l'obligation a justement sa source hors des idées de contrat fondé sur une cause ou d'enrichissement sans cause, dans la matière des délits ou quasi-délits : l'obligation qui naît est une obligation de *réparation du*

---

1. Sur ce point v. René CASSIN, *De l'exception tirée de l'inexécution dans les rapports synallagmatiques*, thèse, Paris, 1914.
2. Voir au contraire : C. civ. all., art. 812-822 ; C. civ. jap., art, 703-708 ; C. féd. suisse des oblig., art. 70 ; Code marocain des oblig., art 66 sqq.
3. MAURY, *l. c.*, conclusion, p. 449 sqq.

préjudice ; il y a une équivalence de principe entre le dommage causé et la réparation (art. 1382 sqq.)[1]. Il est clair que, dans la pensée du législateur, il s'agit de faire disparaître une rupture de l'équilibre antérieur ; et par là toute la théorie des quasi-délits, si importante aujourd'hui, se présente comme une application directe de notre principe.

Cette revue, si rapide soit-elle, suffira sans doute à montrer la place que tient, au cœur de notre droit civil, l'idée d'équivalence.

3.

La nature des indications que nous venons de donner laisse déjà pressentir ce fait que le rôle de l'idée d'identité ou d'équivalence n'est pas spéciale à notre droit. Sur tous les points où nous l'avons signalée, on en trouverait au moins le germe en droit romain. Et on la reconnaît dans les différents droits modernes. C'est ainsi qu'en droit anglais, la « consideration » a, depuis fort longtemps, joué le même rôle que chez nous l'idée de cause[2]. Lorsque le droit allemand eut admis l'obligation abstraite, il fut amené à réintroduire l'idée d'équivalence par une doctrine qui rappelle en matière contractuelle la théorie de l'enrichissement sans cause en matière non contractuelle[3]. Nous n'insisterons pas sur les ressemblances qui rapprochent à cet égard les droits contemporains ; leur similitude profonde rend à la fois inutile et peu intéressante une telle enquête.

Il est beaucoup plus important de noter que, dans les droits mêmes qui reposent sur les principes les plus opposés aux idées d'équivalence, d'uniformité, d'égalité, on a été obligé de leur faire encore une place importante. Au premier plan de beaucoup de régimes sociaux nous trouvons hiérarchie et différenciation[4] : il y a des classes ayant chacune leurs droits, ayant les unes par rapport aux autres des privilèges ou des pouvoirs

---

1. Rapprocher, en matière contractuelle, la théorie des dommages-intérêts pour inexécution : art. 1149.

2. V. ESMEIN, *Un chapitre de l'histoire des contrats en droit anglais, dans* Nouv. rev. hist de dr. fr. et étr., 1893.

3. Cf. MAURY, *l. c.,* liv. I, tit. I.

4. V. spécialement BOUGLÉ, *Essai sur le régime des castes,* déjà cité, et DURKHEIM, *De la division du travail social,* Alcan, 1893 IX-471 p. 8°.

spéciaux ; il y a des castes ayant leurs fonctions propres, leurs obligations, leur régime propre. Même en de pareils cas nous reconnaissons, et dans le détail, et dans les principes, l'idée d'équivalence. Ainsi les « lois barbares » des premiers siècles de notre ère sont surtout, comme on le sait, des tarifs de composition, variables à la fois selon la gravité du préjudice subi par la victime et selon son rang ; mais ce sont des tarifs, comportant donc une certaine uniformité ; et ils impliquent en outre l'idée d'une sorte de compensation, donc d'équivalence, celle-là même que nous trouvons dans notre théorie des dommages-intérêts. Dans une société même où des castes sont nettement différenciées, à l'intérieur de chaque caste est institué un régime uniforme ; et d'autre part[1], les « consciences collectives distinctes ont un certain nombre de parties communes. Elles s'entendent sur certains sentiments », ceux-là même sur lesquels repose le régime ; elles s'unissent « dans le culte de ce qui les divise ». Dans ces droits essentiellement anti-égalitaires, il y a donc encore un minimum d'uniformité. Enfin dans les sociétés les plus éloignées des nôtres, celles qui sont considérées comme les plus primitives, les travaux contemporains[2] ont mis en plein relief le rôle joué par l'idée d'une sorte de consubstantialité, d'assimilation entre des personnes et des choses qui nous paraissent profondément diverses : ces identifications, qui se traduisent dans le vocabulaire, sont la base à la fois de tout le système de représentation de ces primitifs et de toute leur organisation sociale. Elles sont fort différentes sans doute de nos idées sur l'égalité et l'équivalence, mais elles témoignent d'une recherche de l'identité, sous une autre forme.

Ces remarques, faites sur les sociétés les plus différentes, prouvent que l'idée d'identité joue son rôle, et un rôle capital, dans toute structure juridique, dans toute structure sociale. Et le dernier fait que nous citions nous invite à rapprocher le rôle tenu par ces idées dans la structure du droit et celui qu'elles jouent dans la structure de la pensée. Nous devons

1. BOUGLÉ, *Essai sur le régime des castes*, p. 193.
2. V. spécialement. LÉVY-BRUHL, *Les fonctions mentales dans les sociétés inférieures*, Alcan, 1910, 461 p. 8º ; DURKHEIM, *Les formes élémentaires de la vie religieuse*, Alcan, 1912, 647 p. 8º ; cf. complément I..

peut-être nous excuser de nous avancer dans un domaine de généralités hardies ; mais la démarche nous paraît de telle importance, et si directement fondée sur une multitude de faits positifs, que nous n'hésitons pas à la poursuivre.

Depuis l'éléatisme, la recherche de la permanence derrière le changement, de l'unité sous la multiplicité a été un des ressorts principaux de la pensée philosophique. Depuis Descartes cette tendance est devenue, et malgré certaines réactions contemporaines est restée une des directives du travail scientifique. Bien que certains physiciens d'aujourd'hui soient peut-être plus portés que leurs prédécesseurs à admettre la réalité des diversités qualitatives, ils n'en poursuivent pas moins l'établissement d'équivalences quantitatives. Le chimiste ne pourrait pas établir ses équations s'il n'était pas guidé par un postulat analogue. Un progrès décisif a été fait par les sciences biologiques le jour où elles ont cherché dans la série des êtres une continuité d'évolution. Et de nos jours, combien de découvertes se font à la limite des disciplines anciennes, pour une large part en vertu de l'idée que les phénomènes qu'elles étudient, si variés qu'ils puissent paraître, sont au fond de même nature.

N'est-il pas frappant de voir l'homme obéir à la même préoccupation profonde lorsqu'il organise sa vie collective par les institutions du droit ? Là encore il s'agit de maintenir, à travers la diversité des événements, un certain nombre de permanences; d'établir, sous la variété des conditions individuelles, un certain nombre d'uniformités. Dans le droit comme dans la science, le point délicat est d'expliquer le changement, de justifier l'apparition du nouveau. Le savant reconnaît dans l'effet une transformation de la cause. Le législateur retrouve dans la situation nouvelle l'équilibre ancien : pour chacun des cocontractants, dans le cas normal, une perte compense un gain ; hors du domaine des contrats, la situation troublée est plus ou moins rétablie par une forme ou une autre d'indemnité. Si les individus diffèrent comme les autres phénomènes, ils ne deviennent objets de droit, comme les phénomènes objets de science, que du jour où ils sont conçus, au moins dans certaines limites, comme substi-

tuables, comme équivalents : équivalents ou égaux d'abord
les individus d'une même classe, d'une même nationalité,
d'un même sexe; mais de plus en plus on s'achemine, par
l'atténuation ou l'oubli des différences, vers l'égalité de tous
les individus humains.

Ainsi l'homme constitue son idéal social, sa règle juridique
en obéissant aux même tendances, ou en se servant du même
instrument, qui l'aident à constituer sa représentation. Sans
doute de même que, dans le domaine de la science, la constatation de ce besoin profond d'unité ne fait pas méconnaître
la richesse des faits et leur originalité, la même constatation
dans le domaine du droit ne doit pas faire oublier l'immense
variété, les multiples aspects, le contenu original des diverses
institutions. Mais après avoir reconnu séparément, dans chacun
des deux domaines, la même préoccupation persistante et générale, on la trouve sans doute confirmée, elle apparaît sans
doute enracinée en des régions plus profondes de la conscience
humaine, lorsqu'on s'est aperçu qu'elle est aussi intimement
inhérente à la construction du droit qu'à l'élaboration du
savoir.

CHAPITRE VI

De la notion de personnalité

Si la notion de personnalité n'a pas, dans la structure logique
du Code, l'importance fondamentale des idées de temps et
d'identité, il est intéressant de l'examiner, non seulement parce
qu'elle a donné lieu à d'amples discussions[1], mais parce qu'elle
comporte une forme juridique et une forme philosophique
qu'il est important de discerner, et que nous aidera à discerner
la façon même dont l'idée est traitée dans le Code.

De façon générale, la personnalité juridique est reconnue
non seulement à des hommes, à des individus, mais à des
groupes : il y a là un fait, dont on peut rendre compte de
diverses manières, mais qui ne peut être nié. Dans le droit,
le mot de personnalité désigne une idée à laquelle il faut
avoir soin de conserver sa généralité ; on peut, semble-t-il,
la définir, sans parti pris théorique, par «l'aptitude à devenir
sujet de droits et d'obligations[2] ».

I.

Si nous considérons le texte du Code civil, deux choses nous
frapperont : le fait que le mot de « personne » n'est jamais pris
dans le sens général que nous venons d'indiquer ; et la présence incontestable de l'idée, à défaut du mot.

1. Nous nous bornons à signaler les ouvrages essentiels : SALEILLES (R.), *De la
personnalité juridique, Histoire et théories*, vingt-cinq leçons d'introduction à un
cours de droit civil comparé sur les personnes juridiques, 2ᵉ éd., avec une préface
de M. H. CAPITANT, Paris, Rousseau, in-8º, 1922 ; du même auteur : *Etudes sur l'histoire des sociétés en commandite*, dans *Annales de droit commercial*, 1895. HAURIOU,
De la personnalité comme élément de la réalité sociale, dans *Rev. gén. du droit*, 1898 ;
et du même auteur, *Précis de droit administratif*, Paris, nombreuses éd. MICHOUD,
La théorie de la personnalité morale et son application au droit français, 2 vol. in-8º,
Paris, 1906 et 1909.
2. C. et C., t. I, p. 640.

D'abord le mot de « personne » est fréquemment employé[1], et il l'est toujours pour désigner des individus humains. Le premier livre du Code est intitulé *Des personnes* : il ne parle que des individus ; en particulier le titre I, intitulé « De la jouissance et de la privation des droits civils », ne contient aucune mention de sujets de droits autres que les individus. On trouve bien, dans l'art. 2060, l'expression de « personne publique » ; mais elle désigne des fonctionnaires publics[2]. D'autre part, l'art. 450 décide que « le tuteur prendra soin de la personne du mineur », et dans ce texte le mot n'éveille aucune idée de personnalité juridique. Mais dans la plupart des cas le mot désigne dans le Code les individus humains, considérés plus ou moins strictement comme sujets de droits et d'obligations.

C'est seulement à une époque relativement proche de nous[3] que l'on voit apparaître dans les textes législatifs l'expression de « personnalité civile » : elle se trouve pour la première fois dans une loi du 5 avril 1884.

Mais, si le mot est tardif (on emploie, à côté de l'expression « personnalité civile », les expressions de « personnalité morale » et de « personnalité juridique »), l'idée est ancienne. Les Romains n'employaient pas en ce sens le mot « *persona* », mais ils connaissaient la situation juridique dont nous parlons, et ils se servaient en de tels cas des mots « *collegium* », « *corpus* », « *universitas* ». Le droit canon a aussi toute une doctrine des « *universitates* ». Notre ancien droit connaît les « communautés », les « gens de mainmorte[4] ». Il n'y a donc rien d'étonnant à ce que l'on trouve dans le Code un certain nombre de textes qui considèrent — non pas implicitement et par plus ou moins tendancieuse interprétation — mais d'une façon parfaitement explicite et claire, des sujets de droits qui ne sont pas des individus humains.

Voici les principaux de ces textes : les art. 538 sqq. con-

---

1. V. l'*Index*, v⁰ Personne.

2. L'art. 2060 fait partie du titre, aujourd'hui abrogé, « De la contrainte par corps en matière civile » : il décide, dans son 3⁰, que la contrainte a lieu « pour répétition de deniers consignés entre les mains de personnes publiques établies à cet effet ».

3. V. CARPENTIER et FRÈREJOUAN DU SAINT, *Répertoire général alphabétique du droit français*, Paris, Strey, in-4⁰, t. XXX (paru en 1902), v⁰ Personne morale, n⁰ 8.

4. CARPENTIER ET FRÈREJOUAN DU SAINT, l. c., n⁰ˢ 2 et 3.

cernent le « domaine public » et considèrent l'État comme sujet
de droits (par ex. 541 : ils appartiennent à l'Etat) et même
d'obligations (538 : « Les chemins, routes et rues à la charge
de l'État... ; 541 : « ...Si la propriété n'en a été prescrite contre
lui [l'État]). » Cf. art. 560 ; art. 713 ; art. 723 (A défaut d'héritiers légitimes, les biens passent aux enfants naturels, à
l'époux survivant « et s'il n'y en a pas, à l'État »). Les établissements d'utilité publique peuvent recevoir par dispositions
entre vifs ou par testament : art. 910, 937, 940 (ce dernier
texte emploie l'expression : établissements publics). Les
communes et établissements publics ne peuvent transiger
sans une autorisation spéciale : art. 2045. L'État, les communes
et établissements publics ont une hypothèque légale, en garantie de leurs droits et créances, sur les biens des receveurs et
administrateurs comptables : art. 2121. L'État, les établissements publics et les communes sont soumis aux mêmes prescriptions que les particuliers, et peuvent également les opposer :
art. 2227. Les sociétés peuvent être propriétaires et, de façon
générale, sujets de droits : art. 529, 1845, 1850, 1859, 1860,
1867 ; elles sont également sujets d'obligations : art. 1852.
Un arrêt de principe de la Cour de cassation a déclaré que ces
textes « personnifient la société d'une manière expresse[1] ».

Ajoutons à cette énumération que les textes de droit civil
se trouvent complétés par les textes de droit administratif
et de droit commercial, auxquels le Code civil renvoie d'ailleurs dans ses art. 537 et 1873.

Il résulte de ce qui précède que le Code civil a incontestablement admis l'idée de sujets de droits et d'obligations autres
que les individus humains, et qu'il ne l'a pas explicitement
rattachée à la théorie des personnes.

2.

Peut-être cette attitude du Code va-t-elle nous permettre
de dissiper certains malentendus qui ont obscurci les discus-

1. Req., 23 février 1891. D. 1891.1.337. Il s'agit de l'arrêt qui reconnaît que la
personnalité appartient aux sociétés civiles aussi bien qu'aux sociétés commerciales, cet arrêt a fait jurisprudence. Voir le rapport du conseiller Cotelle et les conclusions de l'avocat général Cruppi sous Req., 2 janvier 1894. D. 1894, 1.81.

sions relatives à la notion juridique de personnalité, et en même temps de saisir plus clairement ses relations avec la notion psychologique et philosophique qui porte le même nom.

Certains auteurs contemporains n'ont pas manqué d'être frappés de ce qu'il y a d'artificiel dans les controverses relatives à la nature de la personnalité juridique[1]. D'autre part, l'un d'eux a remarqué avec raison[2] que l'emploi des mots « personne », « personnalité » avait été la source de beaucoup de confusions.

La plupart des théoriciens de notre temps, en effet, ont été hantés par cette impression que l'idée de « personne morale » est une extension analogique de l'idée de personne physique. Les uns ont exprimé franchement l'idée, et admis que la personnalité est artificiellement conférée par la loi à certains corps : c'est la fameuse théorie de la fiction[3]. D'autres jurisconsultes, tirant les conséquences de ce caractère artificiel de l'idée, ont soutenu qu'il fallait l'éliminer, ramener les groupes à ce qu'ils sont : des collections d'individus[4]. Par réaction contre ces tendances, un grand nombre d'auteurs se sont appliqués à montrer que les groupes ont une réalité comparable à celle des individus[5].

Toutes ces controverses ont leur point de départ dans cette idée, à notre sens radicalement fausse, que l'idée de « personnalité juridique » dérive d'un artifice technique. Si on la réduit à l'essentiel, c'est-à-dire à l' « aptitude à devenir sujet de droits ou d'obligations », on verra qu'elle est aussi ancienne, aussi vénérable que possible et, dans une large mesure, indépendante de l'idée de personne physique et psychique. M. Michoud[6] a souligné avec force l'indépendance des deux

---

1. C. et C., t. I, p. 652 : « Il ne faut pas d'ailleurs attacher une importance excessive à la discussion qui s'est élevée sur la nature de la Personnalité juridique. »

2. WILLOUGHBY (W. W.), *The fundamental concepts of public low*, New-York, Macmillan, 1924, XII-499 p., in-8°, p. 31 sqq.

3. Pour le résumé des principales théories, nous suivons C. et C. La théorie de la fiction est exposée avec une rigueur particulière par LAURENT, *Principes de droit civil français*, 33 vol., 1869 ; t. I, p. 367

4. IHERING, *Esprit du droit romain*, trad. Meulenaere, 2ᵉ éd., t. IV, p. 340 s.

5. GIERKE, *Deutsches Privatrecht*, t. I, §§ 58 à 80.

6. MICHOUD, *op. cit.*, t. I, p. 7 : « Le mot signifie simplement un sujet de droit... rien de plus, rien de moins... Indirectement, sans doute, la notion de personnalité philosophique pourra influer sur celle de personnalité juridique. Nous montrerons plus loin que le législateur peut y trouver un motif pour donner à tout être humain la qualité de sujet de droit. Mais rien ne prouve *a priori* que les deux notions coïncident, et que cette qualité de sujet de droit ne puisse être appliquée à d'autres qu'à des hommes. »

notions de personnalité juridique et de personnalité philosophique, et il a mis en relief la généralité primordiale et constitutive de l'idée si fâcheusement exprimée par le mot de personnalité.

L'histoire apporte à l'appui de ces vues une multitude de faits : nous avons signalé déjà la présence de l'idée générale de personnalité dans les systèmes juridiques dont le nôtre est sorti. Mais il faut dire beaucoup plus. Certains groupes sociaux ont été sujets de droits autant que les individus, et sans doute avant eux : tous les faits classés sous le nom de *solidarité familiale*, et qui se rencontrent dans les sociétés les plus diverses, témoignent d'un état du droit dans lequel la famille est créancière et débitrice ; de même les faits également nombreux que résume l'expression de *propriété collective* attestent l'existence très ancienne de titulaires de droits autres que les individus.

Il y a d'ailleurs un fait qui nous semble très symptômatique : c'est que le Code civil ait admis, dans les cas nombreux que nous avons relevés, pour l'État, les communes, les établissements publics, les sociétés, l'existence de sujets de droits autres que les individus, sans avoir englobé ces cas dans une théorie générale de la personnalité. Si nous ne craignions d'avancer un paradoxe, nous serions tentés de dire que cette attitude des rédacteurs du Code civil est plus positive, plus conforme aux faits que la plupart des théories savantes concernant les personnes morales.

3.

Seulement, pour bien comprendre l'attitude du Code civil, il faut tenir compte de certaines circonstances historiques.

Tout d'abord, s'il est vrai que, depuis les plus lointaines origines, notre droit ait connu des sujets autres que les individus, la plupart de ces sujets lui étaient depuis longtemps suspects. Trouvant en face de lui des communautés souvent riches et puissantes, le pouvoir royal s'est appliqué à les soumettre à son autorité ; et il l'a fait précisément à l'aide de cette doctrine juridique que « l'on ne peut... faire corps de communauté sans congé et lettres du roi[1] ». On sait que les derniers siècles de la monarchie virent le triomphe de la théorie que l'existence des communautés, corps, corporations dépend d'une autorisation du pouvoir politique.

C'est donc en pleine conformité avec les tendances manifestées par l'autorité royale que la Révolution s'efforça de faire table rase des groupements de toutes sortes, des corporations aussi bien que des congrégations. Seulement à cette époque cette préoccupation prit, pour deux causes, une vigueur nouvelle : d'abord les groupements auxquels on s'attaquait apparaissaient comme une des survivances caractéristiques du régime qu'on voulait abolir, et c'étaient peut-être eux, en effet, qui avaient dans le passé les racines les plus profondes ; d'autre part, les théories politiques et économiques du XVIIIe siècle avaient fait passer au premier plan l'idée de la « personne humaine », et cet individualisme devait trouver dans le droit son expression.

Ces influences expliquent suffisamment que le Code ait mis au premier plan la théorie des « personnes », entendues au sens d' « individus humains, sujets de droits ». Mais elles expliquent aussi que le Code ait laissé subsister, sans la moindre hésitation, à côté de ces sujets de droits, les sujets impersonnels qui ne pouvaient porter ombrage au pouvoir : d'abord l'État lui-même et les communes ; puis les sociétés, que leur but lucratif empêche d'être suspectes. Au dernier plan venaient enfin, dans une situation humiliée, ces groupements dont la Révolution, après les Rois, avait redouté la puissance : ces associations, sans but lucratif, qui doivent demander au pouvoir politique le droit de vivre juridiquement et le reçoivent sous le nom d'établissements d'utilité publique[2].

---

1. LOISEL, *Institutes coutumières*, liv. III, tit. III, max. 23.
2. Rappelons l'art. 291 du C. pén., qui a été abrogé par la loi du 1er juillet 1901 sur les associations : « Nulle association de plus de vingt personnes, dont le but sera de se réunir tous les jours, ou à certains jours marqués pour s'occuper d'objets religieux, littéraires, politiques ou autres, ne pourra se former qu'avec l'agrément du gouvernement et sous les conditions qu'il plaira à l'autorité publique d'imposer à la société. »

4.

S'il importe de distinguer de l'idée de sujet de droits l'idée
de personnalité qui implique la représentation métaphorique
ou analogique d'une personne, il est aisé de comprendre pourquoi les deux idées se sont soudées. Remarquons d'abord
que, si l'emploi des mots « personne » et « personnalité » en un
sens large est récent, la comparaison qu'il implique est antérieure à cet usage linguistique. Le vocabulaire même en fait
foi : le mot « *corpus* » en droit romain, et surtout l'expression
« gens de mainmorte » dans notre ancien droit indiquent déjà
que l'on compare la collectivité à l'individu. Saleilles a rappelé
que les canonistes soulevaient à propos des *universitates* la
question de savoir si elles ont une âme[1]. Nous pouvons donc
pressentir que ce n'est pas sans motif que l'idée juridique de
sujet de droit s'est rapprochée de l'idée psychologique de personnalité.

Nous retrouvons ici les idées générales sur lesquelles nous
avons précédemment insisté, et qui expliquent le rôle que
joue l'idée de personnalité à la fois dans nos représentations
philosophiques et dans nos conceptions juridiques. Qui dit
sujet suppose une certaine *unité* et une certaine *permanence* ;
qui dit sujet de droits et d'obligations suppose en même temps
le déroulement d'une *activité*, une certaine détermination du
présent par des actes antérieurs ou de l'avenir par les actes
présents. Ce sont là déjà les caractères par lesquels les psycho-
logues définissent la personnalité ; et l'on peut ajouter qu'en
psychologie on est amené à voir comment la personne « se pose
en s'opposant », se constitue en fonction de ce qui lui est extérieur ; de même la vie d'une personne juridique est essentiellement faite de ses rapports avec les autres personnes : les
sujets qui lui doivent ou auxquels elle doit. On voit qu'il
y a dans le rapprochement de l'idée de sujet juridique et du

---

1. SALEILLES, *Histoire des sociétés en commandite*, n. 40 s., cité par CARPENTIER
et FRÈREJOUAN DU SAINT, *op. cit.*, v° Personne morale, n° 4.

terme de personnalité tout autre chose qu'un caprice doctrinal : une analogie fondée sur la nature des choses[1].

Mais, après avoir reconnu ce fait, il faut à nouveau rappeler et souligner l'indépendance des deux catégories. D'une part — c'est ce point que nous avons déjà signalé — on a admis, depuis les périodes les plus lointaines, que le rôle de sujet de droit peut être tenu non seulement par des individus humains, mais par des dieux, des animaux, des choses et surtout par des groupes. Mais d'autre part il faut dire aussi que l'idée physiologique et psychologique de personne n'implique en aucune façon l'idée juridique de sujet de droits ou d'obligations : cette dernière idée est spécifique, et elle est adventice aussi bien lorsqu'il s'agit d'individus humains que lorsqu'il s'agit de groupes sociaux.

Pour conclure nous devons donc dire qu'il y a entre l'idée de personnalité juridique et l'idée de personnalité physico-psychique une analogie profonde, mais en quelque sorte abstraite, qui consiste dans la fonction logique que joue la notion dans les deux domaines, où elle représente l'unité et la continuité d'un sujet agissant par rapport à un monde extérieur. Mais d'autre part il faut maintenir, non seulement le caractère spécifique des deux idées, mais leur indépendance, en vertu de laquelle on conçoit également bien des personnes physico-psychiques qui n'aient pas la personnalité juridique (par exemple les esclaves ; et dans une large mesure, sous le régime du Code, les gens frappés de mort civile), et des personnes juridiques qui ne soient pas des personnes physico-psychiques, celles par exemple que l'on désigne souvent aujourd'hui de ce nom même de « personnes juridiques », pris en un sens restreint[2]. L'histoire impose cette dissociation, à laquelle le texte du Code civil est d'ailleurs strictement conforme.

1. C. et C., t. I, p. 651, développent, avec M. Michoud, cette idée que l'on se trompe lorsque l'on prétend que l'analogie des personnes physiques et des personnes morales implique chez ces dernières une volonté, comparable à celle des premières : c'est confondre l'*existence* ou la *jouissance* des droits avec leur *exercice*. L' « infans », le fou, l'enfant non conçu peuvent déjà être sujets de droits.

2. Il s'est produit ici le même phénomène de vocabulaire que pour l'expression « enfant naturel » ; il est plus exact de distinguer, à la façon de l'Eglise, les « enfants naturels » et les « enfants naturels et légitimes ».

TROISIÈME PARTIE

L'ARCHITECTURE

CHAPITRE PREMIER

Valeur logique de certains ensembles
autres que les raisonnements

En principe et sauf exception, un raisonnement proprement
dit n'est pas à sa place dans la loi. Mais *il y a d'autres ensembles
de propositions que· les raisonnements, des ensembles dignes
d'arrêter l'attention des logiciens, en ce qu'ils réagissent sur
le sens et la portée des propositions dont ils sont composés.* Ce
fait n'est pas spécial au droit; dans la plupart des domaines
de la pensée, les propositions sont intégrées en des ensembles.
Mais le Code civil, qui a voulu être un ensemble systématique,
fournit une occasion d'étudier des formes particulièrement
rigoureuses et importantes de groupement.

Si la réflexion logique s'est jusqu'ici fort peu préoccupée
des ensembles autres que les raisonnements, c'est parce que
très souvent les propositions sont groupées dans une simple
intention de commodité, ou pour des motifs d'art ou de rhétorique. A ces modes de classement s'opposent ceux qui ont
une véritable importance logique. On rencontre d'ailleurs
beaucoup de cas intermédiaires : d'une part un lien logique
est toujours un principe de composition, dont la rhétorique
peut se servir; d'autre part il n'y a guère de mode de présen‑
tation des ensembles qui ne soit plus ou moins directement
fondé sur un rapport logique.

Si l'on examine le détail de la rédaction, la suite des articles,
on a maintes occasions de remarquer la solidarité logique qui
unit des propositions successives, qu'elle soit marquée par

des expressions de coordination ou qu'elle se dégage simplement du sens[1]. Très fréquemment des articles successifs se complètent, et l'interprète doit les traiter comme des alinéas d'un même article. ·

Mais le grand intérêt du Code civil est de fournir tout autre chose que ces solidarités accidentelles et en quelque sorte banales. Le Code constitue un ensemble ordonné, méthodiquement subdivisé : il y a lieu d'étudier cet ensemble, ces subdivisions, de déterminer leur portée logique. Cette étude laisse aussitôt entrevoir, par delà les cadres apparents de la pensée, des solidarités plus profondes qui ne s'expriment qu'imparfaitement dans le texte, mais qu'on ne saurait négliger. Cette structure intime des institutions, de chaque institution et de l'ensemble des institutions, pourrait être reconnue dans tous les régimes, dans ceux-là même où le droit n'a pas été systématiquement exposé. L'élaboration de textes d'ensemble ne l'épuise pas ; car elle est très difficile à saisir, à exprimer. Et peut-être vaut-il mieux que le rédacteur de Codes ne cherche pas trop à l'atteindre ; il échappe ainsi à l'objection fameuse que Savigny dressait contre les partisans de la codification ; il laisse à l'évolution de larges possibilités. Ce n'est point un paradoxe de penser qu'une certaine humilité convient au législateur ; et il faut savoir gré au rédacteur du Code civil d'avoir respecté volontairement tout ce qui est, selon l'expression dont il se sert, objet de doctrine, c'est-à-dire en somme ce qui concerne la philosophie des institutions[2]. Les membres de la commission de rédaction et leurs collaborateurs n'avaient sans doute pas, pour la plupart, comme l'avait si nettement Portalis[3], le sentiment de la puissance des forces obscures qui créent les mœurs et les institutions. Mais, par leur méfiance à l'égard des innovations artificielles[4], par leur volonté d'éviter

1. V. complément M.
2. V. par exemple, FENET, t. VI, p. 23.
3. Portalis parle de « ces choses qui ont une existence indépendante des volontés arbitraires des hommes » (FENET, t. VI, p. 43) ; v. aussi les textes cités plus haut : 2e Partie, Chap. II.
4. FENET, t. VI, p. 38 : « Quelques personnes semblent regretter de ne rencontrer aucune grande conception dans le projet... Une nouveauté hardie n'est souvent qu'une erreur brillante. » (Portalis). Cf. FENET, t. X, p. 456 : « Il s'agit ici d'une institution nouvelle [l'adoption[... Nous n'avons donc pu l'envisager qu'avec cette sorte d'effroi qu'inspire tout essai en matière de législation. » (Gery). Cf., t. XII, p. 308 (Maleville).

tout travail abstrait d'analyse[1], par leur respect constamment
affirmé de l'état des mœurs[2], ils ont fait une œuvre heureusement incomplète, destinée à se compléter au contact des
réalités vivantes.

Le Code civil se présente donc à nous dans les conditions
suivantes : il est un monument ordonné, dont le dessin et les
perspectives ont une signification. Mais au delà de cette ordonnance apparente, il existe des coordinations implicites et d'ailleurs changeantes, une vie profonde, des sentiments et des
conceptions cachés qui constituent le ciment véritable des
dispositions légales, et qui ne pourraient être complètement
décrits que par l'homme qui aurait la vision de la structure
la plus intime de notre société. Dans ces conditions, il est fatal
que les dispositions de la loi, si groupées qu'elles puissent
être, restent tout de même à certains égards sporadiques, limitées dans leur portée, détachées en quelque mesure de l'ensemble des sentiments sociaux et des volontés régulatrices : c'est
ce qu'exprime, d'une façon presque brutale, la présentation
du droit sous la forme d'articles numérotés. Nous croyons
qu'il y a là plus qu'une commodité : la manifestation de leur
réelle individualité et de leur relative indépendance.

1. FENET, t. XI, p. 258 (Maleville) ; t. IX, p. 52 sqq (toutes les déclarations de
Réal, Tronchet, Cambacérès à propos des nullités).
2. « Il y a une justice civile qui domine le législateur lui-même. » (Premier Consul,
dans FENET, t. XII, p. 291) ; « La loi positive ne peut commander un droit commun. »
(Portalis, FENET, t. XIII, p. 527).

CHAPITRE II

Les codes considérés comme des ensembles
Le cadre : plan, subdivisions, rubriques

I.

Ce n'est pas parce qu'il est rédigé et fixé que le Code s'oppose
aux coutumes : les coutumes présentaient déjà depuis longtemps ce double caractère. Historiquement l'idée de l'unification nécessaire du droit français a été pour beaucoup dans
le mouvement qui a conduit à la rédaction du Code[1]. Mais
il y a encore autre chose : l'idée d'un groupement systématique
et d'un traitement d'ensemble de certaines matières. C'est
cette idée qui caractérise la codification. Comme le disait
Frédéric Portalis[2], le fils du grand Portalis, « qu'est-ce que la
codification, si ce n'est l'esprit de méthode appliqué à la législation ? »

Le premier des grands commentateurs du Code civil,
Delvincourt, a eu soin de mettre en valeur[3] ce caractère du
Code, de constituer un ensemble : « Le Code Napoléon devant
être considéré dans son ensemble comme ne formant qu'une
seule loi, chaque article doit être entendu dans ses rapports,
non seulement avec les autres articles du même titre, mais
encore avec les articles des titres antérieurs ou subséquents. »
Delvincourt s'élève contre « ces interprétations judaïques,
dont l'usage paraît s'introduire » ; elles « détruisent cet esprit

---

1. VIOLLET, *Droit privé et sources.* SAGNAC, *Législation civile de la Révolution,*
p. 1 sqq.
2. Fred. PORTALIS, *Essai sur l'utilité de la codification,* dans J. E. M. PORTALIS,
Discours, rapports et travaux inédits, in-8°, Paris, 1844, p. IV.
3. DELVINCOURT, *Cours de Code Napoléon,* in-4°, Paris, 1813, vol. I, p. v. Cf. BEU-
DANT, *Cours de droit civil,* n° 32, p. 37 : « On donne le nom de code à quelques lois
qui renferment un *système* de législation sur une matière déterminée. » CAPITANT,
Introduction, p. 64 : « Un code est un *ensemble* de textes émanés du législateur, qui
réglementent les diverses institutions constitutives de l'une des ramifications du
droit. »

d'ensemble qui en unit toutes les parties et sans lequel un corps
de loi ne serait plus qu'une masse informe et indigeste, remplie
de contradictions et d'absurdités ». Qu'est-ce donc que cet
ensemble ?

En rapprochant les codes du Consulat de leurs principaux
antécédents, il n'est pas très difficile de voir en quoi ils en diffèrent et comment il furent préparés par eux.

Il est certain que les rédacteurs pensèrent constamment aux
grands recueils de Justinien[1] : le large champ qu'il couvrent,
leur prestige séculaire les imposaient à l'attention des juristes
qui se proposaient de fixer en une grande œuvre l'ensemble
du droit. Mais, si l'on met à part les Institutes, sorte de manuel
sommaire, les recueils du droit romain sont des compilations,
et par le plan, et par le caractère des textes[2]. Ils présentent
sans doute l'apparence d'un plan, d'un groupement en livres
et titres ; mais la coordination des livres et titres, aussi bien
que l'arrangement des textes dans un même titre sont rudimentaires. D'autre part les textes, malgré les interpolations,
malgré les retouches que les compilateurs leur ont fait subir[3],
sont des fragments empruntés à des œuvres ou à des lois
diverses et simplement juxtaposés. Aussi s'explique-t-on que
les recueils romains aient eu moins d'influence directe que
l'exposé systématique du droit romain par Domat.

Des remarques analogues peuvent être faites à propos des
coutumes. Dans certaines de celles-ci, les dispositions sont
groupées dans des chapitres, par matières[4] ; mais il n'y a
qu'une coordination rudimentaire. En un sens pourtant nous
sommes plus près des codes, parce que les dispositions, bien
qu'empruntées originellement à des traditions, ont été rédigées
et aménagées, le plus souvent au cours de deux rédactions
successives[5] : il y a eu plus complète refonte que pour le Digeste

1. Ex. : FENET, t. VI, p. 68-69, 87 ; t. X, p. 207 (Opinion du tribun Duveyrier :
« Les Romains doivent aux Grecs la sagesse des Égyptiens ») ; t. XII, p. 160.
2. Le tribun Démeunier disait : « La commission voudrait-elle que le projet fût,
comme les Institutes de Justinien, réduit aux principes généraux du droit, et que
le développement et les détails se trouvassent dans des *lois particulières*, à peu près
comme ils le sont dans le Code et le Digeste du droit romain ? Ce système me semblerait mauvais... » (FENET, t. VI, p. 87).
3. GIRARD, *Traité de droit romain*.
4. Spécialement dans les coutumes de *Paris* (Bourdot de Richebourg, t. III,
1re partie) et d'Orléans (*ibid.*, t. III, 2e partie).
5. VIOLLET, *Droit privé et sources*.

et le Code. Mais d'autre part la matière des coutumes est beaucoup moins riche et a subi une moindre élaboration juridique que celle des compilations romaines. De ce point de vue elles sont plus loin de nos codes. De même que les rédacteurs virent surtout le droit romain à travers Domat, ils s'inspirèrent du droit coutumier tels qu'ils le trouvaient exposé dans Pothier. Ainsi ce furent souvent les « auteurs » qui servirent de modèles au législateur.

Il faut ajouter que, si l'ancien droit n'offrait aucun exposé systématique légal de l'ensemble du droit, les grandes ordonnances du XVIIe et du XVIIIe siècle offraient pour des sujets spéciaux des types excellents d'exposé suivi et méthodique. On sait que telle d'entre elles, l'ordonnance sur les donations entre vifs, put être insérée à peu près textuellement dans le Code civil[1] ; et cela prouve qu'elle répondait parfaitement à l'idée que les rédacteurs se faisaient de leur mission.

La forme systématique dont le Code civil est le type a eu une singulière fortune. Non seulement dans presque tous les pays[2], et malgré les résistances des premières années, le droit a été codifié, mais l'imitation de ces codifications a été l'un des premiers aspects sous lesquels s'est opéré le rapprochement de nos civilisations et des civilisations très différentes de l'Extrême-Orient et du Levant[3]. Et ce ne sont pas seulement les nations qui codifient leur droit. Il y a quelques années vient d'être réalisée la codification du droit canonique[4]. Et dès que l'on eut constaté le développement d'un droit véritablement international, non seulement on songea à la possibilité théorique de sa codification, mais on aborda pratiquement cette œuvre formidable[5]. Le droit codifié est ainsi devenu la forme normale de présentation du droit.

1. V. sous les art. 931 sqq., dans l'édit. Tripier.
2. V. les indications données pour les divers pays dans PLANIOL, t. I.
3. Au Japon ce fut chose faite à la fin du siècle dernier. L'Egypte a, pour une partie de son droit, des codes inspirés des codes français. Au Siam la codification vient d'être réalisée. Elle se poursuit en Chine et en Turquie.
4. A. ORTSCHEID, *Essai sur la nature de la codification et son influence sur la science juridique, d'après le concept du code de droit canonique.*
5. Une Commission de codification du droit international travaille sous les auspices de la Société des Nations. Depuis plusieurs années, l'« *International Law Association* » a mis la question à l'ordre du jour de ses congrès : on trouvera des renseignements sur l'état du problème dans l'Annuaire de cette Association : *Report of the thirty-third Conference*, London, Sweet and Maxwell, in-8°, 1925, p. 348 sqq.

2.

Il est assez délicat de fixer les frontières du *Code civil* ;
disons même du droit civil, car les rédacteurs ont voulu que le
Code civil embrassât la totalité du droit civil, et malgré les
lois qui sont venues le compléter, le Code civil est resté le
cadre et presque la somme du droit civil : la disposition usuelle
qui répartit, dans les éditions courantes, les lois spéciales au
sein du Code exprime bien la vérité.

Si donc on cherche à déterminer le domaine du droit civil,
on se trouve aussitôt en difficultés. Pour les rédacteurs, le
sens du mot « civil », n'était pas bien déterminé. Il n'est pas
douteux que l'expression de « Code civil », malgré l'emploi
technique qui en est fait, soit fort ambiguë. Ni l'histoire, ni
les travaux préparatoires ne permettent de la tirer au clair.

L'expression vient du droit romain, où déjà elle était susceptible de plusieurs acceptions[1]. La plus usuelle était celle
qu'indique la formule de Gaïus[2] : « *Quod quisque populus ipse
sibi jus constituit, id ipsius proprium est vocaturque jus civile,
quasi jus proprium civitatis.* » Le droit civil est donc, en ce
sens, le droit propre à une cité ou à un État. L'art. 11 et
l'art. 13 du Code civil prennent le mot en ce sens de droit
spécial aux Français à l'exclusion des étrangers.

Mais, il n'est pas douteux que, dans son acception la plus
commune, l'expression ne désigne pas tout le droit de la cité.
« Le Code civil (*sic*) des Romains, disait le tribun Chazal lors
de la discussion du titre préliminaire[3], est le recueil de toutes
les lois de leur cité... Notre Code civil n'est pas le Code civil
des Romains ; c'en est une partie seulement. » Plus tard Portalis exposait cette limitation[4] : « Dans notre langue les mots
droit civil ont une signification limitée à un certain ordre de
lois : ils expriment non le droit entier de la cité, mais uniquement celui que les citoyens doivent observer entre eux » ;

1. MAYNZ, *Cours de droit romain*, t. I, introduction, n° 136, n. 18. Cf. PLANIOL,
vᵒ *Droit civil*, dans *Grande Encyclopédie*, t. XIV, p. 1106.
2. GAIUS, I, 1, 1.
3. FENET, t. VI, p. 68-69.
4. PORTALIS, *Discours inédits, Examen des observations proposées contre ie projet
de Code civil*, p. 85 sqq.

Portalis cherchait même à rendre compte de ce glissement de sens : quand les lois romaines devinrent la raison écrite de l'Europe, « on ne prit que ce qui était relatif au gouvernement des familles, à l'ordre des successions et aux contrats » ; on laissa tout ce qui concernait la puissance publique, l'administration, l'art militaire. C'est au fond cette antithèse des droits civils et des droits politiques, du droit public et du droit privé qui s'exprime dans l'art. 7 sous sa forme première, et plus nettement encore sous la forme que lui a donnée la loi du 26 juin 1889[1]. Mais d'autre part, l'expression de « droit civil » n'est pas coextensive à celle de « droit privé » : elle désigne le droit commun en matière privée, c'est-à-dire qu'elle se prend souvent par opposition aux expressions qui désignent des droits spéciaux : droit commercial, par exemple.

C'est cette double antithèse entre le droit civil et les diverses branches du droit public, entre le droit civil et les diverses branches spéciales du droit privé qui faisait le fond des dispositions que contenait le Livre préliminaire du Projet de Code civil, dans son titre II, relatif à la « division des lois[2] ». On sait que ce titre, sévèrement critiqué par le Tribunat, disparut du texte définitif. Ce qui concerne la délimitation du droit civil avait donné lieu à des objections sérieuses de la part des Tribunaux d'appel. Ainsi le tribunal de Lyon avait soutenu que les lois rurales et commerciales doivent faire partie d'un Code civil, où l'on doit même trouver certains principes généraux de procédure. Le Tribunal de Paris

---

1. Anc. art. 7 : « L'exercice des droits civils est indépendant de la qualité de citoyen; laquelle ne s'acquiert et ne se conserve que conformément à la loi constitutionnelle. » Texte de 1889 : « L'exercice des droits civils est indépendant de l'exercice des droits politiques, lesquels s'acquièrent et se conservent conformément aux lois constitutionnelles et électorales. »

2. Fenet, t. II, p. 4-5, art. 1er : « Il est diverses espèces de lois. Les unes règlent les rapports de ceux qui gouvernent avec ceux qui sont gouvernés, et les rapports de chaque membre de la cité avec tous : ce sont les lois constitutionnelles et politiques.

« Les autres règlent les rapports des citoyens entre eux : ce sont les lois civiles.

« Les troisièmes règlent les rapports de l'homme avec la loi. Cette partie de la législation est la garantie et la sanction de toutes les lois. Elle se compose des lois relatives à l'ordre judiciaire, des lois criminelles,...

« Les quatrièmes disposent sur des objets qui n'appartiennent exclusivement à aucune des divisions précédentes : ce sont les lois fiscales, les lois commerciales, les lois maritimes, les lois militaires, les lois rurales. »

Art. 2 : « Les lois, de quelque nature qu'elles soient, intéressent à la fois et le public, et les particuliers. Celles qui intéressent plus immédiatement la société que les individus forment le droit public d'une nation. Dans le droit privé sont celles qui intéressent plus immédiatement les individus que la société. »

avait insisté sur l'ambiguïté de l'expression « droit civil », que le projet semble prendre tantôt en un sens large, tantôt en un sens restreint[1].

Ni ces ambiguïtés ni ces difficultés n'ont été éliminées.

A plusieurs reprises les rédacteurs se sont trouvés aux prises avec le délicat problème de la répartition des matières entre les différents codes, qui ne fait qu'exprimer en termes pratiques l'ambiguïté de la notion de droit civil.

Ainsi, dans le projet présenté au Conseil d'État[2], l'art. 520 se présentait sous la forme suivante : « Les récoltes pendantes par les racines et les fruits des arbres non encore recueillis sont pareillement immeubles ; et néanmoins le propriétaire qui fait saisir les fruits à défaut de paiement du prix de la ferme n'est pas tenu de remplir les mêmes formalités que pour la saisie des immeubles, ainsi qu'il est expliqué au Code de la procédure judiciaire. » Comme Dauchy proposait d'étendre aux percepteurs la dispense de formalités, Cambacérès[3] fit la remarque suivante : « Le Code civil ne doit s'appliquer d'aucune manière sur un point qui appartient en entier au Code de la procédure »; il proposa de supprimer la fin du texte, ce qui fut fait, sans même que l'on insérât un renvoi au Code de procédure, comme le proposait Tronchet, et comme font d'autres articles[4]. Des difficultés analogues se présentèrent plusieurs fois, par exemple au sujet de la contrainte par corps[5]. La question fut « aussitôt résolue que proposée, comme l'expliqua le tribun Gary devant le Corps législatif : il faut distinguer les dispositions qui déterminent les cas dans lesquels la contrainte par corps peut être stipulée ou ordonnée de celles qui règlent les formes de son exécution. » L'art. 2070 contient une série de références qui ont leur origine dans les scrupules exprimés au Conseil d'État, relativement à la répartition des matières[6].

Si souvent que de telles questions se soient posées, les rédac-

1. Fenet, t. IV, p. 29 ; t. V, p. 93 et 98. Voir aussi les objections du Tribunal de Rouen d'appel au même tome, p. 457.
2. Fenet, t. XI, p. 4.
3. Ibid., p. 11.
4. V. Index, v° procédure.
5 Fenet, t. XV, p. 134, 143 et 173.
6. Voir encore sur des questions analogues : Fenet, t. XV, p. 125 ; p. 55 et 367 ; p. 386.

teurs ne les discutèrent pas à fond. Le mot de Gary est caractéristique : elles furent « aussitôt résolues que proposées. » Il n'est donc pas surprenant qu'il y ait eu quelque empirisme et quelque flottement dans la répartition des matières entre les différents codes. C'est ainsi que l'on trouve dans le Code civil certaines dispositions de droit pénal[1] et de procédure[2].

Il faut reconnaître d'ailleurs que la question de la répartition des matières du droit entre ses différentes branches est infiniment complexe ; et il y a sans doute lieu de se féliciter de ce que les rédacteurs de nos codes, au lieu de forger un système, se soient abandonnés à peu près à leur instinct et à la tradition. Ainsi M. Alvarez a vivement critiqué la répartition des matières entre les divers codes[3] ; il a noté qu'une même institution est réglementée dans autant de codes qu'elle présente d'aspects divers : la propriété par exemple, dans le Code civil, le Code de commerce, le Code forestier. « Les codes, déclare-t-il , devront à l'avenir se faire par institutions. Il y aura un Code des relations de famille, un code des sociétés et des associations, un autre des obligations en général, un Code du travail. » Cette déclaration nous laisse sceptique, et nous avouons ne pas voir comment la nouvelle répartition évitera l'enchevêtrement que son auteur déplore dans les anciens codes. En un sens toute répartition est artificielle, et doit être corrigée par certains empiétements.

On peut penser que le droit est un ; légalement l'idée est correcte ; et en fait la répartition des matières est affaire de commodité. Bien entendu, nous n'entendons pas nier par là l'originalité de telle ou telle branche du droit, l'intérêt et la nécessité de certaines distinctions en fonction desquelles s'établit la compétence, ni même telles oppositions fondamentales que l'étude sociologique du droit essaie de dégager et qu'elle réussira peut-être à établir[4]. Mais la diversité même des points de vue possibles nous invite à les considérer comme relatifs, à traiter comme provisoire toute classification et à

1. V. ci-dessus, 1re partie, chap. III, n.
2. Ex. : Toute la procédure de divorce, art. 234 sqq. (anciens et nouveaux)
3. ALVAREZ, *op. cit.*, p. 207 sqq.
4. Par ex. la distinction du droit répressif et du droit coopératif, exposée dans la *Division du travail*, de DURKHEIM, spéc. p. 66 sqq., p. 130 sqq.

maintenir le plus de souplesse possible dans la répartition des matières.

Il n'y a donc qu'un inconvénient mineur à ce que le domaine du Code civil ne soit pas parfaitement délimité et à ce que le Code contienne, par exemple, malgré les efforts de certains de ses rédacteurs, des dispositions de procédure ou des dispositions pénales[1]. Sous ces réserves, on peut dire que le Code civil est destiné à contenir tous les principes de *droit commun* en matière de *droit privé*.

3.

Dans ces limites, le Code a été considéré par ses auteurs comme devant donner la solution de toutes les difficultés ; du moins doit-il être traité comme tel. Nous disons le Code ; il faut dire plutôt : la loi dans son ensemble. C'est ce qu'exprime l'art. 4 : « Le juge qui refusera de juger sous prétexte du silence, de l'obscurité ou de l'insuffisance de la loi pourra être poursuivi comme coupable de déni de justice. »

L'art. 506 du Code de procédure civile complète cette disposition : « Il y a déni de justice lorsque les juges refusent de répondre aux requêtes ou négligent de juger les affaires en état et en tour d'être jugées. » Les art. 505 et 507 sqq, du même Code indiquent la procédure à suivre contre le juge qui refuse de juger : la prise à partie. L'art. 185 du Code pénal édicte les sanctions encourues par le juge.

Le principe écrit dans l'art. 4 n'est pas une innovation du Code civil : les art. 1 et 2 du tit. XXV de l'Ordonnance de 1667 imposaient déjà aux juges le devoir de juger. La question se trouvait compliquée du fait du renvoi possible au législateur pour interprétation. La loi des 16-24 août 1790, au tit. II, art. 12, permettait au juge d'en référer au législateur sur les difficultés que les lois peuvent présenter. Sans doute c'est sur les difficultés de principe que cette consultation devait avoir lieu ; le juge n'en restait pas moins tenu de décider des

---

1. La question reste posée. A la fin de 1925, les journaux (V. par ex. *Petit Parisien*, du 13 décembre 1925) ont annoncé, à propos de la loi sur la nationalité, qu'il était question de détacher du Code civil plusieurs ensembles de dispositions qui débordent de son cadre normal.

affaires particulières qu'on lui soumettait ; mais on conçoit que la concordance de ces deux règles ait été assez difficile à établir [1]. Dans certains cas le référé était obligatoire et suspensif. Les principes de la compétence en matière d'interprétation ne furent définitivement fixés que par les lois du 30 juillet 1828 et du 1er avril 1837[2].

L'art. 4 est un de ceux sur lesquels la jurisprudence est le plus mince. Pour bien des années les Recueils ne contiennent pas un arrêt qui le concernent. Les codes annotés et répertoires sont remarquablement pauvres à son sujet. Les quelques décisions rapportées visent soit les retards à juger, soit le refus d'application des règlements locaux assimilés à des lois. Mais on ne trouve pas dans la jurisprudence d'éclaircissement sur la portée générale de notre texte.

Demolombe[3] a cru utile de faire remarquer que « l'art. 4 n'a pas pour effet d'ériger indistinctement en lois obligatoires toutes les règles du droit naturel. Si le demandeur invoque à l'appui de sa prétention une règle de droit naturel non sanctionnée par la loi, le juge devra le renvoyer de sa demande, sans qu'il y ait là de la part du juge violation de l'art. 4 ni refus de juger. » Assurément, repousser une demande, ce n'est pas refuser de juger. Mais la remarque de Demolombe nous mène au cœur du problème. La loi forme un ensemble qui se suffit. « Tout ce qui n'est pas dans le corps des lois, disait Bentham[4], n'est pas loi. »

---

1. Sur ces difficultés, v. CARPENTIER et FRÈREJOUAN-DU-SAINT, *Répertoire*, t. XVI, v° Déni de justice, n. 9. La Commission de l'an VIII constate, FENET, t. I, p. 474, que le tribunal de cassation a constamment réprimé comme déni de justice l'abus consistant, de la part des juges, à renvoyer les justiciables au pouvoir législatif « toutes les fois qu'ils manquaient de loi ou que la loi existante leur paraissait obscure ».

2. CARPENTIER, v° Lois et Décrets, n.^s 289 sqq. La loi des 27 novembre-1er décembre 1790 décidait, dans son art. 21, que si un jugement avait été deux fois cassé et si un troisième Tribunal avait statué comme les deux premiers, la question devait être soumise au corps législatif : le référé était suspensif ; le législateur devenait juge (cf. Ordonn de 1667, art. 7, al. 1). La Constitution du 5 fructidor an III, art. 256, institua le référé après la première cassation. Le réglement du 5 nivôse an VIII, art. 11, décida que le Conseil d'État développe le sens des lois, sur le renvoi fait par les consuls. La loi du 16 septembre 1807, art. 1 et 2, institua à nouveau le référé obligatoire et suspensif après deux cassations. Après la Charte de 1814, on discuta sur le maintien de ces deux sortes de renvoi. Ce sont seulement les lois du 30 juillet 1828 et du 1er avril 1837 qui rendirent définitivement au pouvoir judiciaire le droit d'interprétation.

3. DEMOLOMBE, t. I, n. 113. Cf. *Code civil annoté* de FUZIER-HERMANN, Sirey, t. I, n. 21.

4. Cité par GINOULHIAC, *De la codification, Rec. Ac. lég. Toulouse*, 1861, p. 437.

Cette règle n'est point évidente. L'art. 11 du projet de la Commission[1] était ainsi conçu : « Dans les matières civiles, le juge, à défaut de loi précise, est un ministre d'équité. L'équité est le retour à la loi naturelle ou aux usages reçus dans le silence de la loi positive. » La question fut discutée au Tribunat[2]. En particulier on se demanda s'il n'y avait pas lieu de distinguer les deux missions du juge, comme cela s'était fait à Rome, et comme cela avait lieu en Angleterre; on se demanda s'il ne fallait pas admettre, à côté du droit strict, une jurisprudence d'équité. Mais la distinction fut écartée. Et l'art. 4 doit être compris comme affirmant l'unité du droit fondé sur la loi.

Ce qui le prouve, ce sont les dispositions de procédure qui précisent la mission du juge. Si l'art. 4 est un des textes qui figurent le moins souvent dans des décisions de justice, il n'est peut-être pas de disposition législative qui soit plus fréquemment citée dans les arrêts de la Cour de Cassation[3] que l'art. 7 de la loi du 20 avril 1810 : ce texte, qui s'inspire de l'art. 15 du tit. 5 de la loi des 16-24 août 1790 et de l'art. 208 de la Constitution du 5 fructidor an III, et qu'il faut rapprocher de l'art. 141 du Code proc. civ., impose aux juges l'obligation de « motiver leurs jugements ». D'autre part, les textes qui définissent la mission de la Cour de cassation précisent ce fait que les jugements doivent s'appuyer sur des textes de lois. Un passage du « Discours préliminaire »[4] semblait suggérer qu'à défaut de texte précis, le juge peut s'appuyer sur « un usage ancien », « une suite ininterrompue de décisions », « une opinion ou une maxime reçue ». Dans un discours célèbre pour les doctrines libérales qu'il exprime[5], le premier président de la Cour de cassation Ballot-Beaupré écarte dédaigneusement cette suggestion : « Pour le juge, dit-il, il est incontestable, en l'état de notre organisation actuelle, qu'il n'existe pas, à proprement parler, d'autre source de droit civil que la loi. » Et il cite le texte décisif qui dicte à la cour régulatrice

1. FENET, t. II, p. 7.
2. FENET, t. VI, p. 77 (déclarations du tribun Chazal) ; cf. p. 139 (Discours du tribun Huguet).
3. FUZIER-HERMANN, *Répertoire*, v° *Cassation* (*mat. civ.*), n. 3238.
4. Cité par BALLOT-BEAUPRÉ : v. la n. suiv.
5. BALLOT-BEAUPRÉ, dans *Le Centenaire du Code civil*, p. 25.

son attitude, l'art. 17 du décret du 17 décembre 1790, qui créa la Cour de cassation, et qui reste toujours en vigueur : « Le dispositif du jugement de cassation contiendra le texte de la loi ou des lois sur lesquelles la décision sera appuyée. » C'est conformément à ces prescriptions que s'est constituée la théorie du « manque de base légale », qui est un des cas classiques d'ouverture à cassation[1] : « Il y a manque de base légale, lorsque la décision du jugement ou de l'arrêt attaqué ne repose pas sur une disposition précise de la loi, ou lorsque celles qui ont été visées par le juge ne sont pas les dispositions législatives applicables aux faits constatés, ou ne sont pas les seules à la lumière desquelles ces faits eussent dû être appréciés, ou encore, lorsque la décision attaquée a omis de relever et d'établir un des éléments nécessaires pour que l'application qui a été faite d'une disposition de loi fût pleinement justifiée. »

Ainsi le juge doit juger. Il doit motiver ses décisions. Il doit les motiver en s'appuyant sur la loi. C'est ce que nous résumons en disant que la loi est présumée complète et suffisante[2].

Il y a là un caractère de notre droit dont on ne saurait exagérer l'importance, à la fois logique et sociale. C'est par lui que s'explique l'abondance de la construction jurisprudentielle et aussi sa hardiesse en quelque sorte congénitale, qui sans doute a permis de corriger sur certains points la loi, mais qui est née d'abord de la nécessité de la compléter.

4.

L'idée même d'un ensemble de matières impose l'obligation d'un classement méthodique. Mais s'il est besoin de montrer que la construction juridique est déterminée jusqu'en ses apparences les plus extérieures par des influences profondes et irrationnelles, le plan du Code civil offre une preuve tout à fait frappante.

---

1. FUZIER-HERMANN, *l. c.*, n. 3119.
2. Réserve faite naturellement des difficultés nombreuses relatives à ce qui doit être considéré actuellement comme constituant « la loi ».

Maleville, qui fut secrétaire du comité de rédaction, nous fait savoir[1] qu'au début de la discussion il ne fut pas question de la division générale du Code en trois livres ; c'est à la fin des travaux que la division en trois livres, proposée par les rédacteurs, fut adoptée sans contradiction. Maleville reconnaît que cette répartition des matières a donné lieu à de sérieuses objections : il y a entre les deux premiers livres (515 et 195 art.) et le troisième (1571 art.) une fâcheuse disproportion ; encore « n'a-t-on donné quelque consistance aux deux premiers livres qu'en y mêlant beaucoup de choses qui pouvaient être rapportées au dernier. » Nous ajouterons que si la rubrique du premier livre (Des personnes), à la rigueur celle du deuxième (Des biens et des différentes modifications de la propriété) présentent ce caractère de généralité et de solidité qu'on attend d'elles, la rubrique du troisième livre, le plus important, est visiblement artificielle (Des différentes manières dont on acquiert la propriété).

Maleville plaide les circonstances atténuantes, en disant que le plan est tout de même meilleur que celui de Justinien. Il s'inspire du droit romain, de la division, d'ailleurs plus solide, des Institutes de Gaïus (Personnes, Choses, Actions[2]). Un professeur d'Oxford, M. Goudy, a relevé, dans un ouvrage curieux[3], l'influence singulière du nombre trois en droit romain, influence qui s'explique sans doute par la persistance de traditions religieuses. Une fois incorporé dans les constructions du droit, le nombre peut se détacher des considérations qui en expliquent l'adoption, et persister comme une survivance. Girard a fait remarquer[4] que Gaïus ne comprenait déjà plus très bien son plan. Notre Code civil a gardé la division tripartite de Gaïus, conservant à peu près la répartition des matières pour les deux premiers livres, concevant autrement le troi-

---

1. Jacques DE MALEVILLE, *Analyse raisonnée de la discussion du Code civil au Conseil d'État*, 3e éd., Paris (Nève), 1822, vol. I, p. 2-3. (Nat. : 8° F 39390).

2. Cf. HAURIOU (M.), *Note sur l'influence exercée par les Institutes en matière de classification du droit*, extr. de la *Rev. crit. de législ. et de jur.*, Paris, Pichon, 1887, 24 p. in-8°. Cette intéressante note indique dans quels ouvrages on trouve — c'est seulement à partir du xvi° siècle — la classification des Institutes ; elle insiste sur la classification des obligations parmi les moyens d'acquérir ; elle conclut en suggérant que les auteurs du Code civil ont dû suivre Argou et Poullain du Parc.

3. Henry GOUDY, *Trichotomy in roman law*, Oxford, Clarendon Press, 80 p. 8°, 1910. V. spécialement p. 34 sqq.

4. GIRARD, *Manuel*, p. 7, n. 2.

sième. Ainsi s'explique sans doute le plan manifestement anormal et disporportionné de notre Code[1].

Cette indication montre que ce plan est pour une part le produit du hasard ; il n'a été ni sérieusement examiné ni absolument voulu.

5.

Mais lorsqu'on passe des livres aux titres, puis aux chapitres et aux sections, la précision s'accroît et en même temps l'importance et l'autorité du groupement et des rubriques.

C'est à Bourjon, auteur du XVIIIe siècle[2], que fut empruntée cette hiérarchie de divisions et subdivisions, accompagnées de rubriques.

Les Travaux préparatoires nous montrent que les rédacteurs ont attaché de l'importance au groupement correct des dispositions, ainsi qu'à une correspondance exacte entre les rubriques et l'ensemble de textes auquel elles s'appliquent. En plusieurs circonstances, la Section de législation du Tribunat fit adopter des modifications qui prouvent sa sollicitude à cet égard[3].

Il est naturel et légitime que l'on s'attache à l'insertion d'une disposition dans un ensemble pour en fixer la portée. Dans

1. Nous renvoyons à l'ouvrage de GOUDY pour l'énumération des nombreuses divisions tripartites auxquelles on ne saurait trouver de justification logique. Cet auteur donne également des indications générales sur « le symbolisme des nombres » ; il fait remarquer que, si l'on se préoccupait un peu plus d'anthropologie, on s'épargnerait beaucoup de vains efforts.

2. BOURJON, *Droit commun de la France et la coutume de Paris réduite en principes*, Paris, 1747. Sur le rôle de Bourjon, modèle du Code civil, v. VIOLLET, *Droit privé et sources*, p. 250.

3. Par exemple pour la rédaction de l'article 1104 (FENET, t. XIII, p. 121). Et encore pour les art. 1123, 1124 : le projet, après le titre « Section II, De la capacité des parties contractantes », donnait aussitôt l'art. 1124 actuel. La Section fit observer que, dans cet article, il n'est question que des incapables : la disposition ne répond pas au titre, il est nécessaire de la faire précéder d'un texte relatif à la capacité ; c'est pour cela qu'on écrivit l'art. 1123 (FENET, t. XIII, p. 145 et 174). Au titre du prêt, la Section fit corriger les rubriques et déplacer certains articles par souci de rigueur (FENET, t. XIV, p. 440-442) ; à ce propos elle indique bien comment la place d'une disposition peut déterminer l'interprétation : l'art. 1891 (actuel) se trouvait dans le projet, juste avant l'art. 1899 (actuel), dans le chapitre du prêt de consommation, et cela laissait croire qu'il ne devait s'appliquer qu'à cette sorte de prêt ; aussi décida-t-on de dédoubler la disposition en 1891 (actuel) et 1898 (actuel). Cf. FENET, t. XIV, p. 496 : la Section fait supprimer une subdivision du projet concernant le séquestre, parce que tous les articles sont étroitement liés. Cf. FENET, t. XIII, p. 163. Cf. FENET, t. XIV, p. 432 : discussion au Conseil d'État de la rubrique « Des obligations du prêteur ».

les Travaux préparatoires eux-mêmes on rencontre cette façon de raisonner[1]. L'interprète en usera constamment.

D'abord, il arrive souvent que le sens d'un article soit déterminé en partie par les articles voisins[2]. Ainsi, pour que le locataire échappe, en cas d'incendie des lieux loués, à la responsabilité de l'art. 1733, on s'est demandé s'il lui suffit de prouver que l'incendie a eu lieu sans sa faute et quelques arrêts anciens l'ont admis ; mais il est reconnu aujourd'hui qu'on ne peut le tenir quitte à cette condition, qui est justement énoncée par 1732 pour les dégradations ou pertes, alors que 1733 formule pour le cas d'incendie des conditions différentes : la symétrie des formules des deux articles souligne la différence[3]. Plus précisément, il arrive que, dans une suite d'articles, tel rapport logique, par exemple le rapport de règle à exception, se trouve posé par un article, auquel il importe de se référer pour interpréter les suivants : par exemple[4] la portée très discutée de l'art. 2110 se trouve en partie éclairée par l'art. 2106.

Mais une question générale se pose, relative à l'autorité du plan lui-même et des rubriques qui en marquent les lignes.

On conçoit fort bien que le plan puisse exprimer des rapports logiques. Le rapport de genre à espèces et le rapport qui existe entre espèces d'un genre commun s'exprimeront aisément par les rapports des titres aux chapitres et des chapitres entre eux (ex. : liv. III, tit. XI : Du dépôt et du séquestre. Chap. I : Du dépôt en général et de ses diverses espèces. Chap. II : Du dépôt proprement dit. Chap. III : Du séquestre), ou par le rapport des chapitres aux sections et des sections entre elles (Ex. : liv. III, tit. III, chap. II : Des conditions essentielles pour la validité d'une convention. Sect. I : Du consentement. Sect. II : De la capacité des parties contractantes. Sect. III : De l'objet et de la matière des contrats. Sect. IV : De la cause). Que le plan exprime des rapports logiques, cela apparaît de façon particulièrement claire, lorsqu'une disposition de la loi énonce la même relation. C'est précisément ce qui se

---

1. FENET, t. XI, p. 284.
2. Sur ce point, v. ci-dessus, dans la 3ᵉ partie, chap. 1.
3. N. sous Req., 25 octobre 1911, D. 1912.1.225.
4. Ch. réun., 31 janvier 1898, avec n. DEMANTE au Sir. chronol., t. XX, p. 41 ; et n. DE LOYNES, au D. 1898.1.233.

produit dans les exemples cités : pour le premier, art. 1916 : « Il y a deux espèces de dépôt : le dépôt proprement dit et le séquestre. » Pour le second, art. 1108 : « Quatre conditions sont essentielles pour la validité d'une convention : le consentement de la partie qui s'oblige, sa capacité de contracter, un objet certain qui forme la matière de l'engagement, une cause licite dans l'obligation. »

Seulement l'emploi des subdivisions par les rédacteurs n'est pas assez spécifique pour qu'on puisse s'appuyer sur lui en toute confiance. Spécialement il arrive qu'une notion juridique soit espèce par rapport à plusieurs genres; le fait qu'une de ces relations s'exprime dans le plan du Code n'interdira pas de considérer les autres. Ainsi le tit. II du liv. III groupe les donations entre vifs et les testaments comme espèces du genre « dispositions à titre gratuit ». Mais cela n'empêche pas que la donation soit aussi espèce du genre contrat, ce que n'est pas le testament.

C'est ce que donne lieu de constater l'examen de la question de l'*autorité des rubriques*. Personne ne conteste leur intérêt théorique : elles expriment ce que le plan suppose. Mais quelle est leur autorité en jurisprudence ? A parler strictement, les rubriques font-elles partie du texte même de la loi[1] ? La question est discutée.

On trouve des arrêts qui, pour l'interprétation d'un texte se fondent sur le fait qu'il est classé sous telle rubrique. Ainsi la nature des prélèvements opérés par un époux sur la masse commune lors du partage (art. 1470) a été discutée ; et l'on s'est demandé s'il agissait comme créancier ou comme copartageant ; c'est seulement si l'on admet qu'il a qualité de copartageant que l'art. 883 sur l'effet déclaratif du partage s'appliquera. La Chambre civile de la Cour de cassation a déclaré[2], le 6 décembre 1910, que les époux exercent le prélèvement de leurs reprises « en leur double qualité de créanciers et de copartageants » ; et pour leur assigner la qualité de copartageants, elle se fonde sur le fait que « la loi a placé les prélève-

---

1. Rappelons que dans l'*Exposé des motifs* de l'avant-projet du Code civil suisse, le prof. Huber a soin de dire (p. 13) que « les rubriques marginales font partie intégrante de la loi ».
2. Civ., 6 décembre 1910, D., 1912.1.446.

ments sous la rubrique du partage de l'actif ». Des arrêts d'appel avaient déjà admis le même argument[1].

Autre exemple : l'art. 1787, placé dans le chapitre « Du louage d'ouvrage et d'industrie », est ainsi conçu : « Lorsqu'on charge quelqu'un de faire un ouvrage, on peut convenir qu'il fournira seulement son travail ou son industrie, ou bien qu'il fournira aussi la matière. » L'opération, dans ce second cas, restera-t-elle exclusivement un louage, ou bien sera-t-elle en même temps, en ce qui concerne les fournitures, une vente, entraînant garantie des vices cachés? La question a été discutée dans le cas d'entrepreneurs qui avaient fourni au propriétaire du sol la main-d'œuvre et les matériaux pour la construction d'une maison : les bois attaqués par des champignons avaient pourri, et cet accident avait occasionné des frais considérables. La Cour de cassation, dans deux arrêts du 18 octobre 1911, exonéra les entrepreneurs, en décidant que le contrat était un louage d'ouvrage et non une vente[2]. Cette solution est critiquée par l'arrêtiste du Dalloz, M. Planiol, qui expose à ce propos la doctrine des contrats mixtes[3] et soutient qu'en l'espèce il y avait à la fois louage et vente. Remarquons que, dans l'exemple précédemment cité, il s'agissait aussi d'admettre une double qualification. Il nous semble que le juge peut le faire sans méconnaître l'autorité du classement légal.

Il est notable à cet égard que, dans une question célèbre, le procureur général Baudouin, en un cas où précisément il admettait et où la Cour, chambres réunies, admit avec lui le caractère mixte d'une opération, ne craignit pas d'invoquer, pour prouver l'un de ses aspects, son classement dans le Code[4]. Il s'agissait d'établir, par un renversement de jurisprudence, que, si l'adjudication sur licitation d'un immeuble héréditaire au profit d'un tiers étranger à l'indivision est une vente au

---

1. Par exemple Orléans, 8 avril 1891, D., 94.2.402.
2. Cass. civ., 18 octobre 1911, D. 1912.1.113 avec une n. Planiol.
3. Planiol, *De la classification des contrats* dans *Rev. crit. de législ. et de jurispr.*, octobre 1904, t. XXX, p. 470 sqq.
4. Conclusions rapportées au D. 1908.1.119 sous Ch. réun., 5 décembre 1907. Le procureur général Baudoin, dans les mêmes conclusions, se sert d'un argument de même ordre pour déterminer le sens de l'art. 1220. Un mois plus tard, il s'inspirait encore, devant les chambres réunies, de la même méthode, insistant sur la nécessité d'interpréter comme un ensemble cohérent la l. 1898 sur les accidents du travail : sous Ch. réun., 8 janvier 1908, D. 1908.1.189.

regard de l'adjudicataire, elle reste dans les relations des cohéritiers entre eux une opération préliminaire du partage. « Les art. 827 sqq. et l'art. 883, dit le procureur général, font partie, au titre des successions, du même chapitre VI (art. 815 à 892) ; il y a là une œuvre d'ensemble soigneusement coordonnée ; après avoir réglé, sect. I, l'action en partage et ses formes ; sect. II, les rapports, sect. III, le payement des dettes, le Code détermine, sect. IV, les effets du partage, et le premier article de cette section est l'art. 883. Comment soutenir, avec quelque apparence de raison, que le premier de ces effets, l'effet déclaratif, ne s'applique pas à un partage rigoureusement conforme à toutes les prescriptions légales qui précèdent ? » Le procureur général insiste d'ailleurs sur la circonstance que les divers articles faisaient partie d'une loi unique, décrétée d'ensemble ; il admet qu'on puisse parler d'incohérence entre des textes votés à de longs intervalles. Cela montre bien qu'il reconnaît que l'argument tiré du classement est sujet à certaines réserves.

La question des contrats mixtes et la question corrélative de leur classement fut soulevée dès l'époque de la rédaction[1]. Tronchet fit observer au Conseil d'État que « les engagements des voituriers forment un contrat mêlé de dépôt et de louage » ; il proposa de reporter au titre du louage les dispositions qui règlent ces engagements en tant qu'ils tiennent du louage et de ne placer au titre du dépôt que celles qui les concernent sous le rapport du dépôt. On songea même à insérer au texte un article ainsi conçu : « Le marché fait avec les voituriers par terre et par eau est un *contrat mixte* qui participe de la nature du contrat de louage et de celui de dépôt. » Mais la Section de législation du Tribunat fit écarter l'article proposé, comme « purement doctrinal » et comme nécessitant d'ailleurs des développements[2].

M. Planiol, dans la note précitée, va jusqu'à affirmer qu' « une erreur de classement dans la répartition des articles d'un Code n'est pas une règle obligatoire ». Il cite à l'appui de cette idée un exemple : « Tout le monde admet que les opé-

---

1 FENET, t. XIV, p. 267.
2. FENET, t. XIV, p. 288.

rations entre époux, autorisées par l'art. 1595, sont des dations en paiement et non des ventes, bien que ce texte soit placé dans le titre de la vente... » Cela est vrai ; mais l'arrêtiste continue : « et que la loi leur en donne formellement le nom dans l'alinéa premier de cet article. » Le second argument enlève au premier la portée qu'on veut lui donner : il montre qu'en ce cas l'interprète a effectivement « rectifié la dénomination », comme dit très exactement l'arrêtiste ; il l'a rectifiée à la fois contre la rubrique et contre le texte même de l'article ; cela ne prouve donc pas que la rubrique ait moins d'autorité que le texte.

Il nous semble que, sauf d'impérieuses raisons, il faut suivre l'indication des rubriques ; car, si elles n'énoncent pas, à proprement parler, des décisions, elles en impliquent ; et après tout elles font partie du texte de la loi. Seulement leur existence n'empêche pas les dispositions légales d'avoir parfois des aspects multiples, un caractère complexe, que le classement légal n'exprime pas et que l'interprète a le droit de mettre en valeur.

6.

Ces réflexions nous conduisent à une remarque générale. Nous avons rappelé déjà le fait que les auteurs du Code ont entendu s'abstenir de conceptions doctrinales, et laisser aux auteurs le soin d'élaborer les théories[1]. C'est dire que, si le

1. Cf. par ex. FENET, t. VI, p. 43 (Portalis) ; FENET, t. XII, p. 159 (Treilhard) ; et le chap. suivant sur les Définitions. Il y a pourtant quelques cas exceptionnels dans lesquels le rédacteur a cru devoir procéder à de véritables exposés doctrinaux. On pourrait peut-être citer en ce sens l'art. 1002 que la section de législation du Tribunat fit insérer pour écarter clairement la différence entre les dénominations d'héritier et de légataire (FENET, t. XII, p. 159). Mais l'exemple le plus frappant est celui de l'art. 1370 :

« Certains engagements se forment sans qu'il intervienne aucune convention, ni de la part de celui qui s'oblige, ni de la part de celui envers lequel il est obligé.

« Les uns résultent de l'autorité seule de la loi ; les autres naissent d'un fait personnel à celui qui se trouve obligé.

« Les premiers sont les engagements formés involontairement, tels que ceux entre propriétaires voisins, ou ceux des tuteurs et des autres administrateurs qui ne peuvent refuser la fonction qui leur est déférée.

« Les engagements qui naissent d'un fait personnel à celui qui se trouve obligé, résultent ou des quasi-contrats, ou des délits ou des quasi-délits ; ils font la matière du présent titre. »

Le ton du législateur est ici, on le voit, tout à fait comparable à celui du professeur qui expose un état du droit, définit, donne des exemples, classe, explique même. La section de législation du Tribunat, proposant le texte en question, déclarait : « C'est ce qu'il convient d'expliquer en tête du titre, pour donner des idées nettes. » (FENET, t. XIII, p. 458).

Code est un ensemble, c'est un ensemble souple. Pour reprendre une antithèse significative[1], il n'appelle pas seulement des « Commentaires », mais des « Traités ». En ce sens, on a considéré l'ouvrage d'Aubry et Rau comme ayant apporté une révolution dans notre droit : ces auteurs, suivant la méthode de l'auteur allemand Zachariae, s'abstinrent de suivre rigoureusement l'ordre du Code[2]. Nous ne contesterons pas l'importance de ce changement de méthode. Mais si, depuis lors, les auteurs se sont permis quelque liberté concernant le plan général de leur exposé, on les voit tous se rapprocher du plan du Code au fur et à mesure qu'on accède au détail ; et on ne conçoit guère qu'il en soit autrement. On pourra bien, dans tel cas, combiner des dispositions empruntées à des parties différentes de la loi[3]. Mais en général la présentation d'une institution est inséparable 'du fond du droit[4].

. C'est pour cela que nous trouvons à la fois quelque chose de fondé et quelque chose d'injuste dans la critique véhémente qu'un grand jurisconsulte étranger, M. Alvarez, adresse à la codification[5]. C'est en définitive la vieille objection de Savigny que reprend M. Alvarez : ce qu'il reproche aux Codes, c'est de fixer le droit, et par là d'anémier la doctrine. Il fait l'éloge des pays de droit non codifié, de l'Angleterre par exemple, où « la science juridique ne s'est pas stérilisée dans d'interminables commentaires exégétiques[6] ». Nous croyons pourtant que les institutions anglaises présentent une rigidité assez comparable à celle de notre droit ; et la meilleure preuve, c'est qu'il a fallu en Angleterre constituer assez gauchement une jurisprudence d'équité destinée à corriger la rigueur de la *common law*, comme le préteur romain corrigeait le vieux droit civil. D'autre part, comme nous le rappelions tout

---

1. BONNECASE, *L'école de l'exégèse en droit civil*, dans *Rev. gén. du droit, de la législ. et de la jurispr.*, 1919, p. 32.
2. Il est piquant de rappeler que deux juristes connus, Massé et Vergé, prirent la peine de recomposer le traité de Zachariae selon l'ordre traditionnel (BONNECASE, *l. c.*, p. 39).
3. V. ci-après, chap. v.
4. V. sur ce point, chap. iv.
5. Alexandre ALVAREZ, *Une nouvelle conception des études juridiques et de la codification du droit civil.*
6. ALVAREZ, *l. c.*, p. 69.

à l'heure, les rédacteurs de nos lois ont expressément voulu laisser au droit sa souplesse, soit en s'abstenant de théories, soit en ne pénétrant pas trop dans le détail des circonstances : le théoricien et le juge gardent ainsi une part de liberté. Sur un point d'ailleurs, nous serions fort tenté d'admettre une des propositions de M. Alvarez, qui avait été mise en avant par M. Roguin[1], et qui a été consacrée par certaines législations[2] : nous voulons parler de la revision périodique des Codes. Il y a vraiment quelque chose de choquant pour la raison dans l'immensité de l'effort des interprètes pour rajeunir un texte vieilli, dans toute cette dépense de science, de dialectique, de finesse qui souvent n'aboutit qu'à une cote mal taillée. De grands arrêtistes ont eu ce sentiment[3].

En tout cas, quelque intérêt qu'il puisse y avoir à assouplir le droit, nous ne pouvons comprendre la véhémence de M. Alvarez contre l'idée même de la codification. La diffusion extrêmement rapide du droit codifié est un fait contre lequel aucun argument ne saurait prévaloir. C'est un fait au même titre que l'acceptation de plus en plus franche de l'évolution des mœurs et des lois. Et c'est peut-être en apparence seulement qu'il y a opposition entre les deux mouvements. Nous sommes porté à croire que les sociétés relativement stables et simples ont moins de peine à se contenter d'un droit purement traditionnel. C'est lorsqu'elles se compliquent et lorsqu'elles évoluent qu'elles éprouvent le besoin de fixer leurs institutions dans de grands exposés systématiques tels que les codes. Certes, personne aujourd'hui ne voudrait considérer le Code comme fait pour l'éternité ; et il est sage de réserver aux lois le moyen de s'adapter aux transformations sociales. Mais il faut bien que les codes répondent à une exigence des sociétés

---

1. ROGUIN, *Observations sur la codification du droit civil*, Lausanne, 1896. M. Roguin propose une révision générale tous les 25 ans ; la révision serait préparée par un corps spécial.

2. Le *Code civil espagnol*, dans ses articles additionnels, décide que le tribunal suprême et les tribunaux d'appel doivent chaque année adresser au ministre de la Justice un rapport sur les lacunes et les difficultés qu'ils ont rencontrées ; tous les dix ans la commission de codification propose les réformes opportunes. Cf. *Code civil chilien*, (ALVAREZ, p. 199).

3. V. par ex. la conclusion de la longue note d'Ambroise COLIN sous Ch. réun., 5 décembre 1907, D. 1908.1.113.

modernes pour que les plus différentes aient adopté ce mode d'expression de l'autorité juridique.

Le véritable conflit n'est peut-être pas entre code et coutume, mais entre rigueur et souplesse, deux qualités difficiles à concilier, mais également nécessaires sous n'importe quel régime juridique.

CHAPITRE III

Définitions et classifications

I.

C'est parce que les rédacteurs du Code ont voulu s'abstenir de toute doctrine qu'ils ont eu le souci d'éviter sinon toutes les sortes de définitions, du moins certaines d'entre elles. Ils avaient présente à l'esprit la maxime célèbre du Digeste, qu'ils ont plusieurs fois citée[1] : *Omnis definitio in jure periculosa.*

La question se posa dès le début des travaux, à propos du Titre préliminaire du Projet, dans lequel se trouvaient définies les diverses espèces de droits. Lorsqu'on eut décidé de renoncer à ces textes, Portalis exposa au Corps législatif[2] les motifs de cette attitude, en des termes qui méritent d'être retenus :

« On a judicieusement remarqué que les *définitions générales* ne contiennent pour la plupart que des expressions vagues et abstraites, dont la notion est souvent plus difficile à fixer que celle de la chose même que l'on définit.

« De plus *il nous a paru sage de faire la part de la science et la part de la législation.*

« Les lois sont des volontés.

« *Tout ce qui est définition, enseignement, doctrine est du ressort de la science. Tout ce qui est commandement, disposition proprement dite est du ressort des lois* [les italiques sont de nous].

« S'il est des définitions dont le législateur doive se rendre l'arbitre, ce sont celles qui appartiennent à cette partie

1. Par ex., FENET, t. IX, p. 4 (cité par Réal à propos de la suppression de la définition du mariage, insérée au projet).
2. FENET, t. VI, p. 42 sqq.

muable et purement positive du droit, qui est tout entière sous la dépendance du législateur même ; mais il en est autrement des définitions qui tiennent à la morale et à des choses qui ont une existence indépendante des volontés arbitraires de l'homme. »

La question devait reparaître ; elle fut examinée dans toute son ampleur au Conseil d'État, et en somme définitivement vidée, à propos de l'art. 894, définition de la donation[1].

C'est Regnaud de Saint-Jean-d'Angély qui ouvrit la discussion, en déclarant que « les définitions sont inutiles, puisqu'elles ne sont pas des dispositions dans la loi. » Il fut appuyé par plusieurs orateurs : Galli rappela que les Constitutions de Piémont, indiquées au grand Frédéric comme un modèle parfait, sont degagées de toute définition; il en est de même de la Constitution de Milan. Bérenger dit que les définitions appartiennent à la jurisprudence et non à la loi ; elles sont très difficiles ; et il est dangereux de les placer dans un Code, car si elles étaient vicieuses, elles conduiraient à de fausses conséquences. Elles sont « le résultat des dispositions du Code, elles sont donc du domaine de la science ».

Plusieurs orateurs plaidèrent pour les définitions. Bigot-Préameneu soutint qu'elles sont de véritables dispositions et même les dispositions fondamentales de la loi. Elles sont en tout cas nécessaires lorsqu'on fait des changements dans la législation. Tronchet fit remarquer d'abord que le but des rédacteurs, en définissant les donations et les testaments, avait été d'indiquer le caractère propre de chacun de ces actes et d'en déduire les différences qui les distinguent. Puis, s'avançant davantage, il déclara que les définitions sont d'autant plus nécessaires que le Code civil n'est pas rédigé pour les juges seuls et les jurisconsultes, mais pour éclairer tous les citoyens.

Dans cette discussion comme dans beaucoup d'autres, c'est l'opinion à la fois vigoureuse et nuancée de Portalis qui l'emporta. Il fit d'abord justice des précédents invoqués par Galli : si dans les Constitutions du Piémont et de Milan

---

1. FENET, t. XII, p. 261 sqq.

on a pu se dispenser de formuler des définitions, c'est parce
que le droit romain y fait loi et décide à défaut des Constitutions. En France, à la vérité, les ordonnances ne contenaient
pas de définitions ; mais c'est parce que, n'étant pas des Codes,
c'est-à-dire des recueils complets des lois de la matière, elles
supposaient les donations et les testaments définis déjà par
la coutume et le droit commun. Puisqu'on rédige un Code
qui doit se suffire, on ne peut se dispenser de définir. C'est ce
qu'a fait d'ailleurs le Code prussien, le seul recueil qui se puisse
comparer à celui que le Conseil prépare. Les dernières observations de Portalis montrent comment la thèse qu'il soutint
en faveur de la définition des donations se concilie avec son
discours contre les définitions générales ; à la vérité, orateur
et homme d'action, il se laissa peut-être entraîner dans les
deux cas à forcer un peu sa pensée ; mais au fond il reste
fidèle à une distinction fondamentale : celle des définitions
scientifiques qui sont affaires de doctrine et de raison, et des
définitions de droit positif, qui sont œuvre de la volonté du
législateur.

Il y a lieu sans doute de compléter les indications de Portalis par quelques remarques. Les observations précitées de
Bérenger nous mettent sur la voie d'une distinction, qui se
dégage des conceptions générales de la définition, et qui resta
peut-être trop dans l'ombre. Il y a des définitions qui sont le
résultat dernier et comme l'œuvre suprême de la science ;
ce sont ces définitions dont Socrate faisait le but de la
recherche ; ce sont celles-là dont Bérenger disait qu'elles sont
« le résultat des dispositions du Code » ; le savant s'efforcera de
condenser en elles l'âme et les intentions diverses de la loi.
Mais avant d'en venir là il faut bien, au début de la recherche,
savoir de quoi l'on parle, et pour cela poser des définitions
moins ambitieuses, et que l'on sait incomplètes : c'est ce
qu'ont senti et dit, de points de vue un peu différents,
Bigot-Préameneu, Tronchet et Portalis. Seulement il faut
ajouter que le législateur n'est pas dans la même situation que
le savant, du moins que le physicien ou le naturaliste ; sa
définition, même si elle est incomplète, est autre chose qu'une
approximation provisoire et révisible ; elle est une décision, une

volonté, elle s'impose ; elle pourra être complétée assurément, parfois indirectement rectifiée, sournoisement abandonnée ; mais elle restera un texte de loi. Elle se rapprochera des définitions mathématiques[1] plus que des définitions telles qu'on les trouve dans les sciences de la nature, car elle sera le point de départ d'une construction ; mais elle sera plus que la définition mathématique elle-même, plus qu'une « hypothèse » ; elle sera douée d'autorité ; elle sera régulatrice. Tels sont les caractères généraux des définitions que nous rencontrons, fort nombreuses, dans le Code civil.

2.

Beaucoup de ces définitions se font par le genre prochain et la différence spécifique ; elles supposent donc une classification.

Très souvent le genre a une large extension et on lui rattache directement des espèces très déterminées. Ex. : art. 1582 : « La vente est une *convention* par laquelle l'un s'oblige à livrer une chose et l'autre à la payer » ; art. 1702 : « L'échange est *un contrat* par lequel les parties se donnent respectivement une chose pour une autre. » C'est assurément sans intention que les rédacteurs ont employé pour la vente le mot « convention », pour l' « échange » le mot « contrat ». Il y a entre les deux notions un rapport de genre à espèce, comme l'indique la définition du contrat, art. 1101 : « Le *contrat* est une *convention* par laquelle une ou plusieurs personnes s'obligent, envers une ou plusieurs autres, à donner, à faire ou à ne pas faire quelque chose. » Dans un autre cas, à l'art. 1875 (définition du prêt à usage), la Section de législation du Tribunat eut soin de faire substituer « contrat » à « convention », qui est « trop générique[2] ». Mais le fait que, dans un texte aussi important que la définition de la vente, on a pu laisser subsister au lieu du genre relativement prochain « contrat » le genre plus lointain « convention », montre bien que l'énoncé du genre a seulement en pareil cas une importance limitée.

1. V. 1re partie, chap. vi ;
2. FENET, t. XIV, p. 441.

Les exemples cités montrent aussi qu'on se trouve en présence de hiérarchies à plusieurs degrés. Nous en avions trois ;
on peut allonger la liste, par exemple discerner : convention,
contrat, contrat aléatoire, rente viagère (art. 1914).

Les rapports de genre à espèce sont souvent énoncés directement par des divisions. Ainsi pour le dépôt : art. 1916 :
« Il y a deux espèces de dépôt : le dépôt proprement dit, et le
séquestre » ; art. 1920 : « Le dépôt (proprement dit) est volontaire ou nécessaire » ; art. 1955 : « Le séquestre est ou conven-
tionnel ou judiciaire. » Ou encore pour le louage : art. 1708 :
« Il y a deux sortes de contrats de louage : celui des choses et
celui d'ouvrage. » Dans ces deux cas, on trouve des définitions
accompagnant les divisions ; mais toutes les notions ne sont
pas définies : le séquestre ne l'est pas ; le louage (genre)
ne l'est pas. De même 1234 énumère les modes d'extinction
des obligations : le principal, le payement, n'est pas défini.

Il n'y a donc eu, de la part des rédacteurs, ni la volonté de
présenter systématiquement le tableau d'ensemble de la hiérarchie des notions, ni la volonté de définir chaque degré
de la hiérarchie. Ce flottement doit être noté et confirme
ce que nous avons dit déjà sur la souplesse et l'indétermination relatives de l'armature générale du Code.

Le rapport de genre à espèce, si fréquemment impliqué
par les dispositions du Code, servira naturellement de base à
certaines inférences. La règle principale qui se déduit du
rapport de genre à espèce est que « ce qui est dit du genre est
dit de l'espèce ». C'est l'existence de cette règle qui fait que
la classification, loin d'être un simple procédé d'ordre, a
une véritable portée logique.

Dans la plupart des cas elle s'applique sans difficulté et,
par suite, sans que l'attention s'y arrête. Mais il arrive que
la règle donne des conséquences à certains égards suspectes ;
et c'est alors qu'on la remarque.

Ainsi, selon l'art. 2072, le gage est une des espèces du genre
nantissement. Le caractère réel du contrat de gage s'établit
par les expressions dont se sert l'art. 2071 concernant le nantissement : « ...Contrat par lequel le débiteur *remet* une chose
à son créancier. » La remise n'est donc pas seulement néces-

saire comme mesure de publicité en faveur des tiers ; elle
constitue un élément essentiel du contrat ; la jurisprudence
en conclut que le débiteur lui-même peut invoquer le défaut
de remise[1]. Commentant cette décision, M. Sarrut approuve
la décision de la Cour suprême[2] ; M. Lyon-Caen approuve
le principe, tout en admettant que la conséquence est contraire
à l'équité et à l'idée générale de la bonne foi dans les contrats[3].
La force du rapport logique apparaît d'autant mieux qu'elle
a eu à triompher de ces motifs d'équité.

3.

Les rédacteurs du Code n'ayant eu en aucune manière
l'intention systématique de définir et de classer, s'y étant
plutôt résignés par nécessité, on conçoit qu'ils ne se soient
pas astreints à modeler leurs formules sur un type unique.

a) D'abord nous avons déjà fait remarquer que le genre par
rapport auquel l'espèce est définie est parfois tellement lointain que tout l'intérêt de la formule se reporte sur la différence. Peut-être peut-on le dire déjà pour les définitions des
diverses sortes de contrats. En tous cas il en est certainement
ainsi pour la définition que l'art. 544 donne de la propriété :
« La propriété est *le droit* de jouir et de disposer des choses de
la manière la plus absolue... » Encore trouve-t-on dans cette
formule la trace d'une hiérarchie de genre à espèce : parmi les
droits, on comptera la propriété. Mais il arrive que la notion
générale par rapport à laquelle l'espèce est définie n'ait pas
vraiment la nature d'un genre, mais soit plutôt une sorte de
synonyme moins précis, comme lorsque 637 définit la servitude
comme une *charge*. La formule peut rester ainsi calquée sur
la formule des définitions par le genre et la différence, sans qu'il
y ait genre, ni différence ; 739 définit la représentation comme
« une *fiction de la loi*, dont l'effet est de faire entrer les repré-

1. Cass. civ., 18 mai 1898. Sir. chron., XX, 1.179 ; D. 1900.1.481.
2. N. au D., *l. c.*
3. N. au S., *l. c.*

sentants dans la place, dans le degré et dans les droits du représenté[1] » ;

b) Cet exemple nous conduit à une autre remarque. La définition, même lorsqu'elle est méthodiquement faite par le
genre et la différence, s'attache le plus souvent à un seul
des aspects de la notion. Nous avons eu l'occasion de remarquer[2] que les notions juridiques comprennent normalement
deux catégories d'éléments : conditions et effets. La définition
précitée de la représentation (art. 739) se fait par les effets. Ce
sont les articles suivants qui déterminent ses conditions d'existence, ou ses cas. Au contraire, la définition de la cause « illicite » vise ses conditions d'existence : art. 1133 : « La cause est
illicite, quand elle est prohibée par la loi, quand elle est contraire aux bonnes mœurs ou à l'ordre public. » La définition des
diverses sortes de contrats, et la définition du contrat lui-
même se placent au moment et au point de vue de la formation
du lien, énoncent par conséquent ses conditions d'existence ;
mais en même temps, comme l'effet principal est voulu lors
de la formation du contrat, il se trouve visé dans la définition[3]. Certaines définitions particulièrement complètes caractérisent d'abord les conditions, puis les effets ; ainsi la définition de la majorité, art. 488 : « La majorité est fixée à vingt
et un ans accomplis ; à cet âge on est capable de tous les actes
de la vie civile... » On voit que dans ces divers cas les définitions, même lorsqu'elles ont la même forme extérieure, soutiennent des rapports très différents avec le contenu total de
la notion ;

c) Il faut reconnaître de véritables définitions dans certaines
formules qui n'ont pas la forme des définitions, mais celle des
règles.

Exemples : l'art. 1289 : « Lorsque deux personnes se trouvent
débitrices l'une envers l'autre, il s'opère entre elles une compensation qui éteint les deux dettes... » ; l'art. 1300 : « Lorsque
les qualités de créancier et de débiteur se réunissent dans la

---

1. Cf. art. 1371 : « Les quasi-contrats sont les faits purement volontaires de
l'homme, dont il résulte... »
2. 2e partie, chap. IV, sect. II.
3. V. plus haut les définitions du contrat (art. 1101) de la vente (art. 1582).

même personne, il se fait une confusion de droit qui éteint les deux créances. »

Ces articles consacrent la règle de la compensation, la règle de la confusion ; et en même temps elles définissent ces termes[1]. Si les deux choses ont pu se confondre, c'est sans doute parce que les mots de compensation et de confusion ont, en eux-mêmes, une signification caractéristique du phénomène qui se produit.

Lorsqu'on a constaté que la définition n'épuise pas la notion, et que d'autre part il y a au moins certains cas dans lesquels elle se confond avec la règle, on est amené tout naturellement à remarquer que certaines formules, par lesquelles s'ouvre l'exposé de la réglementation d'une institution, ont une nature incertaine. On considérera en général 102 comme une sorte de définition du domicile : « Le domicile de tout Français, quant à l'exercice de ses droits civils, est au lieu où il a son principal établissement. » Mais on aura plus de doutes lorsqu'on lira l'art. 718 : « Les successions s'ouvrent par la mort naturelle et par la mort civile[2]. »

En réalité le mot de définition suggère l'idée d'une détermination de la pensée. Mais les exemples qui précèdent montrent que cette détermination peut présenter des degrés très différents de perfection, et se faire de points de vue très divers. Pour qu'elle remplisse son rôle logique il faut, mais il suffit qu'elle fournisse un point de départ à la construction, ou à la présentation systématique de la notion. Ce point de départ, elle pourra le fournir en donnant une idée sommaire, mais implicitement complète des éléments essentiels de la notion ; ou seulement en donnant une idée d'un de ses aspects, conditions ou effets ; ou même en énonçant une circonstance à laquelle la notion est liée d'une manière particulièrement étroite (c'est le cas de 718). Dans tous ces cas d'ailleurs, la définition nous fait déjà pénétrer dans la compréhension de la

1. On rapprochera des formules citées les textes qui se présentent surtout comme des définitions de mots : art. 1102 sqq. (synallagmatique, unilatéral, etc...), 1169 sqq. (casuel, potestatif, mixte). Nous n'insistons pas sur la distinction des définitions d'idées et des définitions de mots, qui nous semble particulièrement artificielle dans un domaine où les idées se créent parallèlement aux mots.

2. Les mots « et par la mort civile » ont été implicitement effacés par la loi du 31 mai 1854, qui abolit la mort civile.

notion. Le reste s'y rattachera, d'un lien synthétique certes ;
mais enfin il faut qu'il y ait une certaine dépendance de toute
l'institution à l'égard d'une formule pour que celle-ci soit considérée comme une définition ;

d) Il peut arriver que le législateur, au lieu d'énoncer
un élément important de la compréhension, se borne à
indiquer de quoi il s'agit en substituant à la formule abstraite une énumération des choses ou des cas visés. Il en est
ainsi pour la notion des immeubles par nature, énumérés
dans les art. 518 sqq. L'adjonction d'exemples aux formules
abstraites, l'existence d'énumérations qui s'achèvent en formules abstraites, la coexistence d'énumérations exhaustives
et d'énumérations non exhaustives montrent bien à la fois le
rapport qui lie l'énumération à la définition et les facilités que
l'énumération offre à l'esprit. L'énumération exhaustive
apparaît en somme comme le procédé paresseux qui permet
de se passer de définition[1].

Souvent l'énumération se présente autrement que comme
le point de départ de la construction d'une institution : c'est
un procédé d'un emploi très général, et auquel les rédacteurs du Code ont eu d'autant plus souvent recours qu'ils
éprouvaient une sorte d'éloignement pour les formules trop
abstraites.

A quelque moment qu'elle intervienne, l'énumération est,
en même temps que définition, classification : au lieu de donner,
comme la définition classique, l'idée de l'espèce par référence
au genre dont l'espèce est différenciée, elle donne l'idée du genre
par référence aux espèces qui le composent ; mais elle laisse
à l'esprit le soin de déterminer, par comparaison des espèces,
ce qu'est le genre.

4.

La *division* est fréquente dans le Code. Il arrive qu'elle
se présente sous sa forme parfaite, c'est-à-dire comme une
dichotomie, les deux espèces se distinguant au sein du genre
par l'affirmation et la négation d'un caractère. Ainsi dans

1. V. pour plus de détails le complément O.

l'art. 1874 : « Il y a deux sortes de prêt : celui des choses dont on peut user sans les détruire, et celui des choses qui se consomment par l'usage qu'on en fait. La première espèce s'appelle *prêt à usage* ou *commodat* ; la deuxième s'appelle *prêt de consommation* ou simplement *prêt*. »

Mais cette perfection est rare :

1° Il arrive souvent que la netteté de la dichotomie soit troublée par la juxtaposition (non par la subordination) de deux distinctions. Ainsi dans l'art. 1217 : « L'obligation est divisible ou indivisible selon qu'elle a pour objet ou une chose qui dans sa livraison, ou un fait qui dans l'exécution est ou n'est pas suceptible de division, soit matérielle, soit intellectuelle. » A la rigueur la première sous-distinction (chose ou fait) peut être considérée comme tenant à une simple insuffisance de vocabulaire. Mais la seconde (matérielle ou intellectuelle) répond bien à deux conceptions différentes, et vient compliquer la distinction qui fait le fond de la pensée ;

2° Souvent un genre est successivement divisé de plusieurs points de vue, sans qu'un rapport défini de subordination soit établi entre ces points de vue. La section relative aux obligations conditionnelles[1] contient un § 1 intitulé : « De la condition en général et de ses diverses espèces », dans lequel on distingue spécialement les conditions *casuelle, potestative, mixte* : on considère alors certains caractères de l'accomplissement de la condition. Puis les §§ 2 et 3 s'occupent des conditions *suspensive* et *résolutoire* : on distingue deux espèces de conditions d'après leurs effets. Le mélange des deux ordres de considérations se révèle dans la formule même dont se sert l'art. 1181 pour définir la condition suspensive[2] : le rédacteur distingue d'abord deux cas en se plaçant du point de vue même qui a été adopté dans le § 1 (rapprocher 1181 de 1168, qui d'ailleurs impliquait déjà[3] la distinction des conditions d'après

---

1. C. civ., liv. III, tit. III, chap. IV. sect. I.

2. Art. 1181 : « L'obligation contractée sous une condition suspensive est celle qui dépend ou d'un événement futur et incertain, ou d'un événement actuellement arrivé, mais encore inconnu des parties.

Dans le premier cas, l'obligation ne peut être exécutée qu'après l'événement.

Dans le second cas, l'obligation a son effet du jour où elle a été contractée. »

3. Art. 1168 : « L'obligation est conditionnelle lorsqu'on la fait dépendre d'un événement futur et incertain, soit en la suspendant jusqu'à ce que l'événement arrive, soit en la résiliant, selon que l'événement arrivera ou n'arrivera pas. »

leurs effets) ; mais les deux derniers alinéas de 1181 sont rédigés du point de vue des effets de la condition. Ce dernier point de vue est le seul apparent dans l'art. 1183 qui définit la condition résolutoire[1] ;

3° De même que l'on voit certaines énumérations se substituer à des définitions, nous trouvons des sortes de dichotomies boiteuses, dans lesquelles l'un des termes est constitué non par une notion abstraite d'espèce, mais par une énumération de sous-espèces, accompagnée d'une formule qui complète l'énumération. Nous trouvons très caractéristique à cet égard la distinction de la capacité et de l'incapacité contractuelle : 1123 : « Toute personne peut contracter, si elle n'en est pas déclarée incapable par la loi »; 1124 : « Les incapables de contracter sont : les mineurs, les interdits, les femmes mariées, dans les cas exprimés par la loi et généralement tous ceux à qui la loi interdit certains contrats[2] » ;

4° Dans des cas où la loi établit une dichotomie bien nette, il arrive que la pratique fasse éclater la rigidité de la distinction. En voici un exemple notable. L'art. 1574 dit : « Tous les biens de la femme qui n'ont pas été constitués en dot sont paraphernaux. » Ainsi, la catégorie générale « biens de la femme dotale » comprend deux espèces : biens constitués en dot, biens paraphernaux ; et ces deux espèces sont les seules. Il peut arriver qu'il n'y ait que des paraphernaux, ou que des biens dotaux (au cas de constitution des biens présents et à venir) : cela ne change rien à la classification. Au contraire la doctrine jurisprudentielle de *la dot incluse* a consisté à construire la notion[3] d' « une troisième catégorie de biens qui ne sont ni dotaux, ni paraphernaux, conception que Labbé n'a pas craint de qualifier de monstruosité juridique (N. au S. 93.1.5). »

---

1. Art. 1183 : « La condition résolutoire est celle qui, lorsqu'elle s'accomplit, opère la révocation de l'obligation, et qui remet les choses au même état que si l'obligation n'avait pas existé.

Elle ne suspend point l'exécution de l'obligation ; elle oblige seulement le créancier à restituer ce qu'il a reçu, dans le cas où l'événement prévu par la condition arrive. »

2. Cf. art. 427.

3. C et C, III, p. 347 sqq. : en résumé la doctrine consiste en ce que, lorsqu'un paraphernal vient prendre dans le patrimoine de la femme la place d'une créance dotale, la valeur de cette créance reste frappée d'inaliénabilité ; le bien, comme paraphernal, est aliénable et saisissable, mais il doit conserver et rendre la valeur dotale qu'il contient (*l. c.*, p. 350).

C'est d'ailleurs sous la poussée d'impérieuses nécessités que l'interprète se résigne à une telle attitude. Dans tel autre cas on a vu la jurisprudence résister à la création d'un type intermédiaire : c'est ainsi qu'elle s'est refusée, malgré les avantages qu'on en aurait tirés pour la construction juridique de l'assurance-vie, à admettre un « contrat d'indemnité », intermédiaire entre le contrat de bienfaisance et le contrat à titre onéreux, distingués et définis par le Code[1]. Mais, en de tels cas, si la jurisprudence se refuse à construire de véritables notions intermédiaires, du moins admet-elle couramment des situations intermédiaires, que règlent des dispositions empruntées à deux notions distinguées par le Code[2].

On rattache généralement la division à l'extension : puisqu'elle consiste à distinguer des espèces au sein d'un genre, elle discerne des rapports de classes. Mais, comme la plupart des opérations logiques, elle peut être conçue soit du point de vue de l'extension, soit du point de vue de la compréhension. Lorsque le mathématicien distingue du concept de rectangle le concept de carré, il discerne une espèce d'un genre, mais dans un domaine où la plupart des penseurs estiment qu'il n'y a que des rapports d'idées et non point des classes d'êtres. Il semble qu'on trouve dans le droit une attitude analogue : lorsque les art. 1625 sqq. distinguent la garantie pour cause d'éviction et la garantie des vices cachés de la chose vendue, ils spécifient l'idée générale de garantie ; on exprime mal l'opération, si l'on dit qu'ils distinguent deux *classes* de garantie ; ils en distinguent deux *sortes*. De même que l'étude des propositions juridiques nous a conduit à admettre une notion plus compréhensive de la quantité logique, l'étude des classifications du Code civil suggère une notion plus large de la division.

*
* *

Les remarques précédentes nous montrent que, si le rédacteur du Code civil n'a pu se dispenser d'avoir assez largement

---

1. N. Dupuich au D. 1909.1.185. Cf. au *Livre du Centenaire*, BALLEYDIER et CAPITANT, *L'assurance sur la vie et la jurisprudence.*

2. V. ci-dessus ce qui concerne les « opérations mixtes ». V. aussi RAY, *De la notion de donation en droit civil français*, 2ᵉ partie, chap. II.

recours à ces procédés généraux de présentation des idées que
sont les définitions et classifications, il ne s'est en aucune manière astreint à présenter dans un cadre rigide l'ensemble de
son œuvre. Les définitions et classifications que l'on rencontre dans le Code civil sont souvent, comme nous l'avons
vu, fragmentaires et extérieures. Elles apparaissent presque
comme des commodités d'exposition plutôt que comme l'armature véritable du système légal. C'est dire que cette armature
reste encore à étudier. Car enfin le souci de définir et de classer
répond à autre chose qu'à des nécessités de présentation.
Il y a des « *unités* » véritables : ce sont les institutions. Et
entre les institutions, il y a une « *ordonnance* » profonde, des
liens intimes de coordination et de subordination. Les définitions peuvent nous indiquer certaines de ces unités considérées par le législateur ; les classifications nous révèlent
certains aspects de leur ordonnance. Mais il faut maintenant
essayer de pénétrer un peu au delà des apparences pour voir
en quoi consiste l'unité d'une institution, et en quoi consiste
l'ordonnance des diverses institutions au sein d'un système
juridique. Ce sera l'objet des deux chapitres suivants.

CHAPITRE IV

Institutions

I.

Le mot d' « institution » est précieux ; il évoque simultanément deux catégories d'idées que souvent l'on oppose. C'est d'abord un terme d'histoire ; il s'applique aux caractéristiques juridiques d'un temps, d'un pays ; nul mot plus que lui ne suggère la représentation d'un milieu spécial. Mais il éveille en même temps l'idée de quelque chose de rationnel, de voulu, d'établi, d'organisé, de systématique.

Cela posé, un Code conçu comme le fut le Code civil apparaît comme le cadre idéal pour l'expression des institutions. Nous savons qu'il ne faut, sans doute, pas attacher trop d'importance au dessin extérieur, au plan du Code ; du moins montre-t-il l'intention qu'ont eue les rédacteurs d'exposer, avec ampleur et méthode, la structure des institutions. Nous savons par ailleurs qu'ils ont, aussi peu que possible, prétendu innover ; ils ont dit et répété que leur œuvre était l'œuvre du temps[1] ; c'est le passé, c'est l'histoire qui a fourni toute la matière du Code.

Dans l'étude des institutions, il faut garder à l'esprit ce double caractère : historique, systématique. Une institution est un ensemble, elle a une certaine complexité ; cette complexité s'ordonne, présente une sorte d'unité ; il y a des éléments ou des rapports essentiels, auxquels se subordonnent d'autres éléments. Certaines lignes sont nettes, certaines arêtes vives, mais hors d'elles il faut admettre un certain flottement, une certaine indétermination. Car l'institution est une réalité vivante ; elle a eu beau se dessiner, se fixer,

1. V. ci-dessus : introduction ; 3ᵉ partie, chap. II et III.

elle reste alourdie, embrumée d'histoire. La création absolue
du législateur — si elle était possible — ne recevrait sans doute
pas, ne mériterait pas le nom d'institution : elle gagnerait
ce titre peu à peu, à mesure qu'elle entrerait dans la vie
juridique réelle et se trouverait en même temps imprégnée
par elle.

2.

Une institution suppose une certaine unité, et cette unité
ne se conçoit guère sans un mot qui l'exprime. Un auteur contemporain[1] a insisté avec raison sur le rôle qu'eut à Rome, chez
les jurisconsultes de la République et de l'époque classique,
le rassemblement des règles de droit sous des « appellations
particulières destinées à les personnifier comme institutions
juridiques. »

La plupart des titres du Code civil ont une rubrique très
simple : un mot, le nom de l'institution : du domicile, des
absents, du mariage, du divorce, de la propriété, des servitudes, des successions, des contrats, de la vente, du prêt, du
mandat, de la prescription. Lorsque l'institution, par son ampleur, fait l'objet d'un titre important, la lecture des rubriques
de chapitres ou de sections nous fait reconnaître, subordonnées
à l'institution générale, des institutions plus spéciales ; par
exemple, au titre des successions : la saisine, la représentation,
les rapports. Ce n'est pas à dire que toutes les subdivisions
du Code correspondent à des institutions individualisées. Ces
subdivisions répondent, pour une large part, à un besoin
un peu artificiel de classement ; il arrive souvent qu'une
classe, si commode qu'elle soit à considérer pour l'esprit, si
conforme même à la nature des choses, ne réponde pas à un
ensemble assez individualisé, assez cohérent, pour constituer
une institution. Ainsi, au titre des contrats, un chapitre
groupe les divers modes d'extinction des obligations, un autre
les modes de preuve des obligations. Classifications tout à
fait logiques et commodes, mais qui ne sont pas autre chose
que des classifications. Mais regardons les rubriques des

1. LÉVY-ULLMANN, *Introduction générale*, p. 8.

subdivisions, nous allons y reconnaître des noms d'institutions véritables : la novation, la compensation, la confusion, le serment.

Ces mots qui désignent les institutions, les rédacteurs du Code ne les ont pas inventés : ils les ont tous empruntés à la tradition, exceptionnellement à une tradition récente (actes de l'état civil), normalement à une tradition très ancienne. Sans doute ils ont éliminé certains vocables qui rappelaient trop directement le régime aboli : ils ne parlent plus de « bâtards » ni « d'aubains ». Ils ont évité les mots de « fonds dominant » et de « fonds servant », que la doctrine a conservés ; se résignant à employer le mot « servitudes », ils s'en sont presque excusés dans l'art. 638 : « La servitude n'établit aucune prééminence d'un héritage sur l'autre. » Même lorsque l'institution représentée par un mot se trouvait conçue dans un esprit nouveau, le mot fut parfois conservé. Ainsi, lorsque fut discuté au Conseil d'État[1] le titre relatif à la puissance paternelle, Berlier fit observer que ce terme romain ne convenait pas à l'idée que les rédacteurs se faisaient de l'autorité des père et mère : « Il faut, dit-il, de nouveaux mots pour exprimer des idées nouvelles. » On rappela même[2] que Loysel avait dit : « Droit de puissance paternelle n'a lieu. » Malgré la tradition coutumière, malgré l'influence de l'époque révolutionnaire, ce fut le vieux terme romain qui fut conservé.

La dénomination est loin d'être indifférente ; elle apporte avec elle, lorsqu'elle vient du passé, un monde d'idées, de souvenirs, de sentiments, dont elle imprègne, à l'insu même du rédacteur, la sécheresse des textes. C'est parfois l'emploi d'un mot consacré qui dispense de le définir : par exemple pour le mariage. Et même, lorsqu'on prend la peine de le définir, il n'est pas douteux que sa définition sera complétée, dans l'esprit de l'interprète, par toute la tradition que représente le terme défini.

Ce qui montre bien l'importance de la dénomination, c'est que, lorsqu'une règle de droit prend une suffisante importance, se ramifie, prolifère en une véritable institution, il faut qu'un

1. Fenet, t. X, p. 487.
2. Fenet, t. X, p. 539.

mot vienne la désigner : la règle de l'art. 1382 est devenue
l'institution de la responsabilité quasi délictuelle ; la règle de
l'art. 883, malgré sa spécialité, est presque une institution :
l'effet déclaratif du partage. L'emploi de ces termes est une
commodité ; mais c'est encore autre chose : c'est l'expression
de l'unité même de l'institution .

3.

Dans bien des cas, un mot ne suffit pas. L'institution ne
s'exprime qu'à l'aide d'un certain nombre de termes spéciaux.
L'art. 1984, qui définit le mandat définit en même temps le
mandant et le mandataire, qu'il nomme. L'art. 1582, qui définit la vente, ne nomme ni l'acheteur, ni le vendeur, ni le prix ;
mais dès l'art. 1583 nous trouvons, désignés par leur nom,
l'acheteur, le vendeur, le prix, la chose (vendue). Aussi bien
que le mot « vente » lui-même, chacun de ces termes suffit à
évoquer l'institution ; chacun d'eux l'évoquera d'un point
de vue, sous un de ses aspects. Mais il suggérera immédiatement le rapport qui le lie aux autres et qui est justement
l'essentiel de la vente : qui parlera du prix songera inévitablement, d'une façon plus ou moins implicite, à la chose vendue, au vendeur, à l'acheteur, parce qu'on ne peut se représenter un prix sans se représenter les autres éléments constitutifs d'une vente. Autrement dit chacun des termes considérés est, dans toute la force de l'expression, *un relatif* ;
il entraîne invinciblement avec lui représentation de la relation dont il est un élément.

C'est cela qui est capital. Lorsqu'un terme désignant une
institution (vente), ou un élément d'une institution (prix)
sera employé, par le législateur ou par l'interprète, il intro-
duira avec lui la considération d'un rapport fixe : c'est un mécanisme monté d'avance qui entrera dans la pensée, dans la vie
et s'imposera à elles. Sans doute ce mécanisme présentera
des articulations, une certaine souplesse ; mais il comportera
toujours certains rapports définis entre des éléments définis.
C'est en fonction de ces éléments et de ces rapports préala-

blement donnés que la construction juridique, dans la loi et dans l'interprétation, progressera.

Lorsque le législateur aura exposé, ou fixé la structure complexe d'une institution comme la vente, ce qu'évoquera l'un des termes par lesquels elle est désignée, ce ne sera pas seulement le rapport fondamental ou, si l'on veut, la définition ; ce seront tous les aspects vraiment constitutifs, par exemple l'obligation de délivrance, la garantie en cas d'éviction, la garantie des vices cachés, le droit de résolution au cas de non paiement du prix et même, pour tels cas, le droit de rescision pour lésion. Tous ces éléments, et d'autres encore, forment cet ensemble cohérent, unifié, solidaire qu'on nomme une institution. On n'en peut considérer un aspect ou un élément sans tenir compte de tous les autres. Lorsqu'on a essayé d'analyser le raisonnement juridique, peut-être a-t-on négligé ce caractère des éléments qu'il manie. Il s'agit bien, si l'on veut, de notions et de propositions. Mais si l'on ne voit que notions et propositions, on néglige les ressorts principaux qui orienteront le plus souvent la pensée : la plupart des notions sont des institutions ou des éléments d'institutions ; chacune d'elles impliquera donc toute la série des rapports que comporte l'institution à laquelle elle se rattache ; et ainsi une proposition juridique s'enrichira d'une infinité d'éléments qui la feront singulièrement féconde, qui lui ouvriront toutes sortes de possibilités, mais qui en rendront, par ces répercussions mêmes, le maniement tout à fait délicat : il faudra tenir compte de tout le mécanisme mis en jeu.

Le droit n'est certainement pas le seul domaine dans lequel la pensée se trouve ainsi orientée. Il y a même là, sans doute, un fait très général. Pour le géomètre, par exemple, les notions de cercle, de centre, de rayon, de circonférence sont étroitement solidaires, elles sont liées par des rapports aussi définis que pour le juriste les notions de créance, de créancier, de débiteur ; dans un cas comme dans l'autre, l'un des mots cités suffira à entraîner avec lui toute une série de déterminations et de rapports : dans un cas toutes les propriétés du cercle, dans l'autre toute la réglementation du droit de créance. Dans un cas comme dans l'autre, les ensembles solidaires de

vérités ou de règles viendront diriger ou limiter le cours de la
pensée ; ils lui fourniront son aliment ; et en même temps
ils restreindront sa liberté. Ce qui fera la différence d'un
domaine à l'autre, c'est la nature du lien, c'est le caractère
de l'unité.

Le juriste ne pourra pas raisonner comme le géomètre.

Il est bien vrai qu'à un moment donné la structure d'une
institution pourra être très nettement définie par la loi et
fournira donc un ensemble de déterminations, de rapports
qu'il faudra prendre tels qu'ils sont, sans qu'on puisse ni les
écarter, ni les changer. Mais nous ne sommes pas là en face
d'une nature immuable. Les rapports sont œuvre humaine.
L'homme les peut modifier. Il ne le fera pas au hasard, ni
sans raison, ou sans cause. Mais enfin il le fera. Il institue
le divorce, et toute la structure du mariage va être atteinte.
Il institue les prorogations de droit en matière de baux à
loyer, et les principes constitutifs du droit de propriété et du
droit des obligations sont bouleversés.

Mais il y a autre chose. La nature des choses géométriques
s'épuise dans les formules. Les expressions légales, au contraire,
ne sont jamais que le pauvre et sec dessin, que la couleur et
la vie débordent de toutes parts. Une institution ne peut se
réduire à un squelette. C'est un squelette, ou une armature
que présente le Code. Chaque mot, comme nous l'avons dit,
est lourd de tradition, de sens intime. C'est par exception que
le législateur laisse percevoir ses sentiments, ses préférences ;
mais enfin ces sentiments, ces préférences existent ; si la loi
affecte la froideur, les exposés de motifs, les travaux préparatoires, ceux du Code comme les autres, expriment abondamment des intentions, des approbations et des blâmes.
Encore est-ce peu de chose que les travaux préparatoires,
lorsqu'il ne s'agit pas d'une loi spéciale, mais des institutions
fondamentales d'un pays. C'est toute l'histoire qui imprègne
les formules. C'est toute la vie sociale qu'il faut au moins con-
fusément percevoir derrière les textes. Nous disions tout
à l'heure que, pour comprendre le mécanisme du raisonnement juridique, il fallait voir au delà des propositions et des
notions les institutions et leur armature. Disons plus : pour

comprendre l'esprit juridique il faut y reconnaître, au delà des schémas institutionnels, sinon la connaissance véritable de la vie sociale, du moins le sens complexe et délicat de ces sentiments, de ces traditions, de ces aspirations qui sont l'âme même des institutions.

4.

Ce sont là des phénomènes très généraux qui se reconnaissent, aux nuances près, dans des civilisations très diverses ; et par exemple, si différent que le droit anglais soit du nôtre, l'esprit juridique anglais se laissera sans doute aussi bien caractériser que l'esprit juridique français par ce qui précède. Mais qu'est-ce que la codification de notre droit civil a apporté de nouveau dans l'idée que l'on peut se faire d'une institution ?

A priori il doit sembler que la codification tend à diminuer la part du traditionnel, de l'instinctif au profit du schématique et du fixé. Il a été bien entendu[2], lors de la promulgation du Code civil, que l'ancien droit était largement aboli. D'autre part, les rédacteurs ont eu l'intention nette[3] que leur Code se suffise. Et très souvent on représente[4] bon nombre des anciens commentateurs comme de purs exégètes, absorbés par le texte. Nous avons déjà dit ce que nous pensions de tout cela : nous avons à plusieurs reprises montré la part que les rédacteurs avaient entendu laisser et avaient effectivement laissée à la tradition ; nous avons indiqué en gros comment la première jurisprudence relative au Code civil s'est élaborée en contact intime avec l'ancien droit. On ne peut pas sérieusement soutenir, à notre sens, que la codification ait orienté notre droit vers le schématisme, qu'elle l'ait détaché de ses sources historiques et qu'elle l'ait par là desséché.

1. V. 2e partie, chap. II.

2. L. 30 ventôse an XII, et la longue discussion sur l'abrogation de l'ancien droit, FENET, t. I, p. LXXX sqq.

3. V. par ex. les déclarations précitées de Portalis au sujet des définitions, FENET, t. XII, p. 262.

4. BONNECASE, *L'école de l'exégèse en droit civil*, dans *Rev. gén. du droit, de la législ. et de la jurispr.*, 1918, p. 212 sqq., 261 sqq., 339 sqq. ; 1919, p. 30 sqq., 161 sqq., 247 sqq.; CHARMONT et CHAUSSE, *Les interprètes du Code civil*, au *Livre du centenaire*, t. I, p. 131 sqq.

Seulement la codification a consacré et généralisé une conséquence qui résulte déjà de toute rédaction, de toute expression officielle d'une institution. Elle réalise, pour les diverses institutions, des précipités. Elle tire hors de la masse un certain nombre d'éléments choisis. Si convaincu que puisse être l'interprète de l'importance des autres éléments, il ne pourra pas se dispenser de faire une différence entre ceux que la loi a retenus et ceux qu'elle a négligés. On pourra, dans tel cas, soutenir que la loi a méconnu un point essentiel, lui donner en doctrine une importance capitale, montrer que sans lui rien ne s'explique ni ne se comprend ; il reste qu'il n'est pas dans la loi et que, dans un régime de droit codifié, il demeurera par là même dans le domaine du contestable et de l'incertain. On pourrait se livrer de ce point de vue à toute une analyse de la jurisprudence et de la doctrine. Bornons-nous à quelques exemples de ces cas dans lesquels l'interprétation a essayé de mettre au premier plan une idée qui n'était pas dans la loi. Après les art. 1382 et 1383, qui édictent la responsabilité de celui qui cause à autrui un dommage par sa faute, l'art. 1384 déclare : « On est responsable non seulement du dommage que l'on cause par son propre fait, mais encore de celui qui est causé par le fait des personnes dont on doit répondre, ou *des choses que l'on a sous sa garde.* » De cette formule assez vague et qui peut annoncer simplement les dispositions de 1385 (responsabilité du fait des animaux) et de 1386 (responsabilité du fait des bâtiments), on a voulu tirer l'idée d'un « risque de propriété », en vertu duquel tout propriétaire, indépendamment de toute faute, serait responsable du dommage causé par sa chose[1]. Un moment la Cour de cassation sembla admettre cette doctrine[2], elle reconnut responsable le propriétaire d'un remorqueur qui avait fait explosion par suite d'un vice de construction. Elle revint ensuite en arrière, mais s'arrêta à mi-chemin et admit que la loi crée une « présomption de faute » à la charge du propriétaire : ce n'est donc pas à la victime du dommage de prouver qu'il était en faute, c'est au propriétaire de se disculper. Que devra-t-il faire ? La plu-

---

1. C. et C., t. II, p. 390 sqq.
2. Civ., 16 juin 1896, D. 97.1.433 ; S. 97.1.17.

part des arrêts admettent qu'il doit prouver non seulement qu'il n'a commis ni négligence, ni imprudence, mais que le dommage provient de cas fortuit, de force majeure ou d'une cause qui lui est étrangère[1]. On voit qu'en un tel cas la doctrine a essayé de juxtaposer à la loi une conception explicative, justificative entraînant des applications nouvelles. Cette conception a eu une certaine influence ; n'étant pas dans la loi, elle est restée sujette à controverse.

Il s'agissait dans l'exemple cité d'une conception moderniste ; il en eût été de même si l'addition eût été d'origine traditionnelle. Ainsi le Code civil ne contient aucun texte général relatif à l' « enrichissement injuste ». Il ne contient qu'un certain nombre d'applications particulières de l'idée (remboursement d'impenses : art. 861-862, 1673, 1381, etc... ; accession, 554 sqq. ; récompense en matière de communauté, 1437) ; il en était sans doute ainsi en droit romain[2] ; mais on trouve au Digeste quelques textes généraux, et certains de nos anciens auteurs, Domat par exemple, formulèrent aussi le principe[3]. C'est donc en s'inspirant d'idées anciennes que les interprètes ont introduit dans notre droit l'action générale dite « *de in rem verso* ». Seulement l'idée, n'étant pas formulée dans la loi, est restée incertaine et l'on discute à la fois sur son fondement et sur ses conditions d'application[4].

Ce qui est écrit dans la loi acquiert, malgré tout ce que l'on pourra dire, une autorité et une netteté que ne possédera jamais ce qu'on y ajoute du dehors. On n'aurait sans doute jamais fait de difficultés à le reconnaître, si le choix des éléments retenus par la loi était dicté par des considérations bien définies et toujours les mêmes, et si d'autre part le vieillissement de la loi n'inclinait l'interprète à la tourner.

Les rédacteurs du Code se sont bien laissés guider par cer-

1. V. par ex. Req., 22 janvier 1908, D. 1908.1.217 ; Req. 19 janvier 1914, *Gaz. Pal.*, 7 février 1914. Contra Req., 29 avril 1913, D. 1913.1.427, qui exempte le propriétaire de responsabilité dans un cas où il avait été « impossible de déterminer la cause de l'événement ».
2. GIRARD, *Tr. de dr. rom.*, 5e éd., p. 623 ; C. et C., t. II, p. 404.
3. POMPONIUS au *Dig.*, 206, *Deregulis juris*, L. XVII ; cf. XIV, *De condict. indeb.*, XII-6. DOMAT, *Lois civiles*, 1re partie, liv. II, tit. VII, sect. I, éd. Rémy, t. I, p. 466.
4. V. la note d'un des théoriciens de l'action, G. RIPERT, sous Req., 23 novembre 1908, D. 1912.1.217. V. aussi les inconséquences que COLIN et CAPITANT relèvent dans la jurisprudence de la Cour de cassation sur cette question, *l. c.*, p. 409.

taines idées générales ; ainsi ils ont renoncé à la pratique
consacrée par la Constitution de l'an III, qui faisait accompa-
gner les lois de « considérants[1] » : en principe, tout ce qui est jus-
tificatif reste hors du texte. De même les rédacteurs ont à plusieurs reprises affirmé leur intention de bannir tout ce qui a un
caractère doctrinal, théorique[2]. Enfin ils ont aussi éliminé
de propos délibéré tout ce qui leur a paru trop spécial, tout
ce qui ne concernait pas les cas normaux[3]. Ces règles fort
sages ont été généralement suivies, mais elles ne l'ont pas
toujours été[4]. Et d'ailleurs elles ne suffisaient pas à déterminer
le choix : il est difficile de dire où finit la décision, où commence
l'explication ; il est difficile de déterminer quelles définitions
sont strictement indispensables, quelles autres apparaîtraient
théoriques, donc inutiles ou dangereuses ; il est difficile de
marquer où commence le caractère étrange, anormal d'un cas.
Il y aura inévitablement de l'arbitraire dans le choix du législateur ; et il y en a peut-être un peu plus dans notre Code
civil que dans tel autre Code plus longuement médité.

Ainsi la démarcation entre ce qui est dans la loi et ce
qui reste hors d'elle ne répondra pas régulièrement à des différences de nature. Et ce fait inclinera déjà l'esprit à hésiter
entre deux méthodes de construction des institutions. Dans
une première méthode, ce qui est dans la loi formera la base
et l'armature de la construction ; le reste sera complémen-
taire et, en un sens au moins, régulièrement inférieur. Dans la
méthode opposée on s'attachera à d'autres considérations
pour déterminer l'importance respective, la hiérarchie des
éléments : par exemple on mettra au premier plan ce qui est —
ou paraît — explicatif, général, fondamental, c'est-à-dire,
selon la mode : l'origine historique de l'institution, le cas le
plus normal dans lequel elle s'applique, ou le plus nouveau,
sa justification philosophique en 1880, ou sa fonction écono-

1. FENET, t. VI, p. 229.
2. V. ci-dessus 3ᵉ partie, chap. II, chap. III au début.
3. FENET, t. VII, p. 46.
4. Ainsi beaucoup de textes formulent des solutions en des termes qui sont par
eux-mêmes justificatifs, explicatifs : art. 1110 al. 2, art. 1112 ; art. 410, 645. — Nous
avons signalé plus haut certains articles de caractère doctrinal : art. 1002, 1370.
— Enfin la loi s'est parfois occupée de cas manifestement exceptionnels : théorie
des comourants, art. 720 sqq.

mique en 1925. On voit combien cette souplesse est favorable à qui cherche à amender plus ou moins franchement une loi vieillie. Il n'est pas surprenant que la méthode de libre interprétation ait rencontré de plus en plus de faveur à mesure que l'inadaptation du Code à la société contemporaine devenait plus flagrante. Ses partisans méprisent beaucoup leurs prédécesseurs de l'école exégétique ; et ils ont eu le sentiment qu'ils apportaient une méthode beaucoup plus « scientifique ». Personne ne niera les abus, les étroitesses auxquels l'exégèse entraîne ; personne ne niera les avantages pratiques que l'école nouvelle a pu obtenir. Mais il paraît impossible de considérer son effort comme ayant un caractère scientifique. Effort de praticiens habiles, documentés, ouverts d'esprit, hardis ; effort utile, indispensable dans l'état actuel des textes et de la société. C'est beaucoup, mais c'est tout.

Un jour viendra sans doute où le progrès des sciences sociales permettra la pleine intelligence, ou du moins une suffisante intelligence des textes. L'histoire, la comparaison, la réflexion vraiment désintéressée et indépendante de toute fin pratique immédiate permettront de dégager l'essentiel de l'accessoire, de retrouver la filiation des institutions, d'en comprendre vraiment la nature, les ressorts, le sens. Ce jour-là sans doute on constatera que sur bien des points le Code civil a négligé l'essentiel, faussé la perspective. Dans un chapitre antérieur[1] nous avons montré que les textes du Code relatifs à la famille laissent échapper plusieurs éléments importants de l'institution ; dans un autre développement[2] nous avons constaté que, bien que notre loi donne la prééminence au caractère consensuel du contrat, on ne comprend bien notre droit contractuel que si l'on fait passer au premier plan l'idée plus profonde et plus secrète d'équivalence. Le jour où l'on saurait plus de choses, il est certain qu'on rédigerait autrement la loi. Même si on voulait s'abstenir de lui faire exprimer les principes généraux des institutions, on formulerait les dispositions positives en tenant compte des rapports qu'elles soutiennent avec les principes, de sorte que l'ensemble des décisions légales aurait

---

1. 2e partie, chap. ii.
2. 2e partie, chap. v.

en dernière analyse le même .dessin que l'institution même
dans la conscience sociale et les travaux des sociologues;
alors l'interprète pourrait, sans peine et sans hésitation, se
conformer en même temps à l'esprit du texte et à la nature des
choses.

Ce jour-là aussi on saisirait mieux la nature du mouvement
de libre interprétation. Ce qui au fond l'explique et le justifie — car un mouvement d'une telle ampleur doit s'expliquer
et se justifier — c'est que le Code est apparu comme n'étant
plus au niveau de sa fonction. Alors on a sollicité les textes
pour les rectifier. Objet pratique, et non pas scientifique. Ce
qu'une connaissance vraiment scientifique des institutions
ferait apparaître, ce seraient des imperfections ne provenant
pas seulement du vieillissement de la loi, mais aussi et plus
encore des ignorances ou des illusions de ses rédacteurs.

Sous cette réserve nous pensons que, tant qu'un texte
persiste, il garde, par rapport à tout ce qui vient l'éclairer, le
compléter, l'assouplir, une solidité et une primauté qu'on
ne peut lui contester sans paradoxe. L'autorité de la loi est
un des éléments constitutifs de nos sociétés, un élément
faute duquel toute vie juridique, au moins pour la conscience
contemporaine, s'effondre. Si la loi est mal faite, qu'elle soit
changée ; mais tant qu'elle dure, il faut qu'elle soit respectée.
Et par conséquent, dans toute construction juridique saine,
comme dans les arrêts mêmes de la Cour suprême, ce sont les
textes qui doivent venir d'abord. Dans tel cas particulier, il
peut être commode, nécessaire même de tourner la loi : nul
ne saurait sérieusement prétendre que la méthode est généra-
lisable ; et en fait le nombre et l'importance des cas dans lesquels on l'emploie sont insignifiants en comparaison du nombre
et de l'importance des cas directement, simplement, honnête-
ment réglés par les textes. Le jour où il n'en serait plus ainsi,
la jurisprudence arbitraire ne serait qu'un pis-aller, dans lequel
se dénoncerait la désuétude ou l'insuffisance radicale de la
législation : il n'y aurait plus que désordre.

Si nous avons insisté sur cette question, qui concerne l'interprétation, c'est parce qu'elle nous permet de bien saisir
les effets de la codification, ou plutôt de la rédaction de la loi,

ou plutôt encore de l'existence même de la loi sur la structure
des institutions. Sous le règne de la loi la présentation des institutions devra toujours être, et en fait sera toujours — nous
entendons chez les plus libres interprètes — dominée par la
distinction de ce qui est dans la loi et de ce qui la complète.
A plus forte raison en sera-t-il ainsi sous le régime plus pleinement explicite et ordonné du droit codifié. La loi fournira
l'armature, plus ou moins bien ajustée, plus ou moins solide,
plus ou moins souple sur laquelle tout le reste viendra se fixer.
Cette armature consiste en un certain nombre de rapports
coordonnés, qui dessineront des formes d'activité imposées
ou proposées à l'homme : ces rapports sont, au fond, des directives, mais ils sont figurés intellectuellement. L'expérience
passée les illustre ; les croyances, les sentiments traditionnels
les expliquent et leur donnent leur physionomie[1] ; l'expérience
actuelle, en les réalisant à nouveau, les consacre, elle peut
les assouplir, les plier à un idéal nouveau : *l'institution est une
réalité vivante; seulement, sous l'empire du droit codifié, son
évolution même se produit en fonction des formules légales qui
en dessinent la structure.* Telle est, à notre sens, l'idée positive
qu'on peut se faire d'une institution dans notre droit civil.

5.

Pour finir, nous voudrions montrer avec quelques détails,
sur un exemple, comment la construction légale d'une institution peut se trouver non seulement complétée, dépassée,
mais profondément modifiée dans sa portée par des constructions extralégales, montrer en même temps comment ces
dernières constructions ont leur source dans des traditions et
des usages, aussi réels et, en un sens, plus profondément
enracinés que la loi, constater enfin comment tout ce travail
s'accomplit tout de même, dans un cas particulièrement défavorable, en fonction des dispositions légales, ce qui constituera
une vérification des idées générales que nous venons d'exposer.

La donation entre vifs[2] est conçue par le Code comme un

---

1. Cf. ci-dessus, 2ᵉ partie, chap. II *in fine.*
2. Pour plus de détails, voir RAY, *De la notion de donation en droit civil français.*

contrat solennel, dont la conclusion est subordonnée à l'observation de formalités de rigueur (art. 931-932). Mais d'autre
part notre droit admet une multitude de donations qui se
réalisent sous d'autres formes ; le Code lui-même implique la
validité de certaines d'entre elles : l'art. 1121, relatif aux
stipulations pour autrui, s'applique non seulement lorsqu'elles
sont comprises dans un acte de donation, mais aussi lorsqu'elles sont comprises dans un acte onéreux ; et une telle stipulation constituera souvent une donation ; plus nettement
encore, l'art. 1973, prévoyant la stipulation de rente viagère
au profit d'un tiers, par exemple à titre de prix dans une vente,
la dispense expressément, lors même qu'elle a « les caractères
d'une libéralité », des « formes requises pour les donations ».
Les art. 911 et 1099, en prononçant dans certains cas la
nullité des donations déguisées, impliquent par là même
qu'en dehors de ces cas elles ne sont pas nulles. En fait la
jurisprudence valide, sous forme de donations indirectes, de
donations déguisées, de dons manuels, une multitude de libéralités réalisées en dehors des prévisions des art. 931-932
relatifs au contrat solennel de donation.

Mais dans ces libéralités qui empruntent la forme de la
vente, de la reconnaissance de dette, de la stipulation pour
autrui, de la tradition, la jurisprudence prétend reconnaître
pourtant des libéralités, des donations. Selon la formule par
laquelle on la résume habituellement, elle admet que ces donations échappent aux règles de forme, mais elle entend les
soumettre aux règles de fond. Il importera donc de chercher
si tel acte constitue en réalité une donation : pour savoir si
on doit lui appliquer les règles de la réserve et du rapport,
pour déterminer les conditions de succès de l'action paulienne,
pour dire si c'est l'art. 446 ou l'art. 447 du Code de commerce
qui sera en jeu, si l'on peut invoquer les règles de révocation ou d'incapacité spéciales aux donations, appliquer les
art. 900, 901, 909, 1422, pour déterminer enfin, du point de
vue fiscal, le tarif qui devra être appliqué.

C'est en vue de ces problèmes très importants que s'est
constituée, à côté de la définition légale de la « donation entre
vifs », une notion très précise, une véritable définition juris-

prudentielle et doctrinale de la donation, considérée non plus dans sa forme, mais dans sa réalité : ce qui la caractérise, c'est d'une part un élément psychologique[1] : l'intention libérale du donateur, d'autre part un élément matériel[2] : la gratuité de l'acte. L'un et l'autre de ces éléments donnent d'ailleurs lieu à d'assez sérieux embarras. Pour le premier, l'intention libérale est difficile à constituer en entité abstraite ; elle tend à s'imprégner de motifs infiniment variables[3]. Quant au second élément, qui implique appauvrissement du donateur, enrichissement du donataire, il est assez difficile à suivre dans la multitude de cas où l'acte est dans quelque mesure l'accomplissement d'une obligation naturelle, ou présente un caractère rémunératoire, ou s'accompagne de charges diverses. Mais, quelles que soient les difficultés de l'application, les lignes principales sont nettement marquées : et la jurisprudence les consacre régulièrement.

Si originale et si hardie que soit une telle construction, il est aisé de voir qu'elle s'est faite en contact constant avec la loi et en fonction des nécessités légales. Non seulement c'est l'existence de la série des dispositions légales précitées qui a posé les problèmes en vue desquels la définition jurisprudentielle de la donation s'est élaborée. Mais les éléments constitutifs de cette définition ont été tirés de la loi : l'idée de la gratuité de l'acte vient de l'art. 894 et de la définition du contrat de bienfaisance dans l'art. 1105; quant à l'intention libérale, elle est l'idée même de gratuité acceptée par l'auteur de l'acte, elle résulte donc de ce fait que la donation est conçue par la loi comme un acte volontaire. C'est ainsi que toute la construction est orientée et déterminée par les dispositions mêmes de la loi.

---

1. V. par ex. Req., 7 décembre 1885, D. 87.1.324 ; Req., 27 juin 1887, D. 88.1.103,
2. V. par ex. Req., 21 décembre 1887, D. 88.1.256 ; Civ-cass., 23 octobre 1895. S. 1897.1.289 ; Civ.-cass., 4 août 1908, S. 1909.1.3.
3. Dans le travail précité, nous avons essayé de montrer, p. 88 sqq., que, contrairement à l'opinion générale, il est impossible de séparer la « cause » des « motifs » : détacher la cause des motifs, vouloir se la représenter, comme toujours identique pour un type d'actes, c'est rendre inintelligibles les dispositions (a. 1131, 1133) relatives à la cause illicite : pour que la cause d'une obligation puisse être tantôt licite, tantôt illicite, il faut qu'elle soit différente selon les cas.

CHAPITRE V

De la coordination dernière des institutions
et des règles
Indépendance relative des articles du Code

I.

« Presque toutes les matières de la législation ont entre elles
de la connexité », faisait observer Réal au Conseil d'État[1]
à propos d'une difficulté de classement. Il s'agissait du titre
de la puissance paternelle : Regnier avait déclaré qu'on y devait
réunir toutes les dispositions relatives à la matière ; Boulay
avait répondu : « Cependant il est des dispositions qui doivent
trouver place dans la loi sur le mariage, dans la loi sur les successions et dans plusieurs autres ; autrement ces diverses
lois seraient incomplètes. » C'est alors qu'intervint Réal ;
il soulignait une des difficultés radicales que présente la rédaction d'un Code, mais sans proposer d'autre solution que cette
formule creuse : « Il est nécessaire de classer les dispositions
qui ont trait à la puissance paternelle dans les lois d'où l'on
ne pourrait les écarter sans laisser une lacune trop marquée,
et de ne réunir ici que les dispositions qu'on ne peut placer
ailleurs. » Treilhard proposa de rassembler « les dispositions
qui n'appartiennent pas à d'autres matières » et de « renvoyer »
à celles qu'on serait forcé de placer dans d'autres lois (par
ex., dans la loi sur le mariage l'obligation pour le fils de
requérir le consentement du père).

Cet usage large des renvois peut donner à l'esprit une certaine satisfaction ; on en trouve un grand nombre dans le
Code, sans qu'on puisse dire que l'opinion de Treilhard ait été
méthodiquement suivie. L'eût-elle été que la question principale fut restée à résoudre : lorsqu'une disposition touche à

1. FENET, t. X, p. 484-485.

plusieurs matières, comment choisir celle à laquelle elle sera rattachée? C'est là une difficulté qu'il n'est guère possible de résoudre par une formule générale ; elle doit être traitée dans chaque cas particulier. Sauf de très rares exceptions, comme celle que nous avons mentionnée, elle ne l'a jamais été; et c'est en somme la coordination traditionnelle des matières, celle qu'avait donnée Pothier ou Domat, qui est passée sans discussion dans le Code civil. Nous avons, à propos du classement général, ce que l'on peut considérer comme un aveu de Portalis[1]. Portalis explique que l'on a suivi en gros l'ordre du droit romain, adopté les divisions usuelles. « Par rapport au fond des matières, l'arrangement le plus naturel serait incontestablement celui où les objets se succéderaient par les nuances souvent insensibles qui servent tout à la fois à les séparer et à les unir. Mais est-il toujours possible de saisir ces nuances ? »

2.

Le problème ainsi écarté n'est pas un simple problème de présentation. C'est essentiellement un problème de fond, et en un sens un des problèmes capitaux du droit. Si quelqu'un veut saisir les caractères vraiment décisifs d'un système juridique, il doit étudier la façon dont les institutions sont situées les unes par rapport aux autres, la façon dont les règles se coordonnent. Selon qu'une règle sera rattachée à tel principe ou à tel autre, selon qu'une institution sera subordonnée à tel ordre de problèmes ou à tel autre, la signification et la portée de la règle, de l'institution, différeront grandement.

Des problèmes de ce genre se posent constamment à l'interprète, et cela prouve déjà leur portée pratique. D'ailleurs, dans les travaux préparatoires, on trouve parfois prise en considération la subordination effective d'une institution à une autre. Ainsi, lorsqu'on discuta[2] le droit pour la femme de renoncer par contrat de mariage à toute hypothèque légale, le Pre-

---

1. FENET, t. VI, p. 42. Le Code achevé, le Premier Consul chargea la section de législation du Conseil d'État de classer les diverses lois. Le classement, proposé à la séance du 19 ventose an XII, fut accepté sans discussion, FENET, t. I, p. LXXX sqq.

2. FENET, t. XV, p. 372.

mier Consul combattit l'idée, en déclarant qu'on ne pouvait permettre à la femme de changer sa condition : « La qualité d'époux est *un état* dans l'ordre social, dit-il. Si la femme pouvait renoncer aux droits inhérents à sa qualité, il lui serait permis de changer son état. Un tel droit ne peut appartenir à personne. » Tronchet soutint[1] la même thèse : permettre à la femme de renoncer à son hypothèque légale, c'est lui permettre de changer son état ; c'est « blesser l'ordre public », qui seul peut régler l'état de chacun.

Nous avons déjà mentionné le caractère incertain de la donation. Comment la classer ? Que les rédacteurs du Code civil aient entendu en faire un contrat, cela n'est guère douteux, bien qu'ils aient accepté, sur une remarque du Premier Consul[2], de substituer, dans la définition de l'art. 894, le mot « acte » au mot « contrat ». Mais, si la donation entre vifs, la donation formaliste du Code n'est valable qu'avec l'acceptation du donataire, il y a des cas dans lesquels une donation se réalise sans acceptation : donation aux enfants à naître (art. 1082), donation par contrat de mariage (art. 1087), donation par voie de reconnaissance de dette[3], etc... D'autre part, la donation est considérée comme un mode de transfert de la propriété : l'art. 711 le dit expressément. 711 vise la « donation entre vifs », le contrat solennel réglé par le Code. Il y a d'autres donations, les dons manuels, à propos desquels la jurisprudence a admis, par une application particulièrement énergique[4] de l'art. 2279, que la propriété s'y transmet par tradition, bien que ce mode de transfert, mentionné dans le projet de Code civil[5], n'y figure plus : on voit

---

1. *Ibid.*, p. 374.
2. FENET, t. XII, p. 261.
3. Cass. 29 mai 1889, D. 89.1.369, « Cette reconnaissance de dette ne constituant qu'une obligation unilatérale n'était point soumise à la formalité de l'acceptation par la créancière. » V. sur toutes ces questions, RAY, *Notion de donation*, p. 51 sqq.
4. N. PLANIOL sous Aix, 3 février 1902, D. 1904.2.289. Au lieu de se servir seulement de 2279 pour paralyser la revendication du propriétaire, la jurisprudence « en fait sortir la preuve d'un contrat d'aliénation d'un genre particulier ».
5. FENET, t. I. *Second projet*, liv. II, tit. V, art. 68 : « La propriété s'acquiert par l'occupation, par l'accession, par la tradition... » ; art. 91 : « La tradition s'opère par l'acte qui a pour objet de transférer la propriété » ; art. 92 : « Elle s'opère encore par la délivrance réelle, lorsqu'il s'agit de marchandises ou d'objets mobiliers. » *Troisième projet*, art. 534 : « La tradition des immeubles s'opère par l'acte qui en transfère la propriété » ; art. 536 : « Lorsqu'il s'agit de marchandises ou d'effets mobiliers, la tradition s'opère par la délivrance réelle. »

combien est importante la relation que l'on peut établir entre donation, tradition, transfert de propriété.

Certains théoriciens du droit international privé ont saisi toute l'importance du problème du rattachement des règles à des catégories générales de questions, du rattachement des institutions spéciales à des institutions plus générales, et de la coordination de ces institutions[1]. En effet, comme les règles applicables aux conflits de lois sont déterminées par catégories générales de questions (état et capacité des personnes, propriété foncière, successions, etc...), il est d'une importance fondamentale de savoir comment se classent les problèmes. Et en particulier, dans le cas très fréquent où l'un d'eux peut apparaître comme dépendant de plusieurs catégories générales, il faut choisir. On ne pourra le faire qu'au moyen d'une vue aussi pénétrante, aussi approfondie que possible sur la coordination générale des institutions dans un système juridique.

Il faut choisir : cela peut surprendre. Car enfin, si une question est en rapport avec plusieurs autres, pourquoi sacrifier certaines de ces relations pour n'en retenir qu'une ? La séparation des patrimoines est une institution successorale, et par ailleurs elle touche à la protection du droit de créance. Le régime des successions lui-même tient à l'organisation de la famille et au régime de la propriété. Une solution ne sera-t-elle pas factice, qui sacrifiera l'un de ces rapports incontestablement réels ?

Il faut choisir. Telle prétention d'une veuve sur une succession sera admise ou rejetée, selon qu'on la rattachera à la dévolution de la succession ou au régime des biens entre époux. En l'absence d'héritiers, et « à défaut de conjoint survivant, la succession est acquise à l'État » (art. 768). A quel titre ? en vertu d'un droit de succession, ou en vertu d'un droit de déshérence dérivant de l'art. 713 ? Un Français meurt à l'étranger : si on admet la théorie de la déshérence, c'est l'État du lieu du décès qui recueillera les biens ; si on admet la théorie

---

1. V. spécialement sur ce point l'étude restée classique de Et. BARTIN, dans *Études de droit international privé*, et ci-après : complément Q.

de la succession, ce sera la France, les dispositions relatives à la vocation successorale étant de statut personnel[1].

Il faut choisir. Une question pratique attend une solution, et ne peut la recevoir que d'un choix. Les considérations qui tendraient à maintenir l'hésitation, à consacrer la complexité du réel et la multiplicité des rapports peuvent avoir toute la force que l'on voudra. Elles sont d'avance non avenues pour le juriste.

3.

Nous rencontrons ici une attitude très caractéristique, très générale, sur laquelle nous devons donner quelques explications.

C'est une des choses qui frappent le plus lorsqu'on aborde la lecture des arrêts ou des dissertations juridiques que cette nécessité d'aboutir à une décision. Le juge ou le commentateur pourra témoigner, dans l'exposé des thèses adverses, de la plus complète indépendance, du sentiment le plus profond des intérêts en présence, de la pénétration la plus aiguë des argumentations opposées et de leur fondement ; il faudra qu'à un moment donné il penche dans un sens ou dans l'autre ; il faudra qu'il écarte telle règle ou qu'il l'applique, qu'il condamne ou qu'il absolve, qu'il dise oui ou non.

Certes, nous ne prétendons pas un instant nier que le juge puisse se montrer soucieux de trouver des solutions intermédiaires, qui lui permettent de ménager les deux parties ; et lorsque le juge du fait a usé des circonstances pour faire passer une solution d'équité, nous savons bien que la Cour suprême favorise son attitude en reconnaissant dans un grand nombre de cas son pouvoir souverain d'appréciation.

Mais enfin ce sont là attitudes obliques, plus ou moins inavouables, et qui restent inévitablement et heureusement exceptionnelles. L'attitude normale du juge est de juger, c'est-à-dire de décider. La Justice porte une balance ; mais elle porte aussi un glaive. Après avoir pesé, il faut qu'elle tranche.

Le juge n'est pas seul devant cette nécessité. Toute œuvre

---

1. C. et C., t. III, p. 424.

de réflexion ou de construction proprement juridiques doit aboutir à une solution, à une décision. C'est que le droit n'est pas une discipline spéculative, mais une discipline pratique, orientée vers l'action, constituée pour orienter l'action. Le philosophe, le sociologue peuvent suspendre leur jugement ; ils peuvent, lorsqu'ils ont réuni, apprécié les arguments en un sens et en l'autre, tenir compte de chacun, à sa valeur exacte, dans des conclusions aussi complexes, aussi nuancées qu'ils voudront. Il n'est certes pas naturel à l'esprit critique, après qu'il a dégagé les liens qui rattachent la question des formes du testament d'une part aux règles de capacité des personnes, d'autre part aux règles de forme des actes, de dire : ce n'est en définitive qu'un problème de capacité, ou : ce n'est qu'un problème de forme. C'est pourtant ce que le juriste devra faire[1].

Cette nécessité des décisions nettes nous fait comprendre pourquoi l'interprète, à défaut du législateur, a dû trancher des questions délicates de coordination et de subordination, au risque d'émettre des solutions qui négligent certains aspects réels des choses, certaines solidarités. Mais la nécessité de décider n'existe pas seulement pour l'interprète ; elle fait corps avec la pensée juridique elle-même ; et elle s'impose aussi au législateur. C'est elle qui explique que les lois, et en particulier le Code civil, se présentent à nous, en somme, comme *des listes de décisions.*

4.

C'est le point important sur lequel nous devons insister après nous être efforcé de dégager tout ce qu'il y a de coordonné, de systématique dans le Code. En fait le Code se compose d'une liste d'articles numérotés et relativement indépendants. Ce n'était point là une innovation : le Code et le Digeste sont des recueils de fragments ; les Coutumes sont des recueils de règles, moins systématiquement présentées, nous l'avons dit, que les dispositions du Code. Malgré la préoccupation qu'avaient ses auteurs d'en faire un exposé d'ensemble, le Code n'a aucunement vu disparaître l'individualité des dispo-

---

1. L'exemple est emprunté à l'ouvrage de BARTIN : v. ci-après complément Q.

sitions dont il se compose. Sans doute il est souvent nécessaire, pour comprendre telle d'entre elles, de l'interpréter en fonction de celles qui la précèdent ou la suivent ; sans doute l'ordonnance générale du Code, ses subdivisions et ses rubriques, peuvent aussi nous guider. Mais nous avons eu à remarquer avec quel soin les rédacteurs ont écarté toute question trop générale, toute théorie ; et au début même de ce chapitre, nous rappelions qu'ils n'ont pas voulu se poser franchement la question de la coordination générale des institutions. S'ils se l'étaient posée, ils auraient dû la trancher par quelques formules décisives, qui auraient interdit toute autre coordination et se seraient substituées, sèches et artificielles, à cet ensemble de traditions et de données, de réflexions et de sentiments qui nous aident à nous faire de l'ensemble de notre législation une idée souple, complexe et vivante.

Malgré l'ampleur et la fécondité peut-être excessives de certains textes comme 1382 ou 1134, il faut reconnaître que la plupart des dispositions du Code civil ont un objet spécial et un domaine défini. C'est pour l'interprète une pratique constante de les prendre en elles-mêmes et de les rapprocher, selon les circonstances et les besoins, de telle autre ou de telles autres dispositions du même Code, des autres codes ou des lois spéciales. Rien ne prouve mieux l'individualité, l'indépendance de chaque article. L'article est l'unité normale ; il est bien entendu que dans tel cas l'unité pourra être un alinéa d'article, ou dans tel autre une série d'articles : le principe reste le même. Les différentes dispositions du Code ne sont pas exclusivement solidaires de celles dont le rédacteur les a rapprochées. Elles le sont dans quelque mesure, nous l'avons vu. Mais elles peuvent aussi se combiner avec toutes sortes d'autres dispositions[1]. Et cela prouve, en même temps

1. Il suffit d'ouvrir un recueil d'arrêts pour constater que la plupart des décisions de justice reposent sur une combinaison d'articles empruntés à des parties différentes du Code. Mais il y a beaucoup plus que des rapprochements accidentels, appelés par les circonstances d'une cause. Beaucoup de combinaisons ont une valeur permanente ; elles expriment des rapports importants entre textes. Certaines éditions courantes du Code, par exemple les éditions Dalloz, mentionnent après chaque article, les dispositions qui l'éclairent et se combinent normalement avec lui. Enfin, dans quelques cas particulièrement frappants, la jurisprudence et la doctrine ont pu rapprocher certaines dispositions qui, quoique éparses sont, de toute évidence, les pièces d'un système. Ainsi la règle de droit international privé, *Locus regit actum*, n'est écrite nulle part dans la loi ; mais tout le monde rapproche, comme

que l'unité profonde et préalablement affirmée du droit, le degré d'isolement relatif de chaque disposition.

Ce caractère de la loi tient à des nécessités diverses et convergentes. D'abord, comme nous l'avons dit, le droit est orienté vers l'action ; il s'exprime en décisions ; une décision est d'autant plus facile et d'autant moins dangereuse qu'elle porte sur une question bien définie. Et puis, plus que tout autre décision, la décision de la loi doit présenter cette « *imperatoria brevitas* » qui est depuis longtemps considérée comme un caractère de l'autorité : pour commander en termes brefs, elle doit avoir un objet précis. Et ce n'est pas sans peine que, dans la complexité des rapports humains, le législateur arrive à la brièveté nécessaire.

Mais derrière ces puissants motifs il faut peut-être encore discerner une nécessité plus radicale. Nous disions tout à l'heure que le droit, orienté vers l'action n'a pas, comme la spéculation, le droit d'hésiter, ni celui de tenir compte de l'infinie complexité des choses. Mais cette antithèse n'est pas absolue. Le morcellement de la pensée en des formules est, en un sens, une nécessité tout à fait générale et qui se rencontre en tous les domaines. Le savant et le philosophe n'y échappent pas. Et c'est pour cela que la proposition est l'unité logique véritable.

Y a-t-il donc contradiction entre la constatation de cette tendance et la constatation de la réalité et de la valeur logique des ensembles ? Nous ne le croyons pas. Il est très vrai que la pensée tend toujours à se condenser en des formules brèves. Mais presque jamais elle ne reste sporadique. Toute formule est intégrée dans des ensembles ; et les termes principaux qu'elle unit nous reportent à ces ensembles, comme nous l'avons indiqué dans l'étude des institutions.

Le Code civil offre précisément, à notre sens, un merveilleux exemple de la réalité et de l'importance des deux tendances

applications de cette règle et, donc, comme éléments d'un tout, les articles 47 : (« Tout acte de l'état civil des Français et des étrangers, fait en pays étranger, fera foi, s'il a été rédigé dans les formes usitées dans ledit pays »), 170 (« Le mariage contracté en pays étranger entre Français, et entre Français et étrangers, sera valable, s'il a été célébré dans les formes usitées dans le pays... »), 999 (« Un Français qui se trouvera en pays étranger pourra faire ses dispositions testamentaires... par acte authentique, avec les formes usitées dans le lieu où cet acte sera passé. »)

opposées : *morcellement* et *systématisation*. Chaque élément du texte est détaché presque matériellement ; il a son numéro, c'est-à-dire un nom qui fixe son individualité ; il a en même temps l'indépendance intellectuelle, qui lui permet d'entrer dans de multiples synthèses. Mais d'autre part le droit est un ; les différents matériaux sont les éléments d'un tout[1] ; il est nécessaire *a priori*, peut-on dire, qu'ils s'organisent dans ce tout. Seulement, entre les éléments eux-mêmes et l'unité générale, les synthèses intermédiaires sont dans un état de relative indétermination. Certains rapports — de genre à espèce, de règle à exception — sont énoncés et incontestables. Beaucoup d'autres sont indiqués, ou même seulement suggérés par le texte. Beaucoup d'autres encore sont apportés par la tradition, la réflexion, les nécessités de la vie. Le droit est un édifice, dont les matériaux sont donnés, avec certains assemblages nécessaires et avec beaucoup d'autres possibilités ; c'est un édifice en voie de perpétuel remaniement. Ce n'est pas par hasard qu'on se sert habituellement du mot de « construction » pour désigner l'activité en quelque sorte constante du jurisconsulte. Le Code civil, tout en étant dans quelque mesure une présentation déjà systématique d'un ensemble, a eu le mérite de ne pas fermer les horizons. Par delà les synthèses qu'il consacre, il en contient en puissance beaucoup d'autres. C'est cette souplesse qu'illustre l'histoire de la jurisprudence depuis un siècle. Les avantages en sont évidents : l'absence d'une systématisation rigide permet à la fois à l'infinie multiplicité des rapports de survivre et à l'évolution de se produire.

---

1. BRUNSCHVICG, *Modalité du jugement*, p. 215 : « Les jugements de droit forment un système. »

CONCLUSION

Les sociologues contemporains, et tout d'abord Durkheim
lui-même, ont mis en pleine valeur le rôle que jouent dans la
vie des peuples primitifs les croyances, les idées, faits d'ordre
intellectuel. L'intelligence n'a point alors une fonction représentative. Nous ne disons pas que la conscience ne contient
pas, dès ces lointaines origines, au moins en germe, des éléments dont se fera plus tard l'image du monde ; mais, comme
on l'a souvent remarqué, le primitif est indifférent à la vérité ;
s'il croit aux images et les traite ainsi comme des représentations, il ne se soucie point de comparer ces images à leurs
modèles. L'aspect créateur de la fonction apparaît au contraire
en plein relief, ainsi que la puissante efficacité de ces créations
de l'homme : car c'est elles qui viennent déterminer toute
l'organisation de la vie collective : c'est en vertu des croyances,
des représentations imaginatives que s'organiseront les rites,
les cérémonies, les institutions.

Le Code civil — avec tout l'intervalle, toutes les différences
qui séparent des sociétés élémentaires une civilisation très
évoluée — remplit une fonction de même ordre :

Son caractère intellectuel est tellement marqué qu'il dissimule aux yeux de certains sa nature de fait social. Nous avons
été amené à mettre en valeur plusieurs de ces aspects intellec-
tuels du Code. Il est une loi ; mais le plus souvent il abandonne
la forme prescriptive : il est la description d'un ordre idéal
(1re partie, chap. premier). Lors même que ses dispositions
expriment directement des volontés, elles s'ordonnent comme
les propositions logiques des quatre types classiques (1re partie, chap. ii). Et si l'on cherche à pénétrer la structure des
notions, on y reconnaît les mêmes éléments généraux que dans
l'activité représentative de l'esprit (2e partie, chap. iii, iv,
v). Ainsi la volonté impérative passe au second plan ; la

réflexion, l'élaboration intellectuelle, la structure logique viennent au premier.

Seulement l'activité dont le Code est le résultat n'a pas de fins représentatives : elle est essentiellement création, construction. Nous ne songeons pas à prétendre que tels de ses éléments ne sont pas empruntés à l'expérience. L'enquête historique et sociologique est jusqu'ici trop peu avancée pour qu'il soit possible de faire la part de ce qui est, plus ou moins indirectement, image et de ce qui est vraiment créé. Le problème qui est au fond de l'étude de l'imagination se retrouve ici. Il n'est peut-être pas indispensable qu'il soit résolu pour que l'on reconnaisse le caractère original des produits de cette faculté : que les éléments en soient plus ou moins empruntés, les ensembles sont œuvre neuve. Nous avons à plusieurs reprises rappelé l'emploi constant du mot « construction » dans les descriptions que l'on fait de l'activité juridique ; nul terme ne convient mieux. Nous avons constaté que les concepts proprement juridiques s'opposent aux concepts représentatifs par leur caractère constructif (1re partie, chap. VI). Les institutions nous sont apparues comme des échafaudages de rapports (3e partie, chap. IV). Enfin le Code, présentation systématique d'un ensemble d'institutions, offre un achèvement de cette œuvre architecturale (3e partie, chap. II) qui doit être d'ailleurs constamment remaniée (3e partie, chap. v).

L'homme apparaît donc, dans la vie juridique, comme un bâtisseur. Depuis un certain nombre d'années, les logiciens ont montré la part de création qu'implique l'élaboration de la science elle-même. Sans doute sera-t-on de plus en plus forcé de reconnaître la fécondité de l'esprit, dans les divers domaines où il joue[1]. Dans le droit, elle se manifeste d'autant plus pleinement qu'elle n'est pas, comme dans la science, astreinte au moins de quelque manière à se conformer à un objet. Sans doute elle doit s'adapter aux conditions de la vie humaine ; mais sous cette réserve elle est libre ; et ces conditions mêmes sont en grande partie son œuvre. Car cette fécon-

---

1. Cf. L. BRUNSCHVICG, *Introduction à la vie de l'esprit*, II-175 p. in-12, Alcan, 1900, p. 34.

dité merveilleuse a pour complément une merveilleuse efficacité. Nous avons essayé de montrer comment l'ordre juridique inventé par les hommes et exprimé dans les institutions
dessine par avance et détermine la structure des sociétés auxquelles il s'impose (1re partie, chap. VI; 3e partie, chap. IV).

L'étude du Code civil, après nous avoir fourni l'occasion
d'étudier l'intelligence sous une de ses formes, dans l'une de
ses fonctions qui ne sont ni la forme ni la fonction que l'on
considère le plus souvent, nous permet de saisir un aspect de
l'action qui n'est pas non plus celui sur lequel l'attention se
fixe en général. On oppose volontiers, et depuis quelques années
surtout, l'action à l'intelligence ; et ce que l'on nomme action,
c'est trop souvent l'agitation médiocre des individus. L'étude
du Code civil nous met en présence d'une action autrement
profonde, d'une œuvre autrement ample. C'est qu'ici l'activité individuelle, si intense et si perfectionnée qu'elle puisse
avoir été, n'a pu se faire jour qu'à la condition de «prendre la
suite », si l'on nous permet l'expression : une conscience de
juriste n'existe que par l'assimilation d'un droit déterminé
dans son contenu comme dans sa forme, œuvre des générations,
œuvre du temps (Introduction). Nulle part l'individu n'apparaît plus humble, plus imprégné par l'action des forces collectives. C'est ce que les rédacteurs du Code, et surtout Portalis,
ont parfaitement senti. Ce que la conscience juridique perd en
originalité, elle le gagne en puissance : ses créations, sorties
de l'histoire des groupements humains, sont véritablement
déterminantes ; elles modèlent les sociétés ; ou plutôt, par
elles, les sociétés se modèlent elles-mêmes. Les sociétés créent
peu à peu, en même temps qu'elles vivent, les institutions qui
leur donneront leur structure ; et il suffit de nommer quelques-
unes de ces institutions pour prendre le sentiment de leur vita-
lité et de leur importance : propriété, créance, usufruit, servitude, hypothèque, mariage, testament. Le jour où l'une des institutions fondamentales disparaît ou se transforme, c'est toute
la vie sociale qui est changée. En imaginant les effets de leur
disparition, on prend mieux conscience du rôle joué par ces
créations incontestables de l'homme. Et l'on comprend que,
dans une très large mesure, c'est l'intelligence, non pas l'intel-

ligence individuelle, l'intelligence collective, non pas l'intelligence représentative, l'intelligence constructive, mais enfin l'intelligence, au fond identique sous ses formes diverses, qui mène le monde.

Seulement, si c'est comme une forme de la vie sociale que le Code civil nous apparaît dans toute sa puissance, il n'en a pas moins certains caractères à la fois très apparents et fondamentaux, qui semblent le détacher de la vie sociale, et en un sens même l'opposer à elle au point d'avoir pu faire méconnaître sa véritable nature. Durkheim a éloquemment décrit, et en maintes occasions, cette espèce d'exaltation qui est le propre de l'activité collective ; la création sociale ne se conçoit guère en dehors d'une certaine intensité affective. Le Code est précisément à l'opposé de telles manifestations : il est sec, abstrait, froid, schématique ; il a enfin tous les caractères que l'on attribue à l'intelligence lorsqu'on l'oppose à la sensibilité (chapitre préliminaire ; 1re partie, chap. III).

C'est ce que Bonaparte, à l'époque de la rédaction, avait bien senti lorsqu'il disait : « Le vice de nos lois est de n'avoir rien qui parle à l'imagination[1]. » Et nous croyons que ce caractère abstrait et desséché du droit codifié est l'explication profonde de toutes les attaques sérieuses dont il a été l'objet. Lorsque Savigny soutenait contre Thibaut, dans leur controverse célèbre, la supériorité du droit coutumier, c'est parce que la coutume reste plus directement en contact avec la vie même des sociétés, elle n'en est pas détachée, elle jaillit des sources mêmes du droit. Et de notre temps, lorsque M. Alvarez[2] s'est fait, contre les droits codifiés dont il est nourri, l'apologiste du droit anglais, c'est encore en raison de la spontanéité de ce dernier. Nous croyons que le même sentiment explique l'immense et durable succès qu'ont eu de nos jours en France les doctrines de M. Gény : sans doute, comme nous l'avons remarqué, ces doctrines ont un objet pratique et se justifient dans une large mesure par l'intention d'adapter à des circonstances nouvelles un texte vieilli ; mais elles sont aussi tout animées par ce sentiment de l'insuffisance de la

---

1. V. ci-dessus, p. 25.
2. ALVAREZ, *Une nouvelle conception des études juridiques et de la codification du droit civil*, p. 69 sqq.

règle schématique abstraite, de la nécessité de lui faire reprendre contact avec la vie.

Nous avons dû à plusieurs reprises constater que jamais ce contact ne fut véritablement rompu. Tels textes fondamentaux comme l'art. 6 ou l'art. 1135 le rétablissent[1] en introduisant au cœur de la loi ces idées flottantes d'ordre public, de bonnes mœurs et d'équité. Nous avons remarqué que le nom même d'une institution évoque tout son passé, tout un cortège de sentiments et d'idées qui en sont solidaires dans la conscience d'une société à un moment de son histoire (3e partie, chap. IV). A maintes reprises, nous avons dû laisser pressentir, derrière la sécheresse et la pauvreté des formules abstraites, tout un arrière-plan, qui est la vie sociale elle-même, avec sa richesse un peu confuse, ses préférences affirmées, ses passions, sa couleur, sa vie, son effervescence (1re partie, chap. III ; 2e partie, chap. II ; 3e partie, chap. III, IV et V).

Ce n'est assurément pas par hasard que le Code civil, étroitement dépendant de la vie sociale, riche, intense, affective, a pris une forme si sèche, si dépouillée que son étude nous a constamment conduit — et par des chemins directs — au contact des problèmes les plus arides de la logique générale (1re partie, chap. II, chap. V ; 2e partie, chap. III, IV, V ; 3e partie, chap. III). Ce qui donne à cette constatation toute sa force, c'est que le Code civil n'est pas, dans le domaine du droit, une exception ; les codes des sociétés contemporaines ne sont pas, à beaucoup près, les seules manifestations de cette tendance de l'activité juridique à prendre une apparence abstraite. Nous avons noté le fait que la forme la plus caractéristique de la proposition dans notre Code civil est modelée sur la façon de penser des jurisprudents (1re partie, chap. V) ; c'est donc dans une société différente de la nôtre et dans une œuvre d'interprétation que nous avons reconnu le modèle. Encore peut-on dire que le milieu romain est, du point de vue juridique, assez analogue au nôtre. Mais cette tendance à la

---

1. Art. 6 : « On ne peut déroger, par des conventions particulières, aux lois qui intéressent l'ordre public et les bonnes mœurs. » Art. 1135 : « Les conventions obligent non seulement à ce qui y est exprimé, mais encore à toutes les suites que l'équité, l'usage ou la loi donnent à l'obligation d'après sa nature. » Cf. *Index*, v^{is}, ordre, mœurs, équité.

complexité discursive, aux distinctions abstraites, au schématisme et à la subtilité, nous la reconnaissons dans les civilisations les plus indépendantes de la nôtre : nous la retrouvons dans les écoles arabes[1], nous la retrouvons dans le droit hindou[2]. Il faut donc bien qu'il y ait là quelque chose qui tienne à la nature même du droit. Et c'est bien ce que nous pensons.

Nous ne prétendons pas émettre ici une théorie générale, dont la preuve méthodique demanderait une immense enquête. Nous nous bornerons à quelques suggestions qui peuvent éclairer un peu le fait, d'ailleurs incontestable et capital, que nous venons de relever.

C'est seulement à partir d'un certain degré de l'évolution des sociétés que l'activité juridique se différencie. Elle se confond longtemps avec la vie religieuse, morale, la vie familiale ou politique. A quel moment avons-nous le sentiment qu'il y a vraiment du droit dans une société ? En gros, nous croyons pouvoir dire que c'est au moment où nous voyons l'autorité s'organiser, se soumettre à des règles. Dès que l'autorité cesse d'être diffuse et arbitraire, le droit est né. Dire cela, c'est dire que *le droit apparaît dès l'instant où les volontés se fixent dans des formules.* Il peut se faire que ces formules soient brèves et simples ; la loi des XII Tables nous en fournit des exemples. Mais cela ne peut durer longtemps : la règle concise apparaît bien vite inadéquate à l'ordre idéal qu'elle doit exprimer : il faut qu'elle se complète ; que les circonstances auxquelles la loi doit s'appliquer soient variables et complexes : la loi s'adapte à leur variété et à leur complexité ; il ne faut pas oublier enfin que l'homme apporte, dans ce domaine comme dans les autres, cette faculté créatrice qui n'attend qu'occasions de s'exercer : car si l'esprit cherche l'unité et la simplicité, il faut dire qu'il cherche aussi la richesse et la complexité.

Cette esquisse donne peut-être quelque idée du mouvement, si naturel et si important, qui a conduit l'homme des formes

1. Morand, *Introduction à l'étude du droit musulman algérien*, Alger, Carbonel, 218 p. 8°, 1921. Haqqani, *An introduction to the commentary of the Holy Qoran* vii-745 p. 8°, Calcutta, Thaker, 1910. [Bibl. nat. in-8° O² g 753].

2. Sir Ernest John Trevelyan, *Hindu law as administered in British India*, Calcutta, cii-626 p. in-4°, 1912. Golapchandra Sarkar Sastri, *A treatise on Hindu law*, Calcutta, vi-59·186 p. in-8°, 1907.

les plus rudimentaires de l'activité juridique à cette construction complexe qu'est le Code civil. Nous avons rappelé ce fait qu'à l'époque intermédiaire le législateur français a pensé qu'il pourrait échapper à la tradition, résumer en quelques formules simples les ordres essentiels de la loi ; nous savons qu'après plusieurs tentatives il est revenu à la tradition millénaire ; il a retrouvé tout le vocabulaire, toutes les constructions techniques ; il les a peut-être quelque peu simplifiées, gardant le souci d'éviter les inutiles subtilités ; il les a ordonnées, mais il n'a pas pu en bannir l'intime abondance. Il n'a pas pu non plus se défaire de cette tendance à l'abstraction, au schématisme : ils tiennent à la nature même du droit, ils viennent de ce qu'il lui faut s'exprimer dans des formules, et dans des formules qui, pour des sociétés complexes, sont fatalement complexes.

On a plusieurs fois, lors des travaux préparatoires[1], comparé l'élaboration du Code à la construction d'un monument : il s'agit bien d'une sorte d'édifice idéologique. Mais il faut apporter un correctif à cette métaphore, qui laisserait l'impression de quelque chose d'inerte. Le Code est fait pour une œuvre. Si ses matériaux, son ordonnance même viennent de la vie sociale, il fournit en retour à celle-ci matériaux et ordonnance : le Code est un ensemble organique de directives.

---

1. Par ex. dans la discussion du titre préliminaire : FENET, t. VI, p. 17, 58, 242.

COMPLÉMENTS

A: De quelques opinions
émises, à propos des codifications récentes, sur la technique
de la rédaction des codes

La codification française fut une des premières. Il n'est pas surprenant qu'elle n'ait pas donné lieu aux mêmes réflexions que celles qui se firent beaucoup plus tard et bénéficièrent de l'expérience faite en France. On a soutenu[1] que la technique des rédacteurs de notre Code civil avait été toute spontanée et instinctive, que leur œuvre avait été faite « comme de chic ». Il y a peut-être dans cette assertion quelque excès ; les travaux préparatoires montrent que plusieurs questions importantes de technique législative ont été discutées[2] ou au moins mentionnées[3] ; mais enfin il faut reconnaître, malgré le soin avec lequel la Section de législation du Tribunat[4] examina la rédaction, que presque toutes les discussions portèrent sur le fond. Ni au moment de la rédaction, ni dans les années qui suivirent immédiatement, les questions de technique ne furent systématiquement traitées[5].

Elles ont été au contraire abondamment examinées à propos des codifications récentes, en particulier de la codification allemande et de la codification suisse.

Les travaux préparatoires du *Bürgerliches Gesetzbuch* ne portent pas trace d'un accord préalable sur les procédés de rédaction[6]. Mais tous les auteurs[7] sont d'accord pour reconnaître que l'attention des rédacteurs s'est constamment appliquée à la perfection de

---

1. Gény, *La technique législative dans la codification moderne*, dans *Livre du centenaire*, t. II, p. 1014. L'article de M. Gény reste capital sur toute cette question. V. aussi dans le même recueil Gaudemet, *Les codifications récentes et la revision du Code civil*, au t. II, p. 965 sqq.

2. Par ex. le rôle des définitions, la forme des propositions impératives.

3. Par ex. la nécessité de donner toujours au même mot le même sens : t. XIV, p. 495.

4. V. ci-dessus, p. 4 *bis*, n. 1.

5. Elles furent pourtant posées relativement tôt, en particulier dans l'article de Ginoulhiac, *De la codification*, dans *Rec. de l'Acad. de législ. de Toulouse*, 1861, p. 415 sqq.

6. Gény, *l. c.*, p. 1026.

7. En dehors de l'article de Gény, nous renverrons surtout à Saleilles, *Introduction à l'étude du droit civil allemand*, et à Crome, *System des deutschen bürgerlichen Rechts*, t. I, 1900.

la rédaction. Ils ont cherché avec persévérance la fixité et la rigueur
de la terminologie, s'efforçant de ne jamais employer plusieurs mots
pour une notion, ni un seul mot pour plusieurs notions ; ils se
sont efforcés de distinguer par des formules spéciales les lois
impératives, dispositives, interprétatives de volonté. Tout en ayant
la prétention d'éviter les constructions purement théoriques, ils
ont élaboré un texte serré, dense, précis, qui exige des commentaires
détaillés et donne l'impression d'une grande rigueur.

Il a pu sembler qu'il y avait à cela quelque inconvénient, qu'une
langue légèrement floue laissait à la jurisprudence plus de liberté.
Le Code civil allemand lui-même est considéré[1], par rapport au
projet de 1888, comme d'une technique moins serrée, plus proche
de celle de notre Code.

La technique de rédaction du Code civil suisse a été exposée[2]
par le rédacteur même de l'avant-projet, le professeur Hüber.
Le rédacteur s'est efforcé d'éviter les longs articles, de réduire chaque alinéa à une phrase, de rendre intelligible chaque article pris
isolément, sans se servir de renvois. Les rubriques marginales font
partie de la loi : elles complètent le texte qu'elles ont permis d'allé-
ger. Pour la langue elle-même, nous citerons plusieurs des formules
très caractéristiques du professeur Hüber : « Les commandements
du législateur doivent, dans la mesure où cela est compatible avec
la matière traitée, être intelligibles pour chacun ou, du moins,
pour les personnes qui sont tenues, de par leur profession, à se fami-
liariser avec le droit. Les règles établies doivent avoir un sens
même pour le profane, ce qui n'empêchera pas le spécialiste de leur
découvrir toujours un sens plus étendu ou plus profond[3]. » On a
remarqué[4], non sans raison, qu'une si belle ambition était peut-être
un peu chimérique. « En tant que cela paraissait compatible avec
les exigences de la langue, dit encore le professeur Hüber, nous
avons désigné toujours par les mêmes termes les notions qui se
répètent ; cependant il ne faudrait pas en inférer que, toujours une
formule différente offre nécessairement un sens différent... Nous
avons cru pouvoir nous réserver quelque latitude en renonçant à
marquer, par le choix entre diverses formules plus ou moins syno-
nymiques, par exemple entre le verbe auxiliaire « doit » et le verbe
au futur, une distinction expresse entre les prescriptions absolues
et celles de droit dispositif ». Ainsi le rédacteur de l'avant-projet
suisse a tenu à éviter de consacrer « une langue conventionnelle et
plus ou moins ésotérique[5] ». Il a laissé à ses formules une certaine

1. Gény, l. c., p. 1032.
2. Code civil Suisse. *Exposé des motifs de l'avant-projet du département fédéral
de justice et de police*, Berne, Büchler et C°, 1901, spécialement p. 12 sqq.
3. *Exposé des motifs*, p. 10.
4. Chaudé, *Le nouveau Code civil suisse dans l'œuvre de la codification moderne*,
thèse, 296 p. 8°, Paris, 1909, p. 69.
5. *Exposé des motifs*, p. 14.

élasticité ; de sorte qu'on a pu considérer son œuvre comme une
« mise au point » de la technique du Code Napoléon.

Si le Code allemand s'était montré moins rigoureux que le premier projet, à l'inverse le Code suisse s'est fait plus serré, plus précis que son avant-projet[1]. Il semble donc que l'accord soit à peu près
fait, au moins sur la tendance générale à laquelle doit obéir le législateur. Il faut ajouter que les auteurs modernes, dans un utile souci
de rigueur, ont exprimé plusieurs exigences relatives à l'éclaircissement du texte des Codes : plusieurs d'entre eux ont insisté
sur la nécessité d'une « édition historique » donnant sous chaque
article ses antécédents[2] ; d'autres ont demandé un dictionnaire
explicatif officiel des termes, et même un commentaire officiel[3].

De telles préoccupations nous mènent sans doute assez loin des
méthodes suivies par les rédacteurs du Code civil. Nous croyons
pourtant que, dans l'ensemble, ce mélange de rigueur et de souplesse, cette méfiance à l'égard des formules doctrinales unie à la
préoccupation de faire un exposé méthodique représente exactement l'idéal que notre législateur de 1804 avait en vue. S'il l'a
incomplètement réalisé — il n'est pas douteux que le texte soit
insuffisamment précis — c'est simplement, croyons-nous, parce que
la rédaction a été hâtive. Les commentateurs se sont, à juste raison,
émerveillés de ce que, faite dans de telles conditions, elle ne soit pas
plus fautive. Les défauts qu'une expérience plus que séculaire a
mis en pleine lumière sont donc plutôt des défaillances accidentelles que des erreurs de méthode.

B. Des quelques erreurs ou ambiguïtés de terminologie dans le Code civil français et dans le Code civil allemand.

Nous nous bornerons sur cette question qui pourrait recevoir
de grands développements, à quelques indications.

Il arrive, heureusement dans des cas très rares, que l'on trouve
dans les Codes des formules que la jurisprudence s'est permis de
rectifier, estimant que la rédaction était vicieuse[4].

Dans l'introduction de leur traité de droit civil[5], MM. Colin et

---

1. GÉNY, *l. c.*, p 1030.
2. VIGIÉ, *De la nécessité d'une édition du Code civil au point de vue historique* dans le
Livre du centenaire, t. I, p. 23 sqq. Albert ORTSCHEID, *Essai concernant la nature de
la codification et son influence sur la science juridique d'après le concept du Code
de droit canonique*, thèse, Sirey, x-122 p. 8°, 1922, constate, p. 51, que le nouveau
Codex juris canonici réalise ce programme.
3. ROGUIN, *Observations sur la codification du droit civil* dans le *Recueil publié par
la faculté de droit de Lausanne à l'occasion de l'exposition nationale suisse*, 1896.
4. Cf. ci-dessus : p. 19, n. 3.
5. C et C., t. I, p. 19, et les articles du *Livre du centenaire*, cités ci-dessus,
complément A.

Capitant ont eu soin de relever le caractère « incertain et empirique » de la terminologie du Code : « Des mots, disent-ils, sont employés avec des sens différents selon les articles et parfois même dans un même article, par exemple les termes de *tiers, acte, titre, faute, nullité*, et bien d'autres expressions encore, cependant absolument essentielles. » Il suffira de feuilleter notre *Index* pour trouver, presque à chaque page, des exemples de ces doubles ou triples sens d'un même mot. Pour ne nous arrêter que sur un exemple, « le mot *acte* sert à la fois à désigner l'opération volontaire qui a pour but de créer, de transmettre ou d'éteindre un droit, et l'écrit dressé pour la constater[1] ». On ne peut manquer de trouver très fâcheux que dans un même article, le mot ait successivement les deux sens, par exemple dans l'art. 778, relatif aux acceptations de succession : « L'acceptation peut être expresse ou tacite : elle est expresse quand on prend le titre ou la qualité d'héritier dans un *acte* authentique ou privé ; elle est tacite, quand l'héritier fait un *acte* qui suppose nécessairement son intention d'accepter. » Si dans certains cas le contexte permet de préciser le sens, il n'en est pas toujours ainsi, et il arrive que le mot soit véritablement ambigu : par exemple, dans le liv. III, t. V, chap. II, 1re partie, sect. II.

Les commentateurs contemporains ont naturellement relevé l'effort de précision technique fait par les rédacteurs du Code civil allemand ; et la qualité des résultats obtenus n'est pas niable. Ainsi les verbes techniques sont soigneusement différenciés : *kann* marque la simple possibilité, tandis que *darf* marque la permission ; *muss* marque l'obligation sanctionnée par la nullité, tandis que *soll* marque l'obligation moins énergiquement sanctionnée, et *er hat zu, ist zu*, une nuance encore plus faible[2].

Pourtant le moindre effort d'attention permet de constater que le Code civil allemand n'a pas pu réaliser pleinement l'idéal de rigueur absolue auquel il tendait. Ainsi la terminologie relative au consentement comporte, avec des distinctions généralement suivies, certains flottements : le même acte de consentement est qualifié tantôt d'*Einwilligung* et tantôt de *Zustimmung* (§ 182, al. 1 et 3) ; l'approbation du tribunal s'appelle *Genehmigung* ; et ce même mot désigne aussi l'approbation du conseil de la mère tutrice (§ 1690), celle du subrogé tuteur (§ 1812), et généralement

---

1. C. et C., *ibid.*, p. 61. V. aussi, à l'*Index*, les mots pour lesquels nous avons eu, ce qui est fréquent, à distinguer plusieurs acceptions; l'inconvénient est peut-être plus grave encore dans les cas où les acceptions ne se laissent pas nettement délimiter.

2. V. le *Lexique* qui précède la trad. du Code civil allemand, donnée par le Comité de législation étrangère, t. I, p. XLIII. Saleilles a longuement expliqué la distinction de *sollen* et *müssen* sous les § 56-57 au t. I, p. 65. Meulenaere avait donné une traduction qui prétend à moins de rigueur, mais qui peut être utilement confrontée à celle du Comité : pour l'exemple relatif à la terminologie du consentement, nous ̴̴voyons à la note qu'il donne sous le t. VI du l. I, S. III.

l'approbation donnée par un tiers (§§ 108, 177, 1337...). De sorte que
si Saleilles traduit *Genehmigung* par approbation, Meulenaere
peut à juste raison employer tantôt « ratification » (rubrique du
tit. VI du liv. I, sect. III ; § 184) et tantôt « approbation »
(§§ 112, 113). La diversité presque infinie des nuances concevables
rend inévitables de telles imperfections, si même un tel mot n'est
pas injuste : seule une pensée extrêmement pauvre peut se prêter
à une expression absolument rigoureuse ; et il faudra toujours
se contenter d'exprimer les différences principales. Mais à cet égard
même, le Code allemand n'est pas sans reproches. Ainsi Saleilles
lui-même, qui a si vigoureusement vanté la terminologie de ce Code,
avait songé d'abord à exprimer par l'adjonction au verbe « devoir »
de deux adverbes la différence entre *sollen* et *müssen* ; mais il s'est
résigné à employer le verbe devoir, sans adverbe, pour *sollen*,
parce que ce mot est quelquefois employé pour désigner une simple
éventualité, et non pas toujours pour exprimer une obligation
sanctionnée moins énergiquement que par la nullité. D'autre part
le verbe *müssen* n'a pas toujours la vigueur qu'il comporte en principe : par exemple dans 122 *in fine*, 123, al. 2, 142 al. 2. En de tels
cas nous traduirions volontiers par la formule « être tenu de »,
si fréquente dans le Code français. Ces ambiguïtés des termes les
plus techniques peuvent rendre assez sceptique sur les prétentions
à une rigueur absolue.

C. Lois impératives ; lois déclaratives ou supplétives ; lois dispositives

La distinction classique des lois impératives et des lois supplétives peut être présentée, dans notre droit privé, comme un corol-
laire du principe de l'autonomie de la volonté[1]. Ce principe domine
cette partie essentielle du droit privé qu'est l'élaboration des
actes juridiques : dans une très large mesure, les parties sont libres
de régler les conséquences de leurs actes ; mais lorsqu'elles se sont
abstenues de parler, la loi décide à leur place.

Que cette théorie soit la vérité juridique, nous ne le mettrons
pas en doute. Mais il ne faut pas prendre littéralement les formules
qui précèdent. D'abord il n'est pas vrai, en fait, que les parties
déterminent d'une façon pleinement arbitraire les conséquences
de leurs conventions, réserve faite des prescriptions et prohibitions
légales. Et puis, il n'est pas vrai non plus que les dispositions
de la loi tirent toute leur valeur de leur caractère de volonté supposée des parties.

---

1. C. et C., t. I, p. 7 sqq. et 49. Cf. dans le *Code civil*, les art. 537, 1134, 1156,
1387, etc...

Lorsque les parties concluent une convention, elles le font conformément à certaines pratiques sociales[1] : les plus usuelles constituent le type de la convention, tel qu'il est décrit par la loi. Mais les dérogations elles-mêmes sont presque toujours conformes à certains usages. Cela est très apparent dans la matière des conventions matrimoniales. On sait que la loi affirme ici (art. 1387) le principe d'autonomie. En outre elle décrit les principaux régimes, entre lesquels les parties ont le choix. Cette énumération n'est pas exhaustive ; les parties peuvent régler autrement leur régime, et par exemple mélanger les règles des divers régimes. En fait lorsqu'elles le font, c'est en se conformant à des pratiques qu'enregistrent les formulaires et les traditions du notariat. Leur liberté s'exerce comme une liberté de choix entre certaines formules consacrées.

Les formules choisies ont ainsi, en dehors et au-dessus de la valeur que leur confère la volonté autonome, l'autorité qui leur vient de l'usage. A plus forte raison lorsque la loi énonce les dispositions dites supplétives, ces dispositions ont-elles le prestige de l'autorité sociale. On les diminue singulièrement lorsqu'on leur confère seulement l'autorité d'une volonté supposée. Au reste M. Dereux[2] a spirituellement montré combien devenait intenable cette supposition, dans certains cas, lorsqu'il s'agit de l'interprétation des actes privés. On peut dire la même chose lorsqu'il s'agit de l'interprétation de la loi.

L'idée qui domine toute la matière est, à notre sens, l'idée de *l'activité juridique normale*[3]. L'activité de l'homme doit s'exercer selon certains modes que la loi et l'usage déterminent. C'est par exception seulement qu'elle s'en écarte. Encore aurait-on de la peine à imaginer dans la vie juridique un acte qui ne se laisserait pas ramener à des formes préconstituées.

On trouve un témoignage en faveur de ces conceptions dans la façon même dont se présentent dans la loi les diverses sortes de dispositions. D'abord il est très notable qu'il n'y ait pas de formules absolument consacrées, pour souligner de telles distinctions. Comme nous l'avons dit, les auteurs discernent les uns deux, les autres trois espèces de lois, ce qui prouve bien qu'il s'agit d'une distinction doctrinale, et non légale. Les lois impératives, prescrip-

---

1. Sur l'action régulatrice de la société à l'égard des contrats, v. DURKHEIM, *Division du travail*, Paris, Alcan, 1893, IX-471 p. in-8° ; p. 235 sqq. (contre la théorie de Spencer sur le « contrat libre »).

2. DEREUX, *De l'interprétation des actes juridiques privés*, in-8°, Paris, 1905, 3ᵉ partie, chap. I, § 3. Ainsi pour l'interprétation d'une clause litigieuse dans un contrat, on recherche la « commune volonté » des parties : le plus souvent elles n'auront pas envisagé d'avance la question ; et si par hasard elles l'ont fait, il est presque sûr que chaque partie aura entendu la clause ambiguë dans le sens qui lui est avantageux.

3. Cf. Complément I.

tives ou prohibitives comportent parfois des formules proprement prescriptives ou prohibitives : être tenu de, être obligé, est interdit, est prohibé. Parfois aussi le caractère impératif est marqué par l'énergie de la sanction : sanction civile de nullité, sanction pénale. Mais il y a des cas dans lesquels l'hésitation est possible, dans lesquels on se demande si telle disposition a vraiment le caractère impératif[1].

D'autre part le caractère déclaratif ou supplétif est marqué de deux manières : tantôt, pour tout un domaine, par une disposition générale où s'affirme l'idée de l'autonomie de la volonté[2] ; tantôt, pour telle disposition, par une formule telle que : « S'il n'y a clause contraire » (1754), « s'il n'y a eu convention contraire » (1761), « si la faculté ne lui en a été expressément accordée par le bail » (1763). Dans tous ces cas, ce que prévoit le législateur, ce n'est pas une activité indéterminée, c'est simplement un choix entre deux attitudes possibles ; par exemple, dans 1763, la faculté de sous-location sera accordée ou refusée au métayer. Dans l'une comme dans l'autre éventualité, l'activité des parties sera conforme aux prévisions de la loi.

Quant aux formules « dispositives » — qui, remarquons-le, se rapprochent des dispositions impératives en ce qu'elles s'appliquent nécessairement, sans jeu, sans choix — elles ne comportent aucun signe distinctif : citons, parmi les plus typiques, les dispositions relatives à l'ordre des privilèges (2105), et le second alinéa de 2279 relatif au droit du propriétaire de meubles volés à l'égard du tiers possesseur de bonne foi. Enfin la ressemblance profonde entre les propositions impératives et les propositions dispositives se trouve accusée par le fait, sur lequel nous avons insisté, que la norme prend souvent la forme d'une énonciation.

D. Des prédésignations

L'usage le plus ordinaire des prédésignations, celui du moins auquel s'est attachée la logique classique, est d'indiquer si le terme est pris dans la totalité ou dans une partie seulement de son extension. Etant donné le caractère idéal des notions juridiques, on les considère normalement du seul point de vue de la compréhension : il est donc normal que les termes se présentent sans prédésignation. La pratique constante est l'emploi de l'article défini. Ex. : art. 225 : « *La* nullité fondée sur *le* défaut d'autorisation ne peut être opposée que par *la* femme, par *le* mari ou par leurs héritiers. »

1. C. et C., t. I, p. 9.
2. V. les textes cités, p. 62, n. 1.

L'article indéfini est employé, le plus souvent, dans les attributs ou compléments, pour désigner un objet dont on considère certaines qualités. Ex. : 1262 : « Lorsque le débiteur a lui-même obtenu *un* jugement passé en force de chose jugée... »; cf. 1258-2⁰ : « *une* personne capable de payer... » ; 1221-2⁰ : « *un* corps certain ». Spécialement, dans les nombreuses définitions, qui rattachent une espèce à son genre, l'article défini accompagne la désignation de l'espèce (sujet), et l'article indéfini la désignation du genre (attribut) auquel on ajoute la différence. Ex. : 1101 : « *Le* contrat est *une* convention par laquelle... » (cf. 1582, 1915, etc...). C'est tout à fait exceptionnellement que l'on trouve, dans des formules de cette sorte, l'article indéfini devant le sujet comme devant l'attribut et les compléments : art. 637 : « *Une* servitude est *une* charge imposée sur *un* héritage pour l'usage et l'utilité d'un héritage... »

Nous mentionnerons pour mémoire l'emploi du démonstratif, qui n'est ici qu'un mode de référence à des notions précédemment désignées : art. 1005 : « *cette* époque, *cette* jouissance ».

Il n'y a dans tout cela aucune prédésignation véritable. Seulement il arrive que le législateur, dans la conception d'une institution, soit amené à considérer une pluralité ; et ainsi s'introduit une détermination qui n'est pas identique à l'extension, qui ne concerne toujours qu'une notion idéale et, en un sens, unique, mais qui donnera lieu pourtant à l'emploi de mots ou de formes analogues à celles que l'on emploie pour exprimer des déterminations d'extension. Ainsi dans 841, on nous parle de « *tous les* cohéritiers », dans 826 de « *chacun des* cohéritiers », dans 842 de « *chacun des* copartageants » ; dans 1205 de « *l'un ou de plusieurs* des débiteurs solidaires » ; 1206 décide que « les poursuites faites contre *l'un des* débiteurs solidaires interrompent la prescription à l'égard de *tous* ».

Dans le même ordre d'idées, nous signalerons de nombreux articles dans lesquels un nombre est employé, comme 971 : « Le testament par acte public est celui qui est reçu par *deux* notaires en présence de *deux* témoins, ou par *un* notaire en présence de *quatre* témoins. » Dans la même catégorie nous placerons de nombreux textes dans lesquels, une fois donnés certains personnages ou certaines choses ou certains actes, on énonce leurs rapports réciproques à l'aide de mots comme « l'un des », « l'autre », « les autres », « l'un l'autre », « les uns les autres ». Ainsi dans l'art. 1100 : « Les donations de *l'un des* époux aux enfants ou à *l'un des* enfants de *l'autre* époux issus *d'un autre* mariage. »

Dans tous ces cas, malgré l'emploi de formules qui font songer à l'extension, les prédésignations n'expriment pas vraiment des déterminations d'extension. Et il en est ainsi tant que l'on reste dans le domaine idéal des constructions juridiques.

Mais, de plusieurs manières, le législateur est amené à considérer l'application des règles qu'il énonce ; et alors reparaissent, avec l'extension, les prédésignations proprement dites.

D'abord il arrive que le législateur pense aux règles mêmes qu'il énonce et les traite comme des objets concrètement donnés. Ainsi les innombrables références à « l'article précédent » ou aux articles précédents » ou au « présent titre ». Il n'est pas surprenant que l'on trouve parfois en de tels cas des prédésignations avec leur sens traditionnel, par exemple dans 1476 : « *Toutes les* règles qui sont établies au titre Des successions. »

En second lieu, lorsque le législateur se représente la réalité concrète à laquelle s'appliqueront les règles, il est amené à se placer parfois du point de vue de l'extension, ainsi à employer le pluriel (dans 518 sqq.) ou un article indéfini indiquant que l'on prend un ou plusieurs des cas possibles d'application de la notion : un bâtiment (1605), une maison (523), des constructions (554). Et il en est ainsi, plus fréquemment encore, lorsque le législateur pense aux réalités concrètes que constituent les notions juridiques appliquées : des effets d'une succession (801), des sommes exigibles (529). Alors les prédésignations trouvent naturellement leur emploi: La représentation du fait rejoint le plus souvent l'exposé de la construction, en y ajoutant une certaine vue concrète qui amène l'emploi des prédésignations : 1222 : « Chacun de ceux qui ont contracté... »; art. 1209 : « Le codébiteur solidaire... peut opposer *toutes les* exceptions qui résultent de la nature de l'obligation et *toutes celles qui* lui sont personnelles » ; art. 2092 : « Quiconque s'est obligé personnellement est tenu de remplir son engagement sur *tous ses* biens mobiliers et présents immobiliers et futurs. »

C'est de ce point de vue mixte qu'il y a lieu de considérer l'emploi sans doute le plus caractéristique et le plus important des prédésignations dans le Code civil : nous voulons dire l'emploi du mot « tout », au sens de « n'importe quel » : ce mot a pour fonction de renforcer le simple article défini, mais n'a au fond pas plus de portée logique. Ainsi l'art. 223 : « *Toute* autorisation générale, même stipulée par contrat de mariage, n'est valable que quant à l'administration des biens de la femme » pourrait s'écrire : « L'autorisation générale... » (cf. art. 502 : « *Tous* actes passés postérieurement par l'interdit... »). Il arrive que le mot tout soit encore renforcé, comme dans l'art. 1382 : « *Tout* fait *quelconque* de l'homme... »

E. Remarques sur les analogies
que présentent les propositions du Code civil
et les propositions telles que les a conçues
la logique stoïcienne

L'article capital de Victor Brochard sur la logique des stoïciens[1] nous permet de relever entre cette logique et celle que nous amène à esquisser l'étude du Code civil des analogies profondes. Il est fort possible que ces analogies ne soient pas une rencontre fortuite, mais le résultat d'une influence historique. On sait quelle influence les stoïciens ont exercée sur les jurisconsultes classiques de Rome[2] ; et nous faisions nous-même remarquer que le type de la phrase du Code civil se rattache au Digeste. Mais une thèse historique de cette importance demanderait une minutieuse vérification, et n'entre pas dans le cadre de notre étude.

Quoi qu'il faille penser d'ailleurs de cette filiation, le rapprochement nous semble avoir une signification profonde, les stoïciens ayant été préoccupés avant tout de la conduite, comme le sont les juristes : dans un cas comme dans l'autre, nous sommes en présence d'une logique de l'action.

Il faut, semble-t-il, admettre avec Brochard que la logique stoïcienne, loin d'être une déformation de la logique d'Aristote, a sa pleine originalité. Quels sont ses caractères principaux ?

Les notions passent au second plan. Ce qui existe, ce sont les individus, les événements[3]. Nous avons eu à insister sur le rôle des « circonstances » dans le Code civil et la pensée juridique en général.

La phrase normale est une phrase composée, conditionnelle ou disjonctive ; le συνημμένον, qui en est le type, est à lui seul une inférence[4]. Quand nous passons du savoir au droit, il n'y a plus inférence, il y a lien synthétique ; mais la forme dans laquelle se moule la pensée est la même.

Il n'y a pas lieu de tenir compte de la quantité des propositions ; et toute la théorie de l'opposition s'en trouve modifiée[5]. Nous avons insisté sur ce point en étudiant les propositions les plus spécifiquement juridiques.

La copule n'est plus ὑπάρχει ou ἔνεστι ; c'est ἀκολουθεῖ ou ἕπεται ; c'est là une autre façon de remarquer la prépondérance du rapport exprimé par la proposition conditionnelle[6].

1. Victor Brochard, *Sur la logique des stoïciens*, dans *Archiv für Geschichte der Philosophie*, t, V, Berlin, 1892, p. 449 sqq. Cf. Emile Bréhier, *Chrysippe* dans la *Collection des grands philosophes*, VIII-295 p. 8°, Alcan, 1910.
2. Girard, *Manuel*, p. 96, n. 1, avec certaines réserves.
3. Brochard, *l. c.*, p. 452 ; Bréhier, p. 70.
4. Brochard, p. 453.
5. *Ibid.*
6. Brochard, p. 455.

Nous ne songeons pas à dire que les stoïciens aient entendu faire
une logique de l'action, non une logique du savoir ; ce que nous
suggérons seulement, c'est que ces penseurs, préoccupés d'abord
de l'action, ont dû spontanément attacher une importance particulière aux formes de la pensée qui se prêtent particulièrement
bien à l'expression de règles d'action. En ce sens déjà il nous a paru
intéressant de noter les analogies qui rapprochent de la logique
stoïcienne la logique qui se dégage de l'étude du Code civil. Et de
ce second point de vue, il nous paraît de quelque importance d'avoir
indiqué, par un tel rapprochement, que les caractères principaux
d'une logique de l'action se sont déjà rencontrés dans une logique
qui se présentait, après tout, comme une logique du savoir.

F. Extension et compréhension des concepts régulateurs

Comme Boutroux[1] l'a remarqué, les discussions logiques ont
roulé en grande partie sur la valeur du concept, qui est la base de
la logique aristotélienne. Deux arguments principaux ont été mis
en avant : l'empirisme prétend que le concept n'a pas d'autre
valeur que de résumer un certain nombre d'expériences ; d'autre
part on peut soutenir que le concept est une déformation, parce
que la nature est le théâtre du continu et de l'infinie variété.
Ainsi généralité et abstraction — les deux caractères du concept —
seraient deux erreurs.

La moindre réflexion suffit à montrer que, dans le domaine du
droit, ces deux objections sont dépourvues de sens. Qu'il sorte
plus ou moins du passé, le concept, tel que le législateur le pose,
n'est pas asservi à l'expérience ; il est légitime de le délimiter abstraitement, car il prétend ne pas être, ou ne pas être seulement un
constat d'expérience. Il peut trouver dans le passé un modèle, ou
une justification ; mais il ne concerne, à proprement parler, que
l'avenir. Ici nous ne songeons pas seulement à la règle de non-
rétroactivité des lois[2], mais aussi à cette situation, plus simple
à la fois et moins sujette à controverses : toutes les applications
de la loi se feront dans l'avenir. Ainsi toute objection tirée
des caractères de l'expérience est inopérante, car c'est dans un
monde idéal que se meut la pensée juridique. Il faut, assurément,
qu'il y ait possibilité d'adaptation des concepts légaux à la vie telle
qu'elle est donnée dans l'expérience ; mais la vie peut les déborder
de toutes parts sans qu'il y ait aucune difficulté à les penser dans
leur pureté abstraite.

1. BOUTROUX, article *Aristote* dans la *Grande Encyclopédie*, t. III, p. 739, col. 2.
2. V. sur ce point complément J.

Ces remarques permettent de voir en quel sens on peut parler d'extension et de compréhension à propos des concepts régulateurs :

a) Leur compréhension dépend — en principe — de l'esprit, non de l'expérience. Elle est finie, comme dans un concept mathématique. Elle ne saurait, toujours en principe, s'enrichir par une analyse plus minutieuse des faits.

S'il en est ainsi d'un concept, il en va de même d'une hiérarchie de concepts. Il n'y a pas lieu de penser qu'on découvrira de nouveaux genres et de nouvelles espèces. Les classes d'un système juridique sont fixées ; et leur échafaudage n'admet pas l'innovation.

Ces formules ne s'appliquent pas à la rigueur. Les concepts juridiques ne sont pas figés. Et les interprètes contemporains reconnaissent couramment que c'est par le contact avec une expérience en mouvement que les idées juridiques évoluent[1]. Si l'on considère par exemple un des grands faits du monde moderne, le développement de la richesse mobilière, on n'aura pas de peine à saisir son influence sur l'évolution de notre droit. C'est ainsi que l'idée de l'inaliénabilité de la dot mobilière, devenue de plus en plus importante avec le développement de la richesse mobilière[1], a donné naissance à cette singulière théorie de la « dot incluse », que l'arrêtiste Labbé[2] qualifiait de « monstruosité juridique », parce qu'elle conduit à admettre, en régime dotal, une catégorie de biens intermédiaires entre les biens dotaux et les biens paraphernaux. C'est aussi le développement de la richesse mobilière qui a donné aux « dons manuels » une importance qu'ils n'avaient aucunement dans l'ancien droit, et largement contribué par là à briser dans notre droit la notion formaliste de la donation[3].

Si importants que soient ces faits, il n'en reste pas moins vrai qu'en principe, à un moment donné de l'histoire, la compréhension d'un concept juridique est l'œuvre achevée de l'esprit, indépendante de tout enrichissement venu de l'expérience. Et l'on ne saurait exagérer l'importance de ce caractère *a priori* et fini du concept. Il assure à la pensée juridique une rigueur, qui n'est pas compatible avec un accueil trop libéral fait à l'expérience. Et c'est pour cela sans doute qu'aujourd'hui même où l'expérience fait éclater les cadres anciens, le juriste reste fidèle à sa préoccupation traditionnelle de s'attacher à des notions idéales, susceptibles de netteté et de perfection. Cela se manifeste très clairement dans le travail de la jurisprudence, qui consiste justement à trouver pour des idées nouvelles et marquées du caractère trouble de la vie des formules juridiques, c'est-à-dire conformes au droit traditionnel en même temps que parfaitement nettes et définies.

1. C. et C., t. III, p. 329-330, et, pour la théorie de la dot incluse, p. 349 sqq.
2. N. sous Req. 3 juin 1891. S. 93.1.5.
3. V. ci-dessus, 3ᵉ partie, chap. IV.

b) Quant à l'extension, elle peut être entendue en deux sens fort distincts, et qu'on ne distingue pas toujours. D'abord, dans le monde d'idées que constitue un système juridique, il y a des hiérarchies de genres et espèces, telles que les concepts les plus pauvres en compréhension sont en même temps ceux qui ont l'application la plus large, conformément à la formule classique. Exemple : convention, contrat, contrat à titre onéreux, vente, vente à réméré. Mais en outre les concepts idéaux sont faits pour être appliqués au réel ; et à côté du dessin abstrait et idéal de leurs sphères respectives d'application, l'interprète et le législateur lui-même ne peuvent éviter de se poser la question de leur application concrète et réelle. De ce point de vue les représentations du réel servent à dessiner la sphère d'application des concepts régulateurs. Exemple : les articles du Code relatifs aux meubles et immeubles.

Naturellement l'extension est beaucoup plus exactement déterminée dans le monde idéal que dans le monde réel ; comme la compréhension elle-même, elle y est, en principe, sans flottement et sans bavures.

Ces réflexions conduisent à penser que la logique classique, qui s'est constituée comme une logique de l'être et du savoir, se trouverait en un sens mieux adaptée à la fonction de logique de l'action, et par conséquent du devenir. La logique aristotélicienne, selon la formule de Boutroux, présuppose l'accord de la pensée et de l'être, de l'idéal et du réel, du précepte et du fait, de l'art et de la nature. Avec les textes de lois, nous sommes dans le domaine de la pensée, de l'idéal, du précepte, de l'art. Pour qu'il soit légitime de se mouvoir en de tels domaines, il faut, mais il suffit, que l'action soit concevable. Nous vivons sur ce postulat, qui fonde la légitimité des schémas institutionnels construits pour orienter notre conduite. Mais d'autre part, comme nous l'avons vu, la logique classique, qui ignore le temps, ne saurait suffire à une discipline de l'action.

G. Exemple de l'interprétation par les notions légales traditionnelles d'une pratique née du progrès industriel : les transports par wagons-réservoirs

Nous voudrions essayer de montrer rapidement sur un exemple concret les difficultés auxquelles peut donner lieu l'application des textes légaux à de nouvelles conditions matérielles de la vie juridique : on verra d'une part que le droit ne peut rester indifférent aux changements dérivant du progrès des pratiques industrielles, et d'autre part que la souplesse des notions leur permet de se plier à des applications imprévues.

L'usage des wagons-réservoirs[1] pour le transport des vins s'est largement développé au cours du dernier quart de siècle. Les rapports juridiques qui lient le propriétaire des wagons ou wagonnier, l'expéditeur de vins et la compagnie de chemins de fer sont assez compliqués. Sur deux points cependant la situation est relativement facile à régler : le wagonnier a donné le wagon en location à l'expéditeur ; l'expéditeur a conclu avec la compagnie un contrat de transport. Le point vraiment difficile est la détermination de la nature du rapport qui existe entre le wagonnier et la compagnie.

Disons d'abord qu'à côté des textes de principe du Code civil, il y a lieu de tenir compte en notre matière des textes du droit commercial, en particulier de l'art. 103 C. com. (modifié par la loi dite loi Rabier), et des textes spéciaux, c'est-à-dire du tarif P. V. n° 129 qui est en quelque sorte la charte des wagons-réservoirs, selon la formule donnée par M. Valéry. Mais, comme on va le voir, ce sont les textes du Code civil qui ont dans le débat une influence déterminante.

Une idée vient à l'esprit : puisqu'il y a là un contrat original, n'est-il pas naturel de le reconnaître comme tel, c'est-à-dire d'admettre un nouveau contrat *sui generis*, comme l'a fait par exemple l'arrêt de la Cour de Montpellier du 20 février 1911 ? Mais cette solution a le grave inconvénient de ne pas permettre d'appliquer au cas envisagé des règles préétablies. Il est assurément plus satisfaisant, si la chose est possible, de le rattacher à un des contrats réglementés par le législateur[2].

S'agit-il en l'espèce d'un contrat de louage de choses[3] : on pourrait le penser, du fait qu'un article du tarif alloue au wagonnier une redevance calculée kilométriquement ; mais cette redevance peut être considérée comme tout autre chose qu'un loyer, comme l'indemnité versée en raison du service rendu par le wagonnier qui permet à la compagnie d'économiser son matériel ; et il est difficile de voir dans le contrat un louage, puisque la compagnie n'a pas le droit de se servir des wagons.

C'est pour cette raison qu'on ne peut pas non plus y voir un prêt à usage, comme un auteur l'a proposé[4].

Y aurait-il donc contrat de transport[5] ? Mais la compagnie ne s'engage qu'à laisser circuler les wagons ; c'est vis-à-vis de l'expéditeur seul qu'elle s'engage à les faire circuler.

---

1. Nous renvoyons spécialement à la longue note de M. VALÉRY, sous trois arrêts de la cour de Montpellier et deux jugements du tribunal de commerce de la Seine, D. 1911.2.257.

2. En ce sens, VALÉRY, *l. c.*

3. Trib. com. Nancy, 28 juin 1903, cité par BOURDIOL, *Le transport des vins par wagons-réservoirs*, Montpellier, 1910, p. 204.

4. BOURDIOL, *op. cit.*

5. Trib. com. Nîmes, 30 mars 1909, cité par BOURDIOL, p. 193.

Un jugement du tribunal de commerce de Cette[1] a vu dans le contrat un dépôt. Et cette solution est approuvée par M. Valéry. L'une des parties a bien reçu « la chose d'autrui à la charge de la garder et de la restituer en nature » (art. 1915); le wagonnier a le droit de retirer ses wagons à son gré, la compagnie lui fait payer un droit lorsque le wagon ne circule pas. Tout cela cadre parfaitement avec la conception du dépôt. Le fait que la circulation à vide des wagons donne lieu au paiement d'une taxe ne constitue pas une objection, puisque d'après l'art. 1942 un contrat de dépôt peut forcer le dépositaire à transporter la chose, aux frais du déposant. C'est donc, conclut M. Valéry, en appliquant les principes du dépôt que doivent être tranchées les questions de responsabilité au cas d'avaries, qui sont les plus importantes pratiquement.

H. Observations sur les représentations concrètes dans le Code civil français et dans le Code civil allemand

On a souvent opposé le Code civil allemand au Code civil français en présentant le premier comme plus soucieux d'analyse abstraite rigoureuse, et le second comme plus proche de la vie concrète. A certains égards cela est vrai. D'abord les rédacteurs du Code allemand se sont certainement préoccupés beaucoup plus que les rédacteurs du Code français d'analyser avec précision, de décomposer en leurs éléments non seulement les notions juridiques, mais les objets concrets auxquels l'attention s'applique ; il en résulte cette impression constante que les choses concrètes elles-mêmes, n'étant pas présentées en leur totalité massive, apparaissant décomposées en leurs éléments, prennent une sorte de sécheresse abstraite (V. par ex., § 622 cité ci-après ; § 544 également cité plus loin). D'autre part le plan du Code allemand[2] est plutôt déterminé par les commodités de l'analyse abstraite, le plan du Code français par la considération d'une situation concrète que l'on suit dans son développement : ainsi, dans le Code allemand les conditions de validité des contrats sont exposées au liv. I, sect. III, t. IV tandis que le contenu des contrats n'est étudié qu'au liv. II ; la condition des mineurs est réglée par trois groupes de textes différents (§§ 2 sqq. au liv. I, sect. I, t. I, concernant les personnes physiques ; §§ 104 sqq., au liv. I, sect. III, t. I, concernant la capacité d'exercice des droits ; enfin au liv. IV, sect. III, concernant la tutelle).

Nous n'insisterons point sur ces contrastes. Nous tenons au con-

---

1. Trib. com. Cette, 12 novembre, 1907, cité par Bourdiol, p. 189.
2. Pour plus de détails sur ce point, voir Complément N.

traire à montrer qu'en dépit des différences incontestables les deux Codes ont en définitive la même attitude concernant la représentation de la vie concrète, et ses rapports avec la réglementation juridique. Cette similitude, reconnue entre deux textes que l'on a coutume d'opposer, montre la portée générale de ces remarques, au moins pour l'état du droit auquel correspondent les deux Codes.

a) Quoique les notions représentatives aient parfois une allure plus abstraite et se rapprochent ainsi des notions régulatrices, il arrive que le Code allemand construise une notion juridique au contact même du concret. Dans le Code français les art. 519 sqq. relatifs à la distinction des meubles et des immeubles sont ceux qui contiennent le plus de termes concrets. Les §§. 960 sqq. du Code allemand mentionnent aussi les animaux sauvages, les animaux des parcs zoologiques, les poissons des étangs, les essaims.

Le Code allemand, de rédaction plus récente, a été amené à faire une place aux techniques scientifiques : télégraphe (§ 127) ; téléphone (§ 147) ; signature obtenue par voie de reproduction mécanique (§ 793).

On trouve dans le Code allemand des noms propres, qui marquent bien le contact le plus immédiat avec la réalité concrète : le § 16, relatif à la déclaration de décès des personnes perdues en mer établit un délai variable de présomption de perte, selon que la traversée avait lieu dans la Baltique ou les autres mers d'Europe, ou au contraire dans les mers extra-européennes.

b) Le procédé concret de l'énumération d'exemples tenant lieu de définition abstraite[1] se retrouve dans le Code allemand, avec toutes ses nuances.

α) Simples exemples illustrant une définition abstraite et par suite la complétant : § 622 « Le rapport de services de personnes engagées avec appointements fixes pour la prestation de services d'un genre plus relevé qui réclame d'une façon complète ou principale toute leur faculté de travail, spécialement des professeurs, précepteurs, des employés chez des particuliers, dames de compagnie, ne peut être dénoncé que pour la fin d'un trimestre du calendrier. » § 98 : « Ont pour destination de servir au but économique de la chose principale : 1º dans un bâtiment qui est aménagé d'une façon permanente en vue d'une exploitation industrielle, en particulier dans un moulin, une forge, une brasserie, une fabrique, les machines et, d'une façon générale, tout l'ensemble de l'outillage destiné à l'exploitation.... »

β) Exemples tenant lieu de définition abstraite : § 906 : « Le propriétaire n'est obligé de souffrir sur son immeuble les gaz, vapeurs, odeurs, fumées, suies, chaleurs, bruits, trépidations et

---

1. V. ci-après : Complément O.

autres réactions provenant du fonds d'autrui que si l'inconvénient
qui en résulte est insignifiant. »

On pourrait aisément multiplier les exemples : §§ 481, 835,
1037, etc...

c) Il arrive que le Code emprunte à la vie concrète non seulement
des notions, mais la représentation complexe de certaines activités : § 1300, conditions de fait de l'action en défloration ; §§ 908
sqq. qui visent certains actes dérivant du voisinage, le dépasse-
ment de limites, etc...

Quelquefois la formule abstraite ne doit pas faire méconnaître
le caractère concret de l'idée, § 544 : « Lorsqu'une habitation
ou tout autre local destiné au séjour des hommes est aménagé de
telle sorte qu'un danger sérieux pour la santé doive résulter de son
utilisation... » Un tel texte, sous son apparente précision technique,
évoque tout un ensemble de conceptions assez confuses. Il en est
de même du § 824 : « Celui qui, contrairement à la vérité, affirme
ou répand un fait qui est de nature à nuire au crédit d'un autre ou
à lui causer tout autre préjudice pour sa position ou son avenir, doit
réparation à cet autre du dommage qui en est résulté. » Assurément la série des textes allemands 823-826 est plus concrète que
notre art. 1382.

d) Dans le Code allemand comme dans le nôtre, on rencontre
des formules qui expriment une sorte de schéma psychologique, de
la réalisation duquel on laisse la constatation au juge : 2085 :
« L'inefficacité d'une des dispositions contenues dans un testament
n'entraîne l'inefficacité des autres que s'il y a lieu d'admettre que
celui qui laisse la succession ne les aurait pas prises sans celle qui est
inefficace. » (Cf. en droit français la théorie de la cause impulsive et
déterminante.)

e) Nous signalerons enfin, dans les deux cas, certaines formules
qui se réfèrent à telles attitudes dont le contenu est déterminé
par les usages. Ainsi l'idée de « bonne foi » dans notre Code, à
laquelle correspond à peu près la formule « Treu und Grauben »,
que Saleilles traduit « loyauté et confiance réciproque ». Nous avons
la conduite du « bon père de famille » ; les Allemands ont la formule
« im Verkehr », dans les rapports d'affaires (ex. : §§ 91, 119, al. 2).

I. Du « normal » opposé à l'essentiel et à l'accidentel

Un des caractères du droit écrit, et surtout de ce droit systématique que constitue le droit codifie est de donner aux notions une
grande netteté. Dès lors il semble que l'on tende vers un régime
où il y aurait d'une part le pur accident, c'est-à-dire la multitude
des circonstances juridiquement insignifiantes et d'autre part

les caractères ayant une importance juridique et qui seraient
tous en quelque manière des propres, c'est-à-dire des caractéristiques inséparables d'une notion. L'examen de cette distinction
nous place à la frontière du domaine des « notions » et de celui des
« circonstances ».

En effet, du point de vue même des notions il faut avoir soin
de noter que, très souvent, les éléments constitutifs d'une notion
ne se trouvent pas avoir la même importance ; et spécialement
l'absence d'une condition édictée par la loi n'est pas toujours
sanctionnée de la même manière. En principe l'acte auquel manque
l'accomplissement d'une condition impérative est nul. Mais il n'en
est pas toujours ainsi. Par exemple, en matière de mariage où les
nullités présentent une gravité particulière, le respect des conditions légales (conditions proprement dites et empêchements) est
assuré par des moyens très inégaux, de sorte qu'il y a une espèce
de hiérarchie entre ces conditions selon qu'elles sont plus ou moins
impératives : empêchements simplement prohibitifs par opposition aux empêchements dirimants, nullités relatives par opposition
aux nullités absolues, nullités à effet plein par opposition aux nullités qui laissent subsister les effets civils au cas de bonne foi
(mariage putatif, art. 201-202). On trouverait soit dans la loi, soit
dans l'interprétation bien des cas de ce genre : ainsi il y a un certain nombre de mentions « substantielles » que comportent les actes
de l'état civil (art. 34 et 57) ; il y a d'autre part interdiction d'y
porter autre chose que ce qui doit être déclaré par les comparants
(art. 35) ; mais il existe en réalité une zone intermédiaire, où l'on
placerait par exemple les mentions prescrites impérativement, mais
par simple circulaire (qualité de membre de la Légion d'honneur,
circulaire de la chancellerie du 3 juin 1807; mention de la croix de
guerre, circul. du garde des Sceaux du 16 mai 1916), et encore
les mentions complétives, de nature à mieux constater l'identité
des intéressés, telles que les titres nobiliaires. (Req. 26 octobre
1897 dans D. 97.1.584). Enfin, du point de vue des sanctions, la
jurisprudence distingue les attestations de l'officier d'état civil,
qui font foi jusqu'à inscription de faux, des déclarations incontrô-
lables des comparants qui ne font foi que jusqu'à preuve contraire
(jurisprudence sous l'art. 45).

En de tels cas le législateur ou l'interprète établissent déjà
entre les éléments d'une institution une hiérarchie, selon qu'ils
sont plus ou moins importants. Nous avons souligné dans nos
explications l'expression « mentions substantielles ». L'idée de la
« substance », de l' « essence » est familière au juriste ; elle est très
caractéristique. Mais le moment est venu de noter que, sous l'empire même du Code, soit parce que le législateur peut être considéré comme s'étant volontairement abstenu de dire l'essentiel,

soit pour d'autres raisons, on est arrivé à admettre parfois que certains caractères essentiels ou substantiels n'étaient pas énoncés, et résultaient de la nature des choses. Nous citerons à cet égard les cas de nullité de mariage, que l'on appelle parfois cas d' « inexistence[1] », et qui sont admis en l'absence de texte, parce qu'il s'agit d'éléments absolument constitutifs : absence de consentement, absence de célébration, identité de sexe.

On est donc invinciblement amené, même lorsqu'il s'agit des éléments essentiels des notions, à compléter le Code. Mais ce qui est exceptionnel pour les éléments essentiels devient la règle pour certains caractères des actes juridiques, dont l'examen conduit justement à l'idée de ce que nous appelons le « normal ».

Quelques exemples feront comprendre ce que nous voulons dire. On sait qu'en droit canonique, la consommation du mariage est un élément essentiel de sa validité. Le droit civil n'a pas retenu cette condition. Mais en fait elle est considérée comme un élément normal du mariage ; et c'est ainsi que s'explique la jurisprudence qui a tendu à lui rendre une part au moins de son ancienne importance en admettant non pas la nullité, mais le divorce pour injure grave soit dans le cas d'abstention volontaire du devoir conjugal, soit dans le cas d'impuissance dissimulée avant le mariage par le mari : cette jurisprudence a été critiquée[2] comme un amendement apporté à la théorie des nullités, et cette critique même montre bien sa portée.

C'est d'un point de vue analogue — quoique l'évolution ait été inverse — qu'on a fait remarquer que la translation de propriété, qui était en droit romain non de l'*essence* de la vente, mais seulement de sa *nature*, est actuellement devenue de son essence[3].

Ainsi nous voyons, au cours de l'histoire d'une institution, certains éléments perdre ou acquérir le caractère essentiel, alors même que, dans la pratique, ils restent normaux. Mais le Code civil a pleinement reconnu cette situation ; et dans une multitude de cas il a lui-même construit de manière double l'institution : d'abord les éléments essentiels ; et au second plan les éléments normaux. Nous reconnaîtrons cette attitude dans deux façons assez différentes de présenter les choses :

A. Il arrive que la loi mentionne, à côté de ses exigences expresses, les pratiques, les usages. Les expressions dont se sert l'art. 1135, texte général qui domine toute la matière des conventions, sont caractéristiques : « Les conventions obligent non seulement à ce qui y est exprimé, mais encore à toutes les suites que l'*équité, l usage* ou *la loi* donnent à l'obligation d'après *sa nature*. » Nous

1. L'emploi de cette expression est examiné dans le traité de Colin et Capitant, t. I, p. 180 : les auteurs montrent que l'inexistence ne se distingue pas de la nullité absolue; elle n'a été qu'un moyen d'échapper à l'axiome « Pas de nullité sans texte ».
2. C. et C..., t. I, p. 207.
3. C. et C..., t. II, p. 411.

citerons aussi 1159 : « Ce qui est ambigu s'interprète par *ce qui est d'usage* dans le pays où le contrat est passé » ; et 1160 : « On doit suppléer dans le contrat les clauses *qui y sont d'usage.* »

B. Tandis que, dans le cas précédent, la loi s'en remettait à l'usage pour la détermination des éléments normaux de la notion, il arrive aussi qu'elle énonce elle-même, à côté des éléments essentiels, les éléments normaux en marquant leur caractère facultatif. Cette attitude se manifeste dans la distinction des lois impératives et des lois supplétives ou dispositives. Il faut noter ici que, généralement, les lois dites supplétives énoncent des éléments normaux, mais non essentiels, que les parties peuvent écarter[1].

Ce sont, à vrai dire, les interprètes plutôt que les rédacteurs mêmes du Code qui ont eu le sentiment clair de la distinction de l'essentiel et du normal. La discussion au Conseil d'Etat de cet art .1135 que nous citions plus haut montre bien que les rédacteurs n'ont pas nettement conçu cette distinction[2]. Cette discussion est très confuse. Lacuée fait observer que l'emploi du mot « usage » peut entraîner des inconvénients. Cambacérès déclare : « Il ne s'agit pas de permettre que l'usage ajoute aux engagements, mais seulement de l'en constituer l'interprète », et il cite, dans le bail à ferme, les usages locaux concernant les ensemencements, les engrais. De son côté Tronchet déclare : « Le contrat de vente, par exemple, admet des obligations résultant naturellement du contrat, parce qu'elles tiennent à son essence, et qui ont leur effet quoiqu'elles ne soient pas exprimées », et il cite la garantie. Les exemples donnés par les deux orateurs montrent bien qu'ils n'ont pas en vue le même objet : Cambacérès pense aux éléments normaux, Tronchet aux éléments essentiels. Et la distinction n'est point élucidée par la suite de la discussion. Rien ne montre mieux la continuité véritable qui existe entre les éléments constitutifs des notions et l'infinie variété des circonstances. Si cette continuité est possible, c'est parce que le lien qui établit les notions est en réalité une synthèse se réalisant au cours de l'histoire : l'unité des notions ne répond pas à une unité inéluctable, fondée sur la nature permanente des choses ; elle est l'œuvre de l'homme, et c'est ce qui fait sa souplesse.

J. **Remarques sur la rétroactivité**

La question de la rétroactivité est une de celles qui ont donné lieu aux difficultés les plus graves, difficultés tellement radicales parfois qu'elles peuvent sembler insolubles ; car elles se ramènent

1. CAPITANT, *Introduction à l'étude du droit civil*, Pedone, 1912, XXIII-399 p. 8°, chap. III, p. 35 sqq. Cf. ci-dessus : Complément C.
2. FENET, t. XIII, p. 54.

à l'impossibilité d'établir une séparation absolue entre le passé et l'avenir[1].

Le principe de non-rétroactivité des lois, écrit dans l'art. 2, ne constitue pas actuellement une règle constitutionnelle ; et telle loi peut y contrevenir[2]. Ajoutons que très souvent les lois règlent par des mesures « transitoires » certaines difficultés auxquelles donne lieu le passage d'une législation à une autre[3].

Les difficultés apparaissent lorsqu'il s'agit de savoir, dans le silence de la loi, si le principe de non-rétroactivité s'applique, et comment il s'applique. Il est admis que certaines catégories de lois échappent au principe et rétroagissent, si besoin est, en vertu de leur nature même : il en est ainsi des lois interprétatives[4], auxquelles on assimile les lois rectificatives[5] ; il en est ainsi des lois qui suppriment d'une manière absolue certains droits[6], par exemple les lois qui ont aboli l'esclavage et la féodalité. Un autre point est plus délicat : on a soutenu[7] que les lois d'ordre public rétroagissent ; mais cette doctrine est contestée[8] avec d'autant plus de raison que l'idée d'ordre public est fort ambiguë. On glisse presque insensiblement de la notion d'ordre public à la notion beaucoup plus compréhensive d'intérêt général ; et il nous paraît impossible d'admettre une exception qui aboutirait à un effacement presque complet de la règle[9].

Mais la grande et difficile question est de savoir, lorsqu'une loi est régie par l'art. 2, qu'est-ce que cet article condamne réellement sous le nom d'effet rétroactif. En un sens le passé est le passé, nulle loi ne peut rien contre lui ; si l'on envisage de quelque façon la possibilité de la rétroactivité, fût-ce pour l'écarter, c'est déjà parce que l'on se représente le passé se continuant dans le présent et l'avenir. C'est toujours l'avenir qu'une loi atteindra. Seulement parmi les faits à venir, il y en a beaucoup qui se rattachent directement à des faits passés : le problème est de distinguer parmi ces conséquences de faits passés celles qui ne seront pas atteintes par la loi de celles qui le seront. La jurisprudence s'est arrêtée à une formule qui s'inspire d'une déclaration de Portalis[10] relativement à l'art. 2 : une loi nouvelle ne peut, sans tomber sous le coup de

---

1. V. le *Répertoire* de CARPENTIER et FRÈREJOUAN DU SAINT, v° Lois et décrets, t. XXVI ; *Code civil annoté* de FUZIER-HERMAN, sous l'art. 2.
2. CARPENTIER, *l. c.*, n. 481 sqq.
3. *Ibid.*, n. 473.
4. CARPENTIER, n. 496 sqq. ; FUZIER-HERMAN, n. 12 sqq.
5. CARPENTIER, n. 518 sqq. ; FUZIER-HERMAN, n. 23.
6. CARPENTIER, n. 523-524 ; FUZIER-HERMAN, n. 9.
7. DUVERGIER, *Dissertation sur l'effet rétroactif des lois*, dans *Rev. de dr. fr. et étr.*, t. II, p. 6.
8. HUC, t. I, n. 93.
9. En ce sens, CARPENTIER, n. 526 sqq. ; FUZIER-HERMAN admet seulement certaines applications du principe, n. 24 sqq.
10. LOCRÉ, t. I, p. 507.

l'art. 2, porter atteinte aux « *droits acquis* » ; mais elle peut fort bien régir des faits futurs qui sont de simples conséquences de faits antérieurs, et anéantir de simples éventualités ou expectatives n'ayant pas le caractère de droits acquis[1]. Cette expression ne fait guère d'ailleurs que reculer la difficulté, tout au plus formuler mieux la question. On a cherché à la résoudre d'autres manières : par exemple on s'est efforcé de distinguer ce qui est absolument passé de ce qui est «en suspens[2]» ; on a conçu la rétroactivité comme consistant à enlever à quelqu'un un « droit dans le passé » ou « un droit dans l'avenir à raison d'un fait passé[3] ». Il n'est pas besoin de creuser beaucoup ces formules pour voir qu'elles recouvrent au fond la même distinction, entre ce qui est achevé, et ce qui reste en expectative, en suspens, ce qui continue ; et il est clair que toutes les difficultés viennent de ceci : ce qu'on appelle le « passé », l' « acquis » n'est que relativement passé et acquis, c'est seulement dans la mesure où ce prétendu passé continue et reste en devenir que la question de la rétroactivité se pose.

Les tentatives faites pour formuler abstraitement un critérium général ne doivent pas faire oublier qu'en chaque matière interviendront des considérations particulières. Toutefois, à titre de directive, il semble qu'on puisse accepter la définition que M. Huc a proposée[4] du droit acquis : « Tout avantage dont la conservation ou l'intégrité est garantie au sujet investi par une action ou une exception. »

Parmi les droits incontestablement acquis[5], on peut citer ceux qui dérivent immédiatement d'un contrat, ceux que nous a conférés un testament dont l'auteur est décédé, ceux qui se trouvent dans une succession ouverte et dont nous a saisis la loi en vigueur au moment de son ouverture.

Les innombrables questions pratiques[6] qu'a soulevées l'application de l'art. 2 mettent en plein relief l'importance du phénomène que nous avons signalé : le droit est essentiellement une déter-

1. Huc, t. I, n. 59 , Carpentier, n. 539 sqq. ; Fuzier-Herman, n. 101.
2. Merlin, rép., v° *Effet rétroactif*, sect. III, § 1, n. 1.
3. Vareilles-Sommières, *Une théorie nouvelle de la rétroactivité des lois.*
4. Huc, t. I, n. 60.
5. Carpentier, n. 547.
6. V. pour les exemples dans les matières civiles, Carpentier, n. 603 sqq. Pour fixer les idées, nous donnerons un exemple concret des distinctions faites par la jurisprudence : L'art. 402 C. civ. était ainsi conçu : « Lorsqu'il n'a pas été choisi au mineur un tuteur par le dernier mourant de ses père et mère, la tutelle appartient de droit à son aïeul paternel, à défaut de celui-ci, à son aïeul maternel, et ainsi en remontant, de manière que l'ascendant paternel soit toujours préféré à l'ascendant maternel du même degré. » La l. 20 mars 1917 a abrogé ce texte et décidé que « la tutelle appartient à celui des aïeux ou à celle des aïeules qui sont du degré le plus rapproché » (art. 402 nouv.) ; « en cas de concurrence entre des aïeux ou des aïeules du même degré, le conseil de famille désignera le tuteur ou la tutrice sans tenir compte de la branche à laquelle ils appartiennent » (art. 403 nouv.). La jurisprudence admet qu'en vertu de la loi nouvelle il peut y avoir changement de tuteur ; mais les actes de l'ancienne tutelle sont valables. Civ.-cass, 16 mai 1923. S. 1923.1.337.

mination de l'avenir par le passé ; c'est presque là une tautologie : mais il en résulte que, dans ce domaine on se trouve toujours dans l'intervalle qui sépare ce qui est « complètement achevé » de ce qui est « encore inexistant » ; tout y est plus ou moins « en puissance ». C'est pour cela que chercher à résoudre par une formule décisive la question de la rétroactivité, c'est poursuivre la quadrature du cercle.

K. Des régimes

Le mot « régime » est souvent employé par les juristes pour désigner un ensemble de règles qui s'est appliqué en une matière donnée pendant une certaine période : ainsi, concernant les hypothèques, on distinguera le régime de la loi du 11 brumaire an VII, le régime du Code civil, le régime de la loi du 23 mars 1855. Dans le Code civil, le mot[1] est employé pour désigner l'ensemble des règles qui « régiront » l' « association conjugale », « quant aux biens » (art. 1387). Le titre du Code relatif à cette matière est un de ceux qui donnèrent lieu aux plus importantes discussions[2] : il s'agissait de questions sur lesquelles les pratiques étaient très différentes dans les provinces de l'ancienne France ; allait-on, comme le but même de la rédaction du Code y engageait, établir un régime uniforme ? ou laisserait-on survivre la diversité des régimes, et spécialement le régime dotal des pays de droit écrit en même temps que le régime de communauté des pays de coutume ? Déjà la Convention penchait pour le maintien de la diversité[3]. C'est la solution qui fut adoptée dans le Code civil. Sans doute ce n'est pas, en principe, une diversité régionale qui est maintenue ; les parties sont libres de choisir elles-mêmes leur régime, elles sont libres même de le constituer, par exemple en empruntant des éléments à divers régimes ; seulement en fait ce seront des régimes-types qui se maintiendront, et ils se maintiendront en général par régions, conformément aux traditions locales[4].

Le régime fixé par le contrat de mariage ou, à défaut de contrat, par la loi, est immuable (art. 1395).

On voit ce qui caractérise l'idée de régime dans cet emploi : c'est, comme dans la première acception signalée, un ensemble de règles ; mais au lieu qu'un ensemble s'oppose à celui qui l'a précédé, on voit s'opposer des ensembles entre lesquels les parties ont le choix. Une fois tel ensemble choisi (ou constitué), il sera la loi des

1. V. *Index*, v° Régime.
2. FENET, t. XIII.
3. SAGNAC, *Législation civile de la Révolution*, p. 294 sqq.
4. V. quelques indications statistiques dans C. et C., t. III, p. 5.

parties : dès que le contrat de mariage est fait, tous les rapports pécuniaires entre époux sont virtuellement déterminés. On voit que ce caractère des « régimes » les rapproche des « statuts » : les uns comme les autres contiennent en puissance la solution des questions mêmes qui ne sont pas encore nées ; au reste un régime crée des statuts ou s'exprime par des statuts : femme commune ou dotale, biens communs ou propres, dotaux ou paraphernaux, acquêts ; mais de tels statuts sont, évidemment, solidaires de tout le régime dont ils dépendent : il peut y avoir des acquêts sous le régime de la communauté légale, sous le régime de la communauté réduite aux acquêts, sous le régime dotal lui-même (art. 1581). Un régime nous offre en réduction, pour un domaine spécial et dans un cas spécial (pour les parties qui l'ont choisi ou constitué), l'image de la loi ; et le mot est typique : il s'agit de « régir », c'est-à-dire de déterminer l'avenir, de l'organiser juridiquement en le soumettant à un ensemble de règles.

L. De l'idée d'identité dans la mentalité primitive

La sociologie contemporaine a été amenée à souligner les différences profondes qui séparent la mentalité primitive de la nôtre. Mais en même temps elle a pu préciser certaines analogies fondamentales. Rien n'est plus instructif, à ce double point de vue, que l'examen de l'idée d'identité[1].

Il n'est pas douteux que « le principe d'identité », tel que l'entend et l'applique notre logique, ne régit pas la mentalité du primitif : il ne discerne pas l'un et le plusieurs, le même et l'autre. M. Lévy-Bruhl a insisté sur cet aspect de la mentalité primitive. Mais d'autre part il a montré, en même temps que Durkheim, le rôle capital joué dans ses représentations par l'idée d'identité, par ce qu'il appelle la *loi de participation*, par les faits que Durkheim a décrits sous les noms de *contagion* et de *transmutation*.

« Les Trumai (Brésil) disent qu'ils sont des animaux aquatiques. Les Bororo se vantent d'être des perroquets rouges. » Ce n'est pas là seulement un nom qu'ils se donnent ; c'est une parenté qu'ils s'attribuent ; « ce qu'ils veulent faire entendre, c'est une identité essentielle[2] ». Tandis que, pour nous, des êtres qui diffèrent par leurs propriétés les plus essentielles, comme les minéraux,

---

1. V. spécialement : DURKHEIM, *Les formes élémentaires de la vie religieuse*, 647 p. 8°, Alcan, 1912. LÉVY-BRUHL, *Les fonctions mentales dans les sociétés inférieures*, 461 p. 8°, Alcan, 1910. Les deux ouvrages rapportent les mêmes faits. Mais, comme Durkheim l'a remarqué (*Année sociologique*, t. XII, p. 33 sqq.), M. Lévy-Bruhl souligne plutôt les contrastes entre la mentalité primitive et la nôtre, tandis que Durkheim insiste sur les analogies.

2. LÉVY-BRUHL, p. 77.

les plantes, les animaux, les hommes, ne sauraient être considérés comme équivalents et substituables les uns aux autres, pour le primitif, tous les règnes peuvent se confondre ; les êtres « participent à la fois des genres les plus opposés », et l'on admet sans peine « qu'ils peuvent se transmuter les uns dans les autres[1] ». Durkheim explique comment on peut rendre compte de cette tendance par les caractères des représentations religieuses ou collectives qui emplissent la mentalité primitive[2]; en particulier les forces religieuses sont éminemment contagieuses, « il arrive sans cesse qu'un même principe se trouve animer également les choses les plus différentes : il passe des unes dans les autres par suite soit d'un simple rapprochement matériel, soit de similitudes même superficielles[3] ».

Durkheim a remarqué avec force que de telles assimilations, si extraordinaires qu'elles puissent nous paraître, se rattachent à la même tendance qui se laisse reconnaître dans les démarches les plus hautes de l'esprit scientifique. « Poser qu'un homme est un kangourou, que le soleil est un oiseau, n'est-ce pas *identifier le même et l'autre* ? Mais nous ne pensons pas d'une autre manière, quand nous disons de la chaleur qu'elle est un mouvement, de la lumière qu'elle est une vibration de l'éther, etc... Toutes les fois que nous unissons par un lien interne des termes hétérogènes, nous identifions forcément des contraires[4]. »

M. Lévy Bruhl a montré par d'abondants exemples comment cette loi fondamentale de la participation pénètre une multitude d'institutions caractéristiques des civilisations primitives[5]. Cela montre bien que l'idée d'identité pénètre la vie pratique et l'action, en même temps qu'elle fonde la vie intellectuelle. Dans la conclusion du livre capital sur lequel nous venons de nous appuyer[6], Durkheim suggère l'idée de l'unité de la science et de la morale, de la raison spéculative et de la raison pratique, comme disait Kant. Nous avons apporté à cette doctrine un nouvel argument par l'analyse des institutions incorporées dans notre Code civil, et dans lesquelles se révèle la même aspiration à l'unité que dans l'œuvre de la philosophie et de la science.

1. DURKHEIM, p. 337.
2. DURKHEIM, p. 338 sqq.
3. DURKHEIM, p. 463-464.
4. DURKHEIM, p. 341.
5. LÉVY-BRUHL, 3ᵉ partie : chasse, pêche, guerre... ; maladie, mort, divination ; deuil, naissance..., toutes les institutions qui se rapportent à ces pratiques ou à ces faits s'inspirent de l'idée de participation.
6. DURKHEIM, p. 635.

M. De quelques formules par lesquelles se marquent les rapports logiques et la solidarité de certaines dispositions

Il arrive très souvent que diverses phrases indépendantes, au sein d'un article ou dans des articles successifs, sont reliées, soit par des conjonctions, soit par des formules, de telle manière qu'elles apparaissent comme éléments d'un ensemble et doivent s'interpréter les unes par les autres, comme si elles étaient éléments d'une phrase complexe. Ainsi : après l'énoncé relativement vague d'une idée, peuvent venir des explications ou précisions ; après une formule abstraite peuvent venir des exemples ; après une formule générale peuvent venir des exceptions quant à ses cas d'application ; après une formule générale peuvent venir des limitations quant à sa portée ; des caractères peuvent être présentés en série comme se rapportant à la même notion.

En de tels cas, le fait qu'on se trouve devant plusieurs phrases distinctes ne détruit pas l'unité de la pensée ; et une interprétation correcte doit tenir compte des relations qui lient les phrases successives.

Ces rapports ne sont pas toujours marqués par l'emploi de formules appropriées ; mais ils le sont souvent.

Voici les formules les plus fréquentes et les plus importantes :

a) L'emploi d'un pronom personnel (387, 734...), ou d'un démonstratif (335, 385-386...), marque la solidarité des dispositions qui se complètent concernant un même terme, une même idée ; par exemple dans 384 sqq. précités l'idée du droit de jouissance qu'ont les père et mère sur les biens de leurs enfants.

La répétition du sujet (739-740), ou quelque autre symétrie de construction (737-738) peuvent marquer le lien. Il arrive que le rapport soit une antithèse que le législateur souligne : « Art. 340 (ancien). La recherche de la paternité est interdite. » « Art. 341. La recherche de la maternité est admise » (cf. 1645-1646).

Il arrive enfin que dans un ensemble d'articles, plusieurs expressions plus ou moins complexes et en relation les unes avec les autres passent et tissent comme une trame de rapports fondamentaux entre les dispositions de la loi : ainsi dans les art. 1358-1364 les idées de « serment déféré » et de « serment référé » ; dans les art. 1482-1491, la femme, le mari, leurs héritiers, les dettes de la communauté.

b) Beaucoup d'articles du Code sont liés les uns aux autres par des conjonctions de coordination, des adverbes, des expressions adverbiales qui marquent tantôt leur solidarité seulement, tantôt, en même temps que leur solidarité, la place qu'ils occupent respectivement au sein d'un ensemble.

Comme exemples de liens de la première sorte, nous citerons les nombreux articles qui commencent par la formule : « Dans ce cas » ou par une formule analogue (dans le cas où, dans le cas de, dans les cas ci-dessus, v. l'*Index*).

Comme exemples de liens de la seconde espèce, nous signalerons les nombreux textes commençant par un mot qui indique restriction ou exception : néanmoins, toutefois, cependant (v. l'*Index*). On trouve d'autres rapports exprimés par un mot (pareillement, 2131). On trouve aussi des formules plus complexes : « Les dispositions précédentes ne font pas obstacle à ce que... » (1490).

c) Enfin un grand nombre d'articles, ont pour objet unique ou principal d'annoncer un ensemble de dispositions, dont ils soulignent la solidarité et les rapports. Ainsi les art. 1357 (« Le serment judiciaire est de deux espèces... »), 1708 (cbn 1711), 1874, 1964 ; 1603, 1625.

Certaines de ces dispositions d'ordre contiennent le plan de toute une partie du Code. Et si elles ne sont parfois que de simples énumérations (art. 1316 : « Les règles qui concernent la preuve littérale, la preuve testimoniale, les présomptions, l'aveu de la partie, et le serment sont expliquées dans les sections suivantes. » Cf. art. 1107, 1497), il arrive aussi qu'elles contiennent comme la philosophie d'un sujet. Nous citerons à cet égard, comme le plus caractéristique l'art. 1370, qui prend tout à fait l'allure d'un exposé doctrinal :

« Certains engagements se forment sans qu'il intervienne aucune convention, ni de la part de celui qui s'oblige, ni de la part de celui envers lequel il est obligé.

« Les uns résultent de l'autorité seule de la loi ; les autres naissent d'un fait personnel à celui qui se trouve obligé.

« Les premiers sont les engagements formés involontairement, tels que ceux entre propriétaires, voisins, ou ceux des tuteurs et des autres administrateurs qui ne peuvent refuser la fonction qui leur est déférée.

« Les engagements qui naissent d'un fait personnel à celui qui se trouve obligé, résultent ou des quasi-contrats, ou des délits ou quasi-délits ; ils font la matière du présent titre. »

Le dernier alinéa nous ramène au type de dispositions précédemment signalé ; mais les précédents contiennent toute une théorie générale, fait exceptionnel, car les rédacteurs ont affirmé leur volonté de s'abstenir de pareilles théories.

Tous les cas précédemment relevés auraient à être étudiés en particulier ; la même formule (« néanmoins » par ex.), aura une portée sensiblement différente selon les propositions qu'elle unira. Mais il y a du moins une observation générale à faire à propos de l'existence dans le texte du Code de formules reliant des ensembles d'articles. C'est que le texte lui-même apparaît comme dessinant dans bien des cas l'architecture générale des institutions. La doctrine aura toujours à compléter cette architecture ; mais le Code ne fournit pas seulement les matériaux ; il ne fournit pas seulement des rapports impliqués par la nature intrinsèque des matériaux ; il a souvent exprimé ces rapports. Et lorsqu'il a pris ce soin, la même autorité s'attache aux rapports entre dispositions qu'aux dispositions elles-mêmes : non seulement ces indications aideront le théoricien à construire l'idée d'ensemble d'une institution[1] et limiteront sa liberté ; mais souvent elles réagiront sur la signification même des dispositions : elles indiqueront par exemple (dans ce cas...) leur champ d'application, ou leur donneront (néanmoins) le caractère d' « exception », auquel l'interprétation attache une extrême importance.

N. Du rattachement des questions abstraites aux problèmes concrets : comparaison du Code français et du Code allemand

Nous avons eu déjà (complément H) l'occasion de signaler le caractère concret du plan du Code civil français, qui apparaît particulièrement lorsqu'on le compare au Code civil allemand. Nous avons noté par exemple que dans ce dernier les conditions de validité d'un acte juridique, disons du contrat, sont étudiées dans un livre différent de celui où est exposé son contenu. Cela prouve déjà que les considérations théoriques, la classification abstraite des idées l'emportent sur la vision concrète du fonctionnement des institutions.

Il y a là une attitude caractéristique, que quelques faits mettront en valeur : Dans le Code allemand, la plus grande partie de la section relative aux personnes (68 paragraphes sur 89) se rapporte aux personnes juridiques, tandis que la théorie abstraite de la personne est absente du Code français, les règles qui concernent les personnes étant exposées au livre premier (intitulé : *Des personnes*) à propos des diverses situations concrètes, ce qui est apparent dès l'art. 8, le livre commençant à l'art. 7. Au lieu d'analyser les conditions de validité du contrat, réalité juridique concrète, comme fait notre art. 1108, le Code allemand étudie d'avance et à part sa source, la déclaration de volonté, dont la théorie répond en gros, et sous réserve des différences de fond entre les deux droits, à la théorie du consentement : le Code français part du tout, le Code allemand

---

1. Sur ce point, voir ci-dessus, chap. IV.

de l'élément. Dans le Code allemand, la « majorité » et la « déclaration de ma̖͘ ité » (à 18 ans) sont traitées aux §§ 2 et 3, tandis que la distinction des mineurs de 7 ans et des autres mineurs est rejetée au § 104, la « capacité d'exercice des droits » étant rattachée à la théorie des actes juridiques.

Ces hésitations s'expliquent ; leur légitimité, la difficulté d'une option complète se révèlent dans certains faits : ainsi dans le Code français la plupart des dispositions concernant l'incapacité des mineurs, des interdits, des femmes mariées se trouvent dans les chapitres consacrés à chacune de ces catégories de personnes, mais le principe est rappelé brièvement dans la matière des contrats (art. 1124-1125).

Enfin il y a au moins un cas important dans lequel le Code allemand a suivi plus que le nôtre la réalité concrète : c'est lorsqu'il a rattaché la réglementation du régime des biens entre époux à la réglementation du mariage (liv. IV, sect. I) tandis que dans le Code français le contrat de mariage est traité au liv. III, avec les contrats, tandis que le mariage lui-même est réglé au liv. I.

Nous devons nous en tenir à ces indications générales : il va de soi que sur chaque question une étude de la répartition des matières ferait intervenir, à côté du problème général que nous avons posé, des considérations propres à la question[1].

Il faut maintenant donner quelques explications sur le sens de l'antithèse que nous avons signalée et dire ce que l'on entend quand on prétend que le Code français part du concret. Nous ne voulons pas dire que le Code partirait de données fournies par la représentation de la vie concrète considérée indépendamment de la réglementation juridique. Nous voulons dire qu'il part des réalités juridiques concrètes, c'est-à-dire des « touts » plutôt que des « éléments ». Nous concevons trois attitudes : la première consisterait à prendre la vie humaine en quelque sorte antérieurement à l'application de l'ordonnance juridique et indépendamment de cette ordonnance ; c'est une attitude qui, à notre sens, ne se réalise jamais en raison des conditions mêmes de la constitution du droit. Si parfois on s'en rapproche, ce n'est pas dans le travail de codification ; c'est lorsqu'on veut soumettre un point spécial resté jusque là hors des prises du droit à une réglementation créée de toutes pièces. Encore trouverait-on en fait que dans la plupart

---

1. V. par ex. sous le § 516 les explications que donne M. Lévy-Ullman (trad. de la Soc. de lég. comp., t. II, p. 57) sur le rattachement de la donation aux rapports d'obligation. Ce qui nous incline à penser qu'à côté de la raison de fond (Le C. all., plus individualiste que le nôtre, aurait cessé d'y voir surtout un « acte de prodigalité antifamilial ») il y a lieu de tenir compte d'une tendance générale à classer autrement les matières, c'est que le C. all. continue à admettre la réduction des donations au profit des réservataires, et qu'il maintient le caractère de la donation d'être une disposition concernant une partie importante du patrimoine, par opposition aux simples présents (§§ 534, 1446, 1641, 1804, 2330).

des cas les voies ont été préparées par l'action des idées juridiques :
par exemple dans la période qui a précédé en France le vote de la
loi de 1898 sur les accidents du travail. La seconde attitude consiste
à prendre pour point de départ les aspects juridiques principaux
de la vie humaine, tels que les révèle la pratique sociale avec la
laquelle les techniciens sont en contact : c'est, croyons-nous,
l'attitude généralement prise par les rédacteurs du Code français.
La troisième attitude consiste à partir des éléments les plus simples
que peut discerner l'analyse savante : c'est, semble-t-il, la tendance
qui a prévalu lors de la rédaction du Code allemand.

Bref — et toutes réserves faites sur les restrictions qu'on doit
toujours apporter à des formules si générales — la part de la tradition qui livre à l'esprit des « touts » serait plus grande dans le
Code français, la part de l'effort savant qui remonte aux éléments
simples et les prend pour bases de sa construction serait plus grande
dans le Code allemand. Le Code français serait moins analytique
et plus spontané, le Code allemand plus conscient et plus artificiel. Mais la différence ne concerne guère que le procédé d'exposition : pour le fond le Code français est, autant que le Code allemand, un produit de l'esprit ; le Code allemand est, autant que le
Code français, un produit de la vie sociale. Toute législation présente inévitablement ces deux caractères qui sont d'ailleurs intimement unis[1].

O. De l'énumération substitut de la définition.

Si large que soit l'emploi du procédé d'énumération et si impossible qu'il paraisse de réduire ses fonctions à une seule, il est certain que dans beaucoup de cas l'énumération prend la place d'une
formule plus abstraite.

Même lorsque l'énumération n'est qu'une manière d'abréger
l'expression (art. 2271, 2247), il arrive souvent que l'on discerne
au delà des cas énumérés une idée générale qui a été la raison de
leur rapprochement (par ex. dans 2247[2]).

Inversement il arrive que la formule abstraite soit exprimée,
au premier plan, mais se trouve complétée par une énumération
d'exemples, dont la nature servira à préciser la formule générale[3].
Considérons par exemple l'art. 1348 :

1. V. Conclusion.
2. Art. 2247 : « Si l'assignation est nulle par défaut de forme,
« Si le demandeur se désiste de sa demande;
« S'il laisse périmer l'instance ;
« Ou si sa demande est rejetée ;
« L'interruption [de la prescription] est regardée comme non avenue. »
3. Cf. art. 1754, et dans FENET, t. XIV, p. 248, les explications données au sujet
des formules employées.

« Elles [les règles relatives à la preuve] reçoivent encore exception toutes les fois qu'il n'a pas été possible au créancier de se procurer une preuve littérale de l'obligation qui a été contractée envers lui.

« Cette seconde exception s'applique :

1° Aux obligations qui naissent des quasi-contrats et des délits ou quasi-délits ;

2° Aux dépôts nécessaires faits en cas d'incendie, ruine, tumulte ou naufrage, et à ceux faits par les voyageurs en logeant dans une hôtellerie, le tout suivant la qualité des personnes et les circonstances du fait ;

3° Aux obligations contractées en cas d'accidents imprévus, où l'on ne pourrait pas avoir fait des actes par écrit :

4° Au cas où le créancier a perdu le titre qui lui servait de preuve littérale, par suite d'un cas fortuit, imprévu et résultant d'une force majeure. »

La jurisprudence admet : d'abord que l'énumération n'est pas limitative ; ensuite que l'impossibilité visée dans la formule générale du premier alinéa peut être une impossibilité purement morale : un des exemples cités, le dépôt nécessaire pour les voyageurs logeant dans une hôtellerie est une impossibilité morale[1]. Les tribunaux ont appliqué 1348 au tailleur qui doit établir ses livraisons[2], au médecin qui doit prouver ses visites[3], à la femme dotale qui doit établir la réception de la dot par le mari[4], aux ventes passées dans les foires et marchés (l'usage de ne jamais passer d'écrit mettant le vendeur dans l'impossibilité morale de se procurer une preuve littérale[5]).

Le cas véritablement intéressant est celui dans lequel l'énumération prend vraiment la place de la formule générale, au lieu de la compléter. Tel est l'art. 217 :

« La femme, même non commune ou séparée de biens, ne peut donner, aliéner, hypothéquer, acquérir à titre gratuit ou onéreux, sans le concours du mari à l'acte, ou son consentement par écrit[6]. »

Entre ce cas et le précédent, il y a d'ailleurs un cas intermédiaire dans lequel l'énumération se complète par une mention relativement générale. Ainsi dans l'art. 481 :

« Le mineur émancipé passera les baux dont la durée n'excédera point neuf ans ; il recevra ses revenus, en donnera décharge, et *fera tous les actes qui ne sont que de pure administration*, sans être

---

1. N. sous Civ.-cass., 13 avril 1910, D. 1911.1.14.
2. Paris, 6 novembre 1907, D. 1911.2.64.
3. Civ., 13 avr. 1910, précité.
4. Civ.-cass., 28 octobre 1908, D. 1909.1.169 avec n. CAPITANT.
5. Pau, 26 février 1890, D. 91.2.115.
6. Cf. encore 499, 513.

restituable contre ces actes dans tous les cas où le majeur ne le serait pas lui-même[1]. »

Certains auteurs[2] ont bien vu le choix qui s'offre entre deux méthodes : énumération et définition. De l'hésitation possible nous signalerons un exemple récent qui, pour n'être pas emprunté au droit civil, n'en est pas moins typique[3]. La Commission de juristes chargée à Genève de reviser les lois de la guerre s'est demandé s'il fallait définir l' « aéronef » ou énumérer les « dirigeables, ballons, aéroplanes et autres engins similaires utilisés dans l'air ». La nouveauté de la question explique l'hésitation. L'un des Commissaires fit remarquer[4] qu'avant de définir ou d'énumérer il importait de fixer les règles qui seraient appliquées aux objets considérés : définition et règles sont solidaires.

On voit bien les caractères de l'opération étudiée. Nous y saisissons le travail de construction juridique, arrêté en quelque sorte à mi-chemin. La situation envisagée est trop neuve ou trop complexe pour qu'on ait pu la condenser dans une formule ; alors on retient des catégories concrètes, complétées ou non par des formules plus ou moins imparfaites ; et dans cette espèce de désordre relatif, l'attention se concentre nécessairement sur la règle en fonction de laquelle on a cherché à trouver l'équivalent d'une définition impossible ou trop difficile. Mais la définition elle-même est, comme l'énumération, conçue en fonction des règles qui sont l'essentiel d'une institution.

P. **Remarques sur le formalisme.**

Le formalisme est un état du droit dans lequel s'affirme la valeur des formes. Mais cette valeur peut se manifester de deux manières différentes : ou bien par l'obligation imposée aux parties d'employer telle forme dans tel cas, pour tel but, ou bien par l'efficacité intrinsèque de telle forme, abstraction faite des circonstances particulières de son emploi.

Les remarques que nous avons faites[5] sur la donation montrent précisément la disparition de la première sorte de formalisme et le maintien de la seconde. La donation entre vifs est un contrat solennel ; c'est donc un des cas exceptionnels dans lesquels

---

1. Cf. art. 531 et, pour une formule beaucoup plus vague, 534 : il s'agit, dans ce dernier article, d'une définition par énumération.

2. ALGLAVE, *Action du ministère public et théorie des droits d'ordre public en matière civile*, Paris, 1874, 2 vol. in-8°, t. I, p. 491 sqq. : l'auteur se prononce en faveur des définitions.

3. *Comptes rendus des séances de la Commission de juristes chargée d'étudier la révision des lois de la guerre*, 4e séance.

4. L. c., 7e séance.

5. 3e partie, chap, IV, *in fine*.

nos lois ont, en principe, maintenu l'obligation de recourir à telle forme pour obtenir tel résultat : or, conformément aux traditions, on admet dans une multitude de circonstances que ce résultat peut être obtenu autrement. Mais d'autre part, si cela est possible, c'est parce que telle forme juridique a une valeur propre, une efficacité dans une certaine mesure indépendante du but pour lequel on l'emploie : c'est ainsi que la forme de la vente ou de la reconnaissance de dette, ou la formalité de la tradition peuvent servir à réaliser des donations ; la vente avec un prix apparent non payé aura la même fonction que jadis la « *mancipatio nummo uno* » qui servait à réaliser une donation.

Les rédacteurs du Code ont eu, sans aucun doute, l'intention de réduire au minimum le formalisme. Certains textes fondamentaux le prouvent : 1134, al. 3 : « Elles [les conventions] doivent être exécutées de bonne foi » ; 1135 : « Les conventions obligent non seulement à ce qui y est exprimé, mais encore à toutes les suites que l'équité, l'usage ou la loi donnent à l'obligation d'après sa nature » ; 1156 : « On doit dans les conventions rechercher quelle a été la commune intention des parties contractantes, plutôt que de s'arrêter au sens littéral des termes. » Seulement malgré ces formules qui invitent le juge à mettre au premier rang les intentions, la bonne foi, l'équité, il reste que l'emploi d'une forme consacrée par le droit a en lui-même une valeur ; un procédé juridique consacré est, sauf exception, efficace. C'est là un aspect du formalisme qui ne se laisse pas éliminer, parce qu'il est, à quelque degré au moins, impliqué par la nature même de l'activité juridique. On pourra avoir de la forme, du procédé une notion plus souple. Il restera toujours que le droit consiste en l'efficacité préétablie de certaines formes, de certaines procédures.

La réglementation des opérations mixtes, sur lesquelles nous nous sommes expliqués déjà[1], confirme ces idées. En un sens la reconnaissance du caractère mixte d'une opération est au rebours du formalisme, puisqu'elle nous fait sortir des cadres constitués par la loi. Mais elle est aussi un hommage à ce minimum irréductible de formalisme inhérent au droit, puisque la situation envisagée est régie, malgré difficultés et contradictions, par les constructions que la loi a préparées d'avance.

Il faut noter ce fait que les dispositions légales peuvent être en quelque sorte détachées de leur fonction normale et traitées comme des instruments, dont on se servira selon les besoins de la cause[2]. C'est ainsi que les principes de la stipulation pour autrui (art. 1119-

---

1. 3ᵉ partie, chap. II.,

2. V. le discours prononcé par le premier président de la cour de cassation, BALLOT BEAUPRÉ, lors de la cérémonie du centenaire, *Le centenaire du Code civil*, in-8º, Paris, Impr. nat., 1904, p. 28 sqq. : le premier président cite de nombreux exemples pour montrer la souplesse du Code et son utilisation comme « instrument ».

1121) ont été employés à la solution des problèmes soulevés par le développement des assurances sur la vie[1], problèmes auxquels les rédacteurs n'avaient certainement pas songé. Cette tendance vient contrebalancer la tendance inverse, qui consiste à rattacher la règle à l'intention du législateur, ou au principe qui la domine, l'explique, en fixe la portée[2]. Mais il faut dire encore que, très souvent, les articles de la loi sont invoqués non pas comme le fondement direct de telle solution, mais comme des arguments valables en eux-mêmes — ce qui a bien quelque chose de formaliste — mais d'où l'on infère la pensée du législateur sur tel principe, ce qui est l'opposé du formalisme[3]. On voit combien tout cela est complexe et comment se mêlent les tendances les plus opposées.

De ces divers points de vue déjà on peut remarquer que notre droit ne s'est pas affranchi de tout formalisme. Mais il faut le dire encore pour une autre raison. La complexité croissante des rapports juridiques fait de plus en plus passer dans l'usage sinon un formalisme proprement dit, du moins une sorte de formalisme de fait qui a une extrême importance, et qui vient réduire considérablement la portée des art. 1134, 1135, 1156 cités plus haut. Nous avons signalé la fréquence croissante dans notre vie des « contrats d'adhésion[4] »: L'ouvrier qui s'embauche est soumis au règlement d'atelier; le voyageur est soumis aux « tarifs » des compagnies de chemins de fer ; le client des compagnies d'assurance, de gaz, d'électricité n'a en aucune manière le moyen de discuter les clauses qui déterminent ses obligations et ses droits. Dans tous ces cas et dans beaucoup d'autres, l'homme moderne est infiniment plus asservi par la lettre d'une rédaction compliquée, minutieuse, technique, que ne l'était le primitif par l'obligation d'accomplir, pour obtenir tel résultat, telle formalité traditionnelle. Dans certains des exemples cités, si les formules ne sont jamais discutées, du moins peuvent-elles l'être en principe ; mais parfois aussi, spécialement dans re cas des « tarifs » de chemins de fer, les formules s'imposent rigoureusement aux parties ; et le folklore ne fournit peut-être pas beaucoup d'exemples de complications formalistes plus extraordinaires que certaines clauses qui fixent par exemple les conditions d'accès à certains trains. Et si déplaisants que puissent être certains abus, on peut être assuré que ce formalisme n'est pas en voie de disparition, car il semble d'autant moins éliminable que nos sociétés deviennent à la fois plus vastes et plus compliquées.

---

1. BALLEYDIER et CAPITANT, *L'assurance sur la vie et la jurisprudence*, dans le *Livre du centenaire*, t. I, p. 515-582.

2. Voici un exemple parmi beaucoup d'autres : 2271 s'explique par une présomption de paiement, et cette explication oriente l'interprétation : Civ. 16 juillet 1906, D. 1906.1.366.

3. Voir des exemples de cette façon d'utiliser les textes : n. CAPITANT au D. 1909.1.171 ; n. DE LOYNES au D. 1909.1.226.

4. V. DEREUX, *De l'interprétation des actes juridiques privés*, chap. III.

Q. Du problème de la qualification
en droit international privé.

L'importance de la question a été exposée dans un travail demeuré classique de M. Bartin. Un des exemples qu'il cite montrera clairement où est le problème[1] :

« Certaines législations prohibent la forme olographe en matière de testament et en interdisent l'usage à leurs ressortissants qui seraient tentés de l'employer dans un pays étranger qui l'admet. Il me suffit de rappeler que l'art. 992 du Code néerlandais statue en ce sens. Supposons donc un sujet néerlandais qui teste en France en la forme olographe : son testament sera-t-il valable devant les tribunaux français ? Tout dépend de la qualification qu'il faut attribuer à la qualification de l'art. 992 du Code néerlandais. Si les tribunaux français rattachent cette prohibition au statut personnel et y reconnaissent une règle de capacité, le testament sera nul, parce que l'incapacité du sujet néerlandais à tester en la forme olographe l'aura suivi en France où il a testé; si, au contraire, ils rattachent cette prohibition aux règles de forme des actes juridiques, le testament sera valable, à supposer qu'ils pensent que la forme du testament dépend nécessairement de la loi du lieu de rédaction, parce que cette loi, qui est la loi française, admet la forme olographe. » Il y a, en jurisprudence, des décisions dans les deux sens.

Dans la pratique la difficulté peut se présenter dans des conditions différentes. Nous nous bornerons à l'examen de ce cas, qui sert de base aux explications de M. Bartin. Le problème est de savoir quelle est la loi qui tranchera la question de qualification. Ce sera, répond notre auteur, qui rattache cette solution à sa théorie générale relative au caractère « national » de chaque « droit international privé », ce sera la *lex fori*. C'est chaque Etat qui fournit à ses tribunaux la qualification des institutions et des rapports de droit[2]. Bien entendu, il ne faut pas concevoir cette solution comme un procédé permettant au juge d'écarter arbitrairement une loi étrangère par des qualifications de fantaisie. Il doit s'agir d'une qualification sérieuse, résultant réellement de la législation envisagée.

M. Bartin a eu soin de noter[3] à quelle profondeur nous entraîne la solution qu'il donne. « La nature juridique des institutions d'un pays se rattache, dit-il, à l'ensemble de sa législation civile. » Il rappelle la formule de Jitta : chaque Etat regardera toujours le droit international privé à travers le prisme de son droit national.

---

1. BARTIN, *Etudes de droit international privé*, Marcsq aîné, III-324 p. 8°, 1899, p. 7
2. *L c.*, p. 18.
3. *L. c.*, p. 77.

De cette remarque il conclut contre les projets d'unification du droit international privé, qui se multiplient tous les jours. Ces projets ne pourraient aboutir, remarque-t-il, que le jour où les Etats seraient d'accord sur la nature dernière des institutions que leurs législations comprennent, c'est-à-dire le jour où se serait réalisée l'uniformité d'esprit de leurs législations, c'est-à-dire l'uniformité de leurs législations elles-mêmes : ce jour-là le droit international privé n'aurait plus d'objet, puisqu'il suppose la coexistence de lois civiles différentes.

A cette doctrine pessimiste, M. Bartin lui-même apporte certaines réserves : la possibilité d'un droit pénal international, d'un droit maritime international, qui auraient, eux, une base vraiment internationale ; la possibilité d'accords spéciaux pour lever certaines difficultés de qualification. Mais ces réserves laissent entière sa remarque essentielle, relative au caractère spécifique de chaque législation nationale en matière civile : cette spécificité se révèle clairement dans le problème des qualifications. Cela revient à dire que *la coordination générale des institutions caractérise un système de droit civil* : c'est en cela que cette étude de droit international privé nous a paru intéressante pour notre sujet[1].

---

[1]. M. Bartin explique que ce problème, si important qu'il soit, n'a guère été étudié avant lui. Il reconnaît pourtant sa doctrine (p. 77) dans certaines formules de Savigny et de Waechter ; et il renvoie aussi à une étude de Franz Kahn, *Gesetzes-kollisionen*, dans les *Iherings Jahrbücher*, nouv. série, t. XVIII, 1891, p. 5 sqq.

Imp. des *Presses Universitaires de France*, Paris. — 1926. — 0.708

BIBLIOTHEQUE   NATIONALE

SERVICE DES NOUVEAUX SUPPORTS

58, rue de Richelieu,   75084 PARIS CEDEX 02   Téléphone   266 62 62

Achevé de micrographier le :   24 / 3 / 1977

Défauts constatés sur le document original

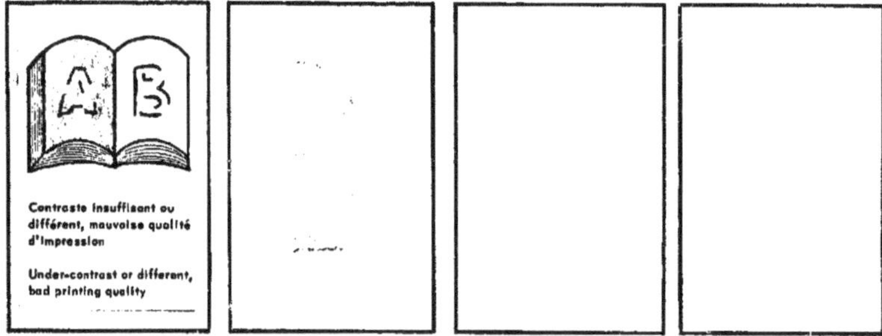

9 782329 195148